Ma petite étoile

Sébastien Chabal
Avec la collaboration de Christophe Quillien

Ma petite étoile

Flammarion

ISBN : 978-2-0812-4148-0

Pour moi, le bonheur, c'est d'abord d'être bien.

Françoise Sagan

Prologue

Je ne suis pas un rugbyman.

Je sais, cette phrase a de quoi surprendre. J'imagine d'ici votre tête... *« Il se moque de nous, Chabal ? »* Pas du tout. Et je n'en changerai pas un mot. Ce n'est ni de la provocation, ni de l'humilité mal placée, ni de la fausse modestie. C'est ma vérité : je ne suis pas un rugbyman.

Le rugby est mon métier, bien sûr. Mais je ne me considère pas pour autant comme un *vrai* rugbyman. Je me vois plutôt comme un type égaré au pays d'Ovalie. Et je ne plaisante pas le moins du monde quand j'écris ces mots. Je suis le premier étonné par ce qu'il m'est arrivé. Je n'ai rien d'un joueur hors du commun. Je ne suis pas venu au monde avec des crampons aux pieds. Enfant, je ne me suis jamais endormi avec un ballon contre moi, comme le font parfois les gamins qui rêvent de me ressembler. Je n'ai jamais eu d'idole, ni dans le rugby ni ailleurs.

Je possède quelques atouts pour ce sport, c'est évident. Il serait idiot de prétendre le contraire. Et sur un terrain, je ne me débrouille pas trop mal pour les exploiter. Et après ? D'un point de vue technique, je suis loin, très loin de la perfection. Je n'ai jamais eu le don. Je n'ai jamais fait preuve de la moindre facilité avec un ballon entre les mains. J'ai surtout travaillé, beaucoup travaillé. J'ai appris, petit à petit. J'ai souffert, aussi. Et j'ai fini par gommer une partie de mes lacunes. Assez, en tout cas, pour les dissimuler aux yeux de mes adversaires.

On dit parfois d'un joueur qu'il « sent » le rugby. Des exemples ? Frédéric Michalak « sent » le rugby. Dan Carter, l'ouvreur des All Blacks, aussi. Des gars qui respirent le jeu par tous les pores de leur peau, qui vivent pour le rugby et qui sont l'incarnation même de ce sport, on en croise tous les dimanches sur les terrains. C'est une question de passion. Une histoire d'amour entre eux et le ballon. Chez certains, le rugby est inné. Ils n'ont pas eu à se forcer pour en apprendre les codes et les gestes. Ils ont bossé, bien sûr, pour se hisser au plus haut niveau. Mais ils ont le rugby dans le sang – ou dans les gènes, si l'on préfère.

Pas moi. Je ne m'en vante pas, mais je ne le regrette pas non plus. C'est comme ça. Je suis comme je suis.

Certains journalistes ne se sont d'ailleurs jamais privés de me le dire. Ils l'ont assez répété à longueur d'articles. Ils ont tartiné des pages et des pages sur Chabal, le petit tourneur-fraiseur devenu par hasard – d'après eux – le rugbyman le plus populaire de France. Comme si cela les dérangeait. Comme s'ils étaient agacés par ma trajectoire sportive en zigzag. Comme si ma carrière n'était rien d'autre qu'une aventure inattendue, une divine surprise, presque un gag.

Aujourd'hui encore, ils prennent un malin plaisir à souligner mes faiblesses. Ils adorent appuyer là où ça fait mal. J'ai beau progresser, on dirait qu'ils s'en moquent. Tant pis. Je fais avec. Je les laisse raconter leurs histoires. S'ils vendent du papier, tant mieux pour eux.

Moi, je continue à bosser et je me tais. Je sais d'où je viens, je sais où je vais, je sais ce que je vaux. À mes yeux, c'est l'essentiel. Des rugbymen meilleurs que moi, je pourrais en citer des dizaines. Si je suis arrivé là où j'en suis aujourd'hui, c'est grâce à mon travail et à ma persévérance. Grâce aussi à tous ceux qui m'ont entouré, conseillé et aidé.

Et grâce à la chance.

Quand j'y repense, je me dis que j'ai eu une chance incroyable. Plus je me retourne sur mon parcours, plus j'en suis convaincu : je suis né sous une bonne étoile.

Une petite étoile en forme de ballon ovale…

1.

Un pour quinze, quinze pour un

Je suis dans le vestiaire, assis sur le banc, à ma place habituelle.

Dans quelques minutes, nous entrerons sur la pelouse.

Dans quelques minutes, le match livrera sa vérité. Nous serons confrontés à nous-mêmes autant qu'à l'adversaire du jour. Derniers instants de concentration, dernières vérifications, ultimes rituels de superstition. À chacun son truc. Certains joueurs ne peuvent pas s'empêcher de parler pour évacuer la tension et chasser le stress. Moi, je ne dis rien. Je suis dans le vestiaire mais je n'y suis pas vraiment. Je suis ailleurs, partout et nulle part à la fois, perdu dans mes pensées, plongé dans mes rêveries. Dehors, dans les tribunes, ils sont des milliers à nous attendre. Le brouhaha du public ressemble à un bourdonnement sourd qui ferait presque trembler le stade sur ses bases. Je sais qu'ils sont là mais je ne les entends pas.

À vrai dire, je n'entends rien, rien d'autre que ce morceau de rap qui défile en boucle dans mon iPod. Tandis que le ronflement des basses me vrille le cerveau, mon rythme cardiaque s'accélère pour coller au tempo de la voix du chanteur qui scande sa frustration et crie sa colère dans mes oreilles. C'est une sensation étrange, comme si le temps s'était suspendu, comme si la vie s'était arrêtée, comme si j'étais enfermé dans une cellule intérieure qui m'isole de mes partenaires. Je laisse le son m'envahir pour mieux faire le vide dans ma tête. L'espace de quelques instants, pendant ces minutes cruciales qui précèdent l'entrée sur le terrain, le monde extérieur n'existe plus. Je suis seul, tout seul avec moi-même, ce qui est un paradoxe pour un joueur de rugby entouré de ses quatorze coéquipiers, serrés sur le banc les uns contre les autres, protégés comme dans un cocon par la chaleur du vestiaire. Nous sommes loin de tout, à l'abri des regards, des attentes et des pressions qui pèsent sur nous. Tous ensemble, tous solidaires, et pourtant tous isolés dans une bulle protectrice. Je sais qu'ils sont là mais je ne les regarde pas. Sur le papier, nous sommes quinze. Dans la réalité, chacun d'entre nous est seul.

Je suis serein. Je me sens bien, tout simplement. Je suis prêt : le match peut commencer.

*

Cette fois, l'heure est venue. J'appuie sur le bouton de mon iPod et, d'un seul coup, le type s'arrête de chanter. Il n'a pas terminé mais cela n'a aucune importance. Je n'avais plus envie ni besoin de l'écouter. Au moment de m'engouffrer dans le couloir qui conduit à la pelouse, c'est mon corps que j'écoute. Je me masse une dernière fois les cuisses. Le match sera intense, il va falloir tout donner. Sans complexes, sans retenue et sans calculs, au risque de réveiller de vieilles douleurs que l'on croyait oubliées. Mais je ne pense pas à la douleur, jamais. Je ne pense pas à ce qui peut arriver sur le terrain, au mauvais coup ou à la blessure. Je n'ai pas peur au moment de me lancer dans la bataille – car le rugby est une bataille, même s'il n'est pas la guerre. Sinon, ce serait mission impossible. Il faut se jeter dans l'arène, la tête la première et le cœur en avant, en oubliant ses craintes et en laissant ses blocages au vestiaire.

À la seconde où je suis sur le point de pénétrer sur la pelouse, je me sens décontracté, comme si j'étais libéré d'un poids invisible et comme si rien ne pouvait m'arriver. Ce n'est pas du je-m'en-foutisme, cela n'a rien à voir avec de l'indifférence ou un manque de motivation. C'est ma manière à moi d'entrer dans le match.

À cet instant, je regarde mes coéquipiers dans les yeux. Nous ne parlons pas beaucoup. Je lâche deux ou trois mots, histoire de détendre un peu l'atmosphère. Mais nous connaissons notre rôle par cœur et chacun sait ce qu'il a à faire. Il règne une drôle d'ambiance dans le couloir. Seul le bruit des crampons qui frappent le sol vient rompre le silence.

Pourtant, quinze types baraqués qui s'apprêtent à entrer en scène pour jeter toutes leurs forces dans le combat, à la manière des gladiateurs dans le cirque de Rome, cela devrait faire un sacré boucan… Je réajuste mon catogan, je prends une longue inspiration et je me lance. Dans une poignée de secondes, les choses sérieuses vont commencer.

*

Quand je pose le pied sur la pelouse, j'ai l'impression pendant quelques instants de perdre le contact avec la réalité, comme si je me retrouvais en plein tournage d'un film à grand spectacle, lâché au beau milieu du plateau, entouré de milliers de gens dont je découvre tout d'un coup l'existence. La transition est brutale entre le calme ouaté du vestiaire et cette fosse aux lions moderne qu'est un stade. Les hurlements du public, la lumière presque aveuglante des projecteurs, cette poussée d'adrénaline qui donne un coup de fouet aux muscles et envahit le cerveau… Il faut être solide pour ne pas chanceler, bien dans sa tête et bien dans son corps pour ne pas se laisser griser.

Ensuite, tout s'enchaîne très vite. Présentation des équipes, mise en place sur le terrain, et voilà le coup de sifflet de l'arbitre qui nous ramène à la réalité. Je fais abstraction du bruit de la foule qui nous arrive presque étouffé, et qui descend depuis les tribunes comme des vagues qui viennent rouler sur une plage. Je suis entré pour de bon dans mon match. Le reste n'a plus aucune importance. Plus rien n'existe que l'affrontement qui va bientôt se jouer. Quinze types d'un côté, quinze types de l'autre, l'arbitre au milieu. Et ce maudit ballon qu'on ne quitte pas du regard. Comme un Graal à conquérir de haute lutte pour lui faire franchir, encore et encore, cette ligne de but que l'on ne voit pas mais que l'on devine, tout là-bas, tel un trait d'horizon en forme de promesse de bonheur.

Maintenant, place au jeu. Pas le temps de philosopher. Plus le temps de gamberger. De toute façon, on ne m'en laisse pas l'occasion. J'ai déjà deux ou trois types sur le dos, d'entrée. Ils ne me lâchent pas d'un crampon, même quand je n'ai pas le ballon. J'attire du monde, aujourd'hui. Tant mieux. Plus les adversaires s'intéressent à moi, plus ils libèrent des espaces pour mes coéquipiers. Venez, les gars, venez me coller au maillot, venez vous occuper de moi, je vous attends. Les copains vont être contents. Allez-y, ne vous gênez pas, mettez-vous à plusieurs pour essayer de m'arrêter quand je porte la balle. Si je réussis à m'en débarrasser, vous ne serez pas assez nombreux pour endiguer notre attaque. Vous aurez dégarni vos flancs, ouvert des brèches dans votre organisation, creusé des trous béants dans vos lignes de défense, mais il sera trop tard pour vous en apercevoir. Le calcul est rapide : si trois joueurs adverses se mettent sur moi, il n'en reste plus que douze en face contre quatorze de notre côté. Je déséquilibre leur équipe. J'adore servir d'appât pour nous placer en position de supériorité numérique.

C'est aussi ça, le rugby. Il faut savoir ne plus penser à soi pour le bien du groupe. Jouer les leurres, attendre le faux pas de l'adversaire et contre-attaquer d'un coup en profitant du déséquilibre créé dans ses rangs. En un mot, il faut savoir être généreux.

*

Pour un joueur de rugby, la générosité n'est pas une notion vide de sens. C'est l'un des fondements de notre sport. Je ne connais pas de discipline plus collective et plus généreuse que le rugby. On ne joue pas pour l'exploit individuel, comme le font parfois certains attaquants au foot. On ne cherche pas à briller au détriment du collectif. Au contraire, on pense avant tout à s'oublier pour se mettre à son service. Comme les trois mousquetaires, dont la devise était « Un pour tous, tous pour un ». Mais notre devise à nous, ce serait plutôt « Un pour quinze, quinze pour un ».

La générosité, c'est la première condition de la victoire collective. Je me souviendrai toujours de ce que disait l'un de mes entraîneurs à Bourgoin – celui qui m'a tout appris, « papa » Couturas – avec son accent rocailleux du Sud-Ouest : « Si tu n'es pas généreux, ne joue pas au rugby. Choisis une discipline individuelle, comme le tennis ou le ping-pong. Le rugby, c'est un sport collectif. C'est même le sport collectif par excellence. L'individu n'est rien, le groupe est tout. Le rugby, c'est une histoire d'équipe. Tout le monde a besoin de l'autre. Personne ne joue pour lui. Le type individualiste n'a rien à faire sur un terrain. » Michel Couturas avait raison. On ne peut pas jouer « perso ». Cela n'aurait aucun sens. Si j'ai le ballon dans les mains, c'est bien parce qu'un coéquipier me l'a donné, non ? Seul, je ne suis rien. Je ne peux rien faire. Je n'existe pas. À quinze, je peux tout faire. Tout oser, tout tenter, tout réussir. Même le meilleur joueur du monde n'est rien s'il n'a pas une équipe autour de lui. Il peut, une fois dans sa carrière, réaliser un exploit, remonter tout le terrain, passer tous les adversaires avant d'aller marquer un essai d'anthologie qui fera date. Cela restera une exception, un fait d'armes isolé, un exploit d'un jour qui nourrira les discussions de comptoir et les souvenirs pour la retraite. Mais qui n'a rien à voir avec le quotidien du rugby.

Il ne s'agit pas seulement de jouer avec les autres : il faut aussi se montrer capable de se sacrifier pour eux. Accepter de se faire mal, accepter de se faire marcher dessus ou de souffrir pour le copain d'à côté.

Vraiment, je ne trouve pas de mot plus juste et plus beau que « générosité » pour résumer notre sport. Et cela me va très bien : la générosité, je suis tombé dedans quand j'étais tout petit, comme Obélix est tombé dans la marmite de potion magique.

*

Chez les Chabal, la générosité est une affaire de famille. Une valeur qui m'appartient et dans laquelle je me reconnais pleinement depuis que je suis gamin.

Elle me vient de loin, de mes grands-parents et de mes origines campagnardes, entre l'Ardèche et la Drôme. Nous avons toujours fonctionné comme ça. Je suis né dans une famille modeste, mais l'ouverture aux autres est au cœur de notre mode de vie. Et sans avoir besoin d'en parler, encore moins d'en faire des tonnes comme c'est le cas de certains. La générosité, il faut la pratiquer naturellement mais ne pas s'en vanter. Ou alors, cela devient de la communication, ce truc qui ne sert qu'à se faire mousser et à se mettre en valeur – tout ce que je déteste. J'ai toujours vu mon père donner un coup de main sans rien demander en échange. Il est réservé, volontiers bougon et même un peu « ours », mais ça ne l'a jamais empêché de se montrer attentif à ses semblables et de leur venir en aide s'ils avaient besoin de lui, sans se mettre en avant ni en faire tout un plat. Il n'aime pas les gens qui font du bruit avec leur bouche, comme il dit si bien. La générosité, ce n'est pas une histoire de grandes déclarations ronflantes, c'est un truc qui se pratique au quotidien, en toute simplicité.

Quand j'étais môme, nous n'avions pas d'ordinateur. Cela coûtait trop cher et, à la maison, nous n'avions pas les moyens de nous en offrir un. Eh bien, j'allais sonner chez le voisin si j'avais besoin de son « ordi » et il me laissait l'utiliser. Quand on est ouvrier, comme l'étaient mes parents et ceux qui vivaient autour de nous, on ne roule pas sur l'or. Alors, on s'entraide, on s'épaule, on se rend service mutuellement. C'est tout naturel. C'est bien plus qu'un échange de bons procédés, c'est une philosophie de vie. Dans une équipe de rugby, c'est pareil.

Aujourd'hui, je n'ai pas changé ma manière de voir les choses. Je pense être resté le même. Quand je lis, dans un magazine, que l'on m'apprécie dans la classe ouvrière en raison de ma simplicité, je suis heureux. Heureux et rassuré. C'est le signe que je suis resté fidèle à mes racines, que je n'ai pas renié l'éducation que l'on m'a donnée. Pour moi, c'est très important. Ma mentalité n'a pas changé parce que je me suis mis à gagner plus d'argent. Je n'ai pas attrapé la grosse tête. Je ne me prends pas pour ce que je ne suis pas.

Et je fais tout pour transmettre ces mêmes valeurs à mes deux filles. Maud, la fille de mon épouse Annick, sera bientôt une femme, mais il n'est malgré tout pas trop tard pour la sensibiliser aux idées auxquelles je tiens. Mais je sais, car j'ai déjà eu l'occasion de le constater, qu'elle est très généreuse, elle aussi. Question de tradition familiale et d'éducation. La petite, Lily-Rose, suit les traces de sa sœur. Elle m'a déjà montré qu'elle savait partager et donner, sans rien attendre en retour. À mes yeux, c'est essentiel. Je suis très attaché à la transmission de cet héritage, mélange de bonté, de désintéressement et d'attention aux autres, alors que la société se montre chaque jour de plus en plus égoïste. De ce point de vue, elles sont toutes les deux de « vraies Chabal », et cela me fait vraiment plaisir.

*

Coup de sifflet de l'arbitre. La partie est terminée. La tension accumulée pendant quatre-vingts minutes retombe peu à peu. Pour l'instant, je n'ai qu'une envie : rentrer au vestiaire. Prolonger cette vie de groupe l'espace de quelques instants, faire durer encore un peu cette aventure collective qu'est un match de rugby.

Le vestiaire joue le rôle d'un sas de décompression. J'aime ce moment d'entre-deux, cette impression de flottement qui précède le retour à la vraie vie, juste avant que celle-ci ne reprenne ses droits. Je ne suis plus dans le match, je ne suis pas encore à l'extérieur, je suis quelque part entre les deux, dans une sorte de *no man's land* qui me permet de reprendre pied dans la réalité du monde.

Je suis toujours le dernier à en sortir. Je traîne, je prends mon temps, je me dépouille de mes attributs de joueur. Je réapprends à vivre, d'une certaine manière. J'adore l'atmosphère d'un vestiaire vide, cette sensation de calme après la tempête. On dirait un champ de bataille après le départ d'une armée : des bouts de straps traînent par terre, des cadavres de bouteilles vides jonchent le sol, des maillots en lambeaux sont abandonnés dans un coin, il y a des traces de boue partout et même quelques taches de sang, témoignages silencieux de la dureté de l'affrontement qui vient d'avoir lieu. Il flotte dans l'air une odeur de sueur, un parfum d'efforts physiques et de sacrifices. C'est un moment privilégié, une occasion de rester dans le match et de ne pas retomber tout de suite dans le quotidien, forcément plus terne après tout ce que nous venons de vivre sur le terrain.

Ce que j'aime moins, c'est le spectacle du vestiaire envahi, les soirs de victoire, par des gens qui n'ont rien à faire là. J'estime qu'il doit appartenir aux joueurs. Ce n'est pas un lieu de rendez-vous mondain où l'on vient parader, se montrer ou faire campagne. Qu'une personnalité politique cherche à se servir de nous pour satisfaire son ego ou ses petites ambitions personnelles, cela m'énerve au plus haut point. D'autant plus que les soirs de défaite, comme par hasard, il n'y a pas grand monde pour venir nous rendre visite... Je n'aime pas non plus ces caméras de télévision qui s'invitent dans le vestiaire. Celui-ci doit rester un espace sacré, un sanctuaire, un lieu d'intimité réservé à ceux qui se sont battus sur le terrain. Tout ce qu'il s'y passe devrait appartenir aux joueurs et à eux seuls. Ce qui se dit dans ce territoire clos et qui devrait rester coupé du monde ne regarde personne. Et puis, quel intérêt pour le téléspectateur ? Que devient cette petite dose de fantasme qui fait partie intégrante du match ? Entrer dans le secret du vestiaire par l'intermédiaire de la télé, c'est la même chose que de chercher à connaître les dessous d'un tour de prestidigitateur ou les trucages d'un film.

C'est une bien triste manière de tuer la magie et de briser le rêve.

*

Même si le match est fini, je n'en ai pas pour autant terminé avec lui.

J'aimerais pouvoir décompresser, ne plus penser à rien, tirer un trait, me dire que demain est un autre jour et qu'il sera toujours temps, plus tard, de revoir les actions de jeu pour en tirer les conclusions qui s'imposent. J'aimerais, mais je n'y arrive pas.

Dans le vestiaire, les images de la rencontre se bousculent dans ma tête. Je ne parviens pas à m'en détacher. J'essaie de chasser les idées parasites pour me concentrer sur notre match et sur mon jeu. Je me remets en question, je m'auto-analyse, je dissèque ma performance. Et, pour tout dire, je suis souvent déçu par ma prestation.

C'est une vieille habitude chez moi. Sans tomber dans le masochisme ou l'autoflagellation, je ne suis pas du genre à me tresser une couronne de lauriers. C'est toujours la même chose : élève Chabal, peut mieux faire. Je suis sans pitié vis-à-vis de moi-même. Ça ne m'arrive jamais de me dire : là, Sébastien, tu t'en es tiré comme un chef, tu as bien joué, continue comme ça, mon vieux, tu es sur la bonne voie. Jamais. Un match comprend tellement d'actions de jeu, propose tellement de situations différentes à gérer, que l'on ne peut pas se dire pleinement satisfait. Il y a toujours un petit truc qui ne va pas, du déchet technique, un point de tactique à améliorer, un détail à régler. Et je ne parle même pas des jours où je passe complètement à côté, je ne parle même pas de ces matchs où je me traîne comme un sac sur le terrain…

J'estime être le seul juge de mon jeu. Je ne tiens pas compte de l'avis des autres, qu'il s'agisse du public ou de la presse. Il y a ceux qui veulent me faire plaisir parce qu'ils m'aiment bien, ce qui ne m'apporte rien. Et puis ceux qui vont chercher à me casser alors que je ne le mérite pas forcément, pour le simple plaisir de dire du mal. Aucun intérêt. Bien sûr, il reste le regard de mes coéquipiers. Ils ont vécu le match de l'intérieur, ils se sont battus à mes côtés, ils sont les mieux placés pour prononcer un avis pertinent. En théorie, sans doute. En pratique, ce n'est pas aussi simple. Sur un terrain, nous sommes quinze. Pris dans le feu de l'action, un joueur ne peut pas avoir une vision précise du jeu de ses quatorze coéquipiers. Contrairement à ce que l'on peut penser de l'extérieur, il est très difficile de se faire une idée de la performance de chacun. Quand je suis sur un terrain, je suis concentré sur mon rôle et sur le travail à réaliser pour le bien du groupe. Je n'ai qu'une vue assez générale du match. Donc, je ne fais confiance qu'à mon propre jugement, même si je le confronte bien sûr à celui de mon entraîneur.

Et puis, je crois qu'un sportif de haut niveau ne peut jamais se contenter de sa prestation. Il peut se montrer satisfait à la fin d'une saison victorieuse, après avoir gagné un championnat, et se dire qu'il a bien travaillé sur la durée. Ce qui ne l'empêche pas d'être passé à côté de certains matchs. La perfection à cent pour cent ne fait pas partie du quotidien du sportif professionnel.

De toute façon, savoir si j'ai bien joué ou pas n'est pas le plus important. Je ne cherche pas à me mettre en avant. Encore une fois, le rugby est un sport collectif. Après un match, je me demande surtout si j'ai bien respecté les consignes de l'entraîneur et si j'ai tenu correctement mon rôle. Il faut rester modeste et simple. J'évoquais plus haut la générosité, mais je pourrais aussi parler d'humilité et de lucidité. Pour un joueur, il est indispensable de se montrer lucide et de faire preuve de franchise vis-à-vis de lui-même. C'est une forme de respect de soi et des autres. Là encore, j'ai la chance d'avoir reçu une éducation qui m'a inculqué cet état d'esprit. Je ne cherche jamais à me raconter d'histoires. Un vrai sportif ne ment pas, et encore moins à lui-même.

Mais je reconnais qu'il est parfois difficile de dire la vérité, par peur des réactions d'incompréhension qu'elle peut susciter. Je pense à ce geste très courageux du Gallois Gareth Thomas qui a dévoilé son homosexualité en 2009. Thomas est le rugbyman le plus capé de son pays. C'est un monument, un joueur d'exception qui compte une centaine de sélections dont plusieurs comme capitaine. Dans le monde du rugby, il est une véritable référence. Et pourtant, il a toujours dissimulé ses préférences sexuelles par crainte de provoquer le rejet de ses partenaires et de ses entraîneurs. Pendant toute sa carrière, il a donné le change. Il a fait semblant jusqu'à l'âge de trente-cinq ans, n'hésitant pas à renchérir dans le machisme qui imprègne trop souvent le quotidien de notre sport. J'imagine que la décision de révéler cette vérité personnelle a été difficile à prendre. Dans le rugby, personne n'avait eu ce courage avant lui. J'ai tenu à le féliciter pour son *coming out* sur mon blog car j'estime que la vie privée de chacun ne devrait pas être prise en considération. L'univers du rugby reste encore marqué par un certain conservatisme en matière de mœurs, et il faut saluer sa décision en espérant qu'elle contribue à faire évoluer les mentalités.

Générosité, humilité, honnêteté, simplicité... Voilà, ce sont ces mots-là que je citerais spontanément si je devais définir les vertus cardinales du rugby. Et ce sont ces mots-là que je m'efforce, tous les jours, de mettre en pratique dans ma vie d'homme et dans ma vie de joueur.

2

Une vie d'ouvrier

Je n'ai pas toujours été un joueur de rugby.

Dans ma vie d'avant, j'étais ouvrier. J'étais tourneur-fraiseur en usine. Je me levais tous les matins à l'aube, j'embauchais à sept heures trente et je terminais en fin d'après-midi, à dix-sept heures. Ensuite, la soirée était pour moi. Et le lendemain matin, et le surlendemain et tous les jours de la semaine, je recommençais. Je n'avais pas d'autre perspective, pas d'autre horizon que la porte de l'atelier, pas de rêves démesurés ni de fantasmes d'ailleurs. Je travaillais, je gagnais ma vie, j'étais indépendant et cela suffisait à mon bonheur. J'étais heureux. J'appréciais les relations franches avec mes collègues d'atelier. Je me sentais rempli d'un sentiment très fort, celui d'exister et d'occuper une place dans la société. J'étais un homme libre, et c'était le plus important. J'aurais pu continuer comme cela pendant des années si le rugby n'était pas venu frapper à ma porte pour donner un petit coup de pouce à mon destin.

L'usine, c'était mon choix et celui de personne d'autre. Ce n'était ni une vocation ni une tradition familiale, encore moins une volonté de mes parents. C'est moi qui avais pris la décision. Je m'en souviens encore, j'avais dix-sept ans et soif d'indépendance. Je voulais ne dépendre de personne, j'aspirais à gagner mon propre argent et à le dépenser comme bon me semblait. Je voulais suivre mon chemin et mener ma barque, tout seul comme un grand. Surtout, je ne pensais qu'à m'échapper du collège. Je ne supportais plus de rester huit heures par jour accroché à ma table, contraint de gober le discours de profs dans lequel je ne me reconnaissais pas. L'institution scolaire ne me convenait plus. Mes parents ne m'avaient pas poussé à laisser tomber l'école. Si cela n'avait tenu qu'à eux, j'aurais poursuivi ma scolarité. Mais je n'en pouvais plus. Je crois que j'étais allé au bout du bout, non pas de mes possibilités, mais de mes capacités de résistance au système.

*

Et pourtant, tout avait bien commencé.

Avec le recul, je me rends compte que j'aimais vraiment l'école quand j'étais enfant. J'avais envie d'apprendre, j'étais curieux et plein de bonne volonté. Et j'avais la chance d'être « facile ». Je n'étais pas obligé de passer des heures à réviser. Avant une interrogation écrite, je n'avais même pas besoin de revoir mes leçons. Il me suffisait de me montrer attentif pendant le cours pour mémoriser ce que disait le prof. Je n'oublierai jamais mes premières années d'écolier à la maternelle puis en primaire, à Beaumont-lès-Valence, là où vivent encore mes parents aujourd'hui. Chaque fois que je leur rends visite, je repasse devant pour acheter le pain. Revoir ces murs qui n'ont presque pas bougé malgré les années, cela me fait un petit quelque chose, comme un pincement au cœur qui vient titiller ma nostalgie. Je me souviens que j'étais le chouchou des maîtresses. Elles adoraient ma gentillesse. Elles ne se doutaient pas un seul instant que je menais un double jeu… Docteur Jekyll et Mister Hyde, c'était moi. À la maison, avec mes parents, j'étais intenable. Un vrai petit diable, toujours prêt à me rouler par terre et à piquer une crise de colère si je n'obtenais pas ce que je demandais. À l'école, je montrais un autre visage. Je me faisais tout doux, tout mignon, tout obéissant. J'adorais charmer les institutrices. En retour, elles prenaient soin de moi, me protégeaient et m'encourageaient. À cette époque, l'école avait encore un petit goût de paradis sur terre. C'est plus tard que les choses ont changé.

Je m'en souviens comme si c'était hier. J'étais en cinquième. J'aimais toujours l'école, mais je ne savais pas que je vivais mes dernières années heureuses de collégien. C'est une prof de maths qui a tout déclenché. Je la trouvais bizarre. Je précise d'emblée que j'adorais les chiffres et que j'étais plutôt à l'aise en maths. Mais cette femme était maniaque jusqu'à l'obsession. Avec elle, tout devait être parfaitement rangé, chaque chose à sa place, rien ne devait dépasser. Ce qui n'a rien d'anormal, quand on y réfléchit. Après tout, les maths s'accommodent mal de l'à-peu-près et du manque de rigueur. Mais voilà, j'avais un gros, un énorme, un monstrueux défaut – que j'ai toujours, je l'avoue. J'étais, comment dire… quelque peu mal ordonné, pour rester poli. En un mot, j'étais bordélique. Je n'étais pas organisé pour deux sous. Surtout, surtout, je ne collais jamais mes feuilles volantes dans mes cahiers, ce que ne supportait pas cette brave dame. Pour moi, ce n'était qu'un détail sans importance. Pour elle, c'était presque un crime. Elle en faisait une maladie, une affaire d'État, une obsession de tous les jours. Et moi, évidemment, je me braquais. Plus elle me reprochait de ne pas coller mes feuilles, plus je les laissais traîner en liberté dans mes cahiers, plus elle s'énervait et plus je recommençais. Une carrière tient parfois à peu de chose : si elle s'était montrée plus cool, j'aurais peut-être continué l'école. Qui sait, je serais peut-être devenu prof de maths à mon tour, on ne sait jamais…

Entre nous, la tension montait de plus en plus au fil des semaines. Je crois que le paroxysme a été atteint le jour où elle a eu la bonne idée de secouer mon cahier devant la fenêtre. Évidemment, toutes les feuilles qui n'étaient pas collées ont atterri dans la cour, quelques mètres plus bas. Je crois que mes copains de classe ont bien rigolé. Pas moi. C'était humiliant, et cela n'a pas contribué à améliorer mes relations avec elle. J'ai commencé à la détester de toutes mes forces. Puis j'ai détesté les maths. Et, pour finir, j'ai détesté l'école, les profs en général et les matières qu'ils enseignaient, sans distinction. Je crois que mon amour de l'école s'est envolé par la fenêtre ce jour-là, en même temps que les feuilles s'envolaient de mon cahier de maths. J'ai sans doute mal réagi : je me suis énervé. Je l'ai insultée. Je n'aurais pas dû, je le sais bien. J'ai eu tort, et je m'en veux encore. Mais elle n'aurait pas dû se comporter ainsi devant toute la classe. Une réaction primaire, des mots lancés sans réfléchir, comme un geste de *self-defence* face à une agression soudaine. Des propos malheureux de gamin humilié, qui n'a à sa disposition que la violence du langage pour répondre à la violence psychologique d'un prof qui abuse de son pouvoir. Je l'ai tout de suite regretté, mais c'était trop tard. Le mal était fait. En retour, elle m'a giflé. Nous avons poursuivi notre échange dans le bureau du principal, qui m'a demandé de répéter ce que j'avais dit – ce qui m'a valu une deuxième baffe, assortie d'une exclusion de trois jours.

Tout a basculé à ce moment-là.

*

Heureusement, mes parents ne m'en ont pas voulu. Mon père n'a rien dit. De toute façon, il suivait ma scolarité de loin, avec un certain détachement. C'est ma mère qui s'occupait de tout. J'appréhendais sa réaction. Elle a crié, comme je le redoutais, mais pas trop. Juste un peu, pour la forme. Elle savait que je ne supportais pas cette prof et qu'elle me rendait malheureux. Elle a très bien compris que quelque chose s'était cassé. Pour moi, l'école était finie. Comme pour me conforter dans mon rejet de l'institution scolaire, ma situation quotidienne en classe est devenue intenable. Désormais, j'étais l'affreux jojo, le vilain petit canard, le pestiféré que les profs mettaient à l'index, comme si j'avais commis un crime de lèse-majesté. Tout l'intérêt que j'avais pu porter à l'école depuis des années a disparu d'un seul coup. Cela ne m'intéressait plus, tout simplement.

Mon avenir, je le savais, était ailleurs.

L'année suivante, en quatrième, j'ai été absolument nul, comme il fallait s'y attendre. Je ne me sentais plus concerné. Mes nouveaux camarades de classe n'ont rien fait pour me donner envie de m'accrocher. Ils étaient à des années-lumière de mon univers. D'un ennui mortel, ils n'ont réussi qu'à me dégoûter à tout jamais de l'école. Je ne voulais plus étudier. Rien de ce que me proposait l'école ne m'intéressait. J'avais beau afficher 10 ou 11 de moyenne, j'ai fini par louper mon brevet et redoubler ma troisième. L'année d'après, je l'ai encore raté pour trois ou quatre points. On me l'a généreusement donné, mais c'était trop tard. Je savais que j'étais perdu pour la scolarité. Je n'avais plus qu'à me trouver une autre voie, loin des salles de classe qui me donnaient l'impression de ressembler aux cellules d'une prison.

Il était temps de commencer une autre vie.

*

C'est l'usine qui m'a sauvé.

Enfin, pas tout de suite.

D'abord, il a fallu me trouver un BEP, un brevet d'enseignement professionnel. Une voie qui menait directement à un métier après une formation. Du concret, du solide, du pratique : tout ce qu'il me fallait. J'ai commencé à réfléchir aux secteurs d'activité susceptibles de m'intéresser. Je ne savais pas trop lequel choisir. Je n'étais sûr que d'une chose : je souhaitais exercer une profession manuelle. Je me suis donc renseigné, et j'ai fini par me décider pour la micromécanique. J'étais attiré par un travail de précision. L'idée de réaliser des pièces minuscules, indispensables à la fabrication d'une voiture ou d'un avion par exemple, me plaisait bien. J'en avais enfin terminé avec l'enseignement général et avec toutes les contraintes de l'école. Je me sentais beaucoup plus libre. J'ai passé deux ans en BEP de microtechnique dans un lycée professionnel de Valence. Après l'avoir obtenu, je me suis inscrit en bac professionnel à Tournon, à une demi-heure de Valence. Mais je ne suis pas resté longtemps. Au bout de quatre jours, j'en ai eu marre. Marre d'être interne, marre de ne pas gagner d'argent, marre de continuer à jouer les écoliers. J'ai décidé de tout envoyer balader. Je suis rentré à la maison, j'ai posé par terre mes deux sacs de sport remplis de vêtements sales et je me suis laissé tomber comme une masse sur le canapé. Là, j'ai tout déballé. Non, je ne voulais plus retourner à l'école. Oui, je voulais trouver un boulot et gagner de l'argent. À la maison, l'ambiance s'est légèrement tendue. Ma mère se lamentait. Elle me disait que je gâchais mes facilités, qu'il fallait se montrer un peu plus persévérant dans la vie, que je n'arriverais à rien si je me comportais de cette manière. Tout ce qu'une mère inquiète, soucieuse à juste titre du futur de ses enfants, peut dire dans ce genre de situation. Mais j'ai tenu bon. Quand il s'agit de jouer les têtes de mule, je ne suis pas le dernier. Mon côté Chabal qui ressort, sans doute…

J'ai fini par obtenir gain de cause. Après avoir râlé une dernière fois, maman s'est résignée. Nous avons trouvé un compromis. Elle a accepté que j'interrompe ma scolarité, mais à une condition : m'inscrire dans une formation en alternance. Elle ne voulait pas que j'entre tout de suite dans la vie active. C'est là que ma mère a fait des miracles. À force d'énergie, à force de coups de téléphone passés à gauche et à droite, elle a fini par me trouver une place. Le lycée était à Marseille, l'entreprise était à Crest, à une vingtaine de kilomètres de chez moi, à Valence. Là, j'étais enfin dans mon élément : quinze jours à l'usine, quinze jours à l'école. Enfin, « l'école », c'est un bien grand mot. Cela n'avait plus rien à voir avec ce que j'avais connu jusqu'alors. Le niveau scolaire n'était pas très élevé. J'ai même réussi à obtenir mon diplôme avec mention, ce qui en dit long sur le degré d'exigence ! Surtout, on me laissait très libre. Le matin, je restais dans ma chambre à dormir. L'après-midi, j'allais en classe quand les cours avaient lieu en atelier. Personne ne se tenait dans mon dos pour m'obliger à plonger le nez dans mes bouquins. On attendait de moi, avant tout, un travail sérieux et de qualité à l'usine. Moi, je n'attendais qu'une seule chose : reprendre le chemin de la boîte à l'issue des deux semaines de scolarité. C'est là que j'étais heureux, noyé dans le fracas des machines, entouré de la sollicitude de mes collègues, bercé par la solidarité et par l'ambiance de camaraderie qui constituaient désormais mon quotidien.

*

À l'usine, je m'éclate vraiment.

Je suis dans mon élément. J'aime ça. J'aime la chaleur et l'odeur des machines, la générosité incroyable des gars avec qui je travaille, le lent apprentissage de la technique, l'acquisition progressive et patiente d'un vrai savoir-faire. L'usine, c'est une sorte de deuxième famille. Ici, l'ambiance est chaleureuse. On est loin du chacun pour soi que j'ai connu ces derniers temps sur les bancs de l'école, où les élèves restaient le nez dans leurs bouquins sans se préoccuper du voisin. J'ai besoin de m'intégrer à un collectif, de travailler pour le bien commun, de m'oublier pour le bien-être d'un groupe. Autant de valeurs qui me seront utiles plus tard, lorsque j'entamerai ma carrière de rugbyman.

Chez Salmson, nous sommes une trentaine de salariés, mais j'ai l'impression que nous ne faisons qu'un. Chacun travaille pour les autres. Et puis, j'ai la chance d'être épaulé par un maître de stage vraiment formidable qui guide chacun de mes pas. Il est prêt à répondre à toutes mes questions. C'est grâce à lui si je progresse tous les jours. Il me fait confiance, ce qui est essentiel. Tout le monde me fait confiance, d'ailleurs. On ne me considère pas comme le stagiaire tout juste bon à faire partie du décor, comme si j'étais une potiche inutile que l'on met dans un coin pour l'oublier aussitôt. Non, on me confie des tâches intéressantes. Mon rôle consiste à créer des programmes et à suivre avec la plus grande attention la fabrication d'une pièce. Me voilà tourneur-fraiseur pour de bon, cette fois. C'est le métier que j'avais choisi le jour où j'ai décidé de claquer la porte de l'école. Ça y est, je me trouve enfin là où je rêvais d'être…

Un tourneur-fraiseur fabrique des pièces à partir de différents matériaux bruts en utilisant une fraiseuse, un outil qui ressemble à une perceuse à colonne – mais plus élaborée, tout de même. Il faut faire attention à la manière de l'utiliser. Le tour de main ne s'attrape pas comme ça, d'un simple claquement de doigts. Je dois placer correctement un morceau de ferraille dans l'étau, puis suivre à la lettre le dessin que l'on m'a confié en respectant le plan et les cotes. Ensuite, la machine prend le relais et se charge du boulot : c'est elle qui rogne la ferraille avec un boucan infernal pour donner naissance à une pièce. Moi, je suis là pour fabriquer une pièce, point final. Ronde ou carrée, petite ou grande, mais impeccable, parfaite, irréprochable. Je travaille avec mes mains, mais aussi avec ma tête. Il faut se montrer attentif, concentré et appliqué. Ce n'est pas si simple que ça en a l'air. En plus, c'est épuisant. Il fait chaud dans l'atelier, je transpire à grosses gouttes, mes mains sont noires de crasse. Mais je n'y fais même pas attention. Je produis, je travaille, je me régale devant ma machine. Il ne faut pas traîner en route, car les cadences sont impitoyables et le planning de production n'attend pas. Ce n'est pas le moment d'avoir des états d'âme ou des interrogations existentielles.

À la fin de la journée, j'ai la tête comme une citrouille. Mais au moins, je suis heureux. Moi qui ai le goût du travail bien fait, je me sens pleinement à ma place. Je vois bien que mes mains – et ma tête, n'oublions pas ma tête – arrivent à un résultat. Elles produisent quelque chose de concret, de tangible, de solide. Toutes proportions gardées, je me sens un peu comme un sculpteur qui travaille la glaise pour donner naissance à une forme vivante. Quand j'ai terminé, j'éprouve une véritable fierté. Le travail de l'ouvrier n'est peut-être pas un travail d'artiste, mais il s'en approche, d'une certaine manière. En tout cas, c'est ainsi que je le conçois. Le processus est le même : transformer une matière brute, sans vie, informe, en un produit fini qui prend naissance sous nos yeux. C'est très gratifiant.

Lorsque je rentre chez moi, le soir, je garde les pieds sur terre mais je me dis que je peux faire un bon ouvrier. En tout cas, c'est ce que les autres me laissent entendre, et je sais qu'ils ne sont pas du genre à vouloir faire plaisir à tout prix. Ici, il n'y a pas de place pour les demi-mesures. Soit on est bon, soit on est mauvais. Et dans ce dernier cas, on vous fait vite comprendre que vous avez intérêt à changer de métier. D'après les collègues, il semblerait que je me débrouille plutôt bien. C'est ce que m'ont laissé entendre Michel, le maître d'atelier, et Régis, mon maître de stage. C'est aussi ce que m'a dit Philippe, le père d'un de mes coéquipiers dans l'équipe des juniors de Beauvallon, qui travaille sur la machine d'à côté. Cela me rassure. Bien sûr, j'ai encore des progrès à accomplir. Après tout, je démarre tout juste. Je suis encore jeune, j'ai besoin d'apprendre et de me former. Mais j'envisage ma vie professionnelle avec sérénité. Je me sens loin de l'école, loin de cette prison sans barreaux qui ne me laissait aucun avenir. Ici, je prends confiance en moi. Je sais que je suis capable de réaliser quelque chose de valable et de prendre mon destin en main. Je crois que j'ai enfin trouvé ma voie : je serai ouvrier.

*

Quand j'y réfléchis, je me dis que le choix de ce métier n'avait rien d'anodin. Il ne relevait pas du hasard, bien au contraire. Être ouvrier, c'était pour moi l'occasion d'affirmer ma fidélité à certaines valeurs, celles de ma famille, celles que mes parents m'ont inculquées dès mon plus jeune âge.

Des valeurs qui m'ont bercé pendant toute mon enfance, qui n'ont cessé de m'accompagner et de me façonner pour donner naissance à l'homme que je suis devenu. Ma réussite dans le rugby, ma notoriété soudaine et l'argent que j'ai gagné n'y ont rien changé. Je crois que je suis resté le même, tout simplement parce que l'on ne se débarrasse pas comme cela des idées fortes et des idéaux que l'on vous apprend à respecter tout jeune. Comme dit ma mère, « nous sommes des petits et nous resterons toujours des petits ». Elle sait de quoi elle parle : elle aussi travaille comme ouvrière chez Lorenco, l'atelier de fabrication et de réparation de bijoux de ma sœur et de son mari.

Mais une vie est faite de changements de trajectoire, de rencontres, de bifurcations inattendues, d'ouverture sur des univers dont on ignorait tout et que l'on découvre avec curiosité. L'essentiel, c'est de rester fidèle à celui qu'on a toujours été. C'est de ne pas oublier d'où l'on vient, de ne pas se prendre pour celui que l'on n'est pas, de ne pas jeter son passé aux orties. Certains, une fois devenus célèbres, ne peuvent pas s'empêcher de tomber dans le piège. Ils se coupent de leurs racines et cherchent à dissimuler leurs origines. Je pense avoir évité ce travers, et c'est le plus important à mes yeux. Choisir la voie de l'usine, c'était pour moi une manière de ne pas oublier l'humilité, de rester simple, d'être moi-même. Quand on grimpe dans ce que l'on appelle « l'échelle sociale », on se trouve peu à peu confronté à des relations humaines faussées. Les gens se mettent à changer. La sincérité, la gentillesse et la simplicité ne sont plus de mise. Toutes ces valeurs qui donnent, à mon sens, tout son intérêt à l'existence, laissent place à la méfiance, à l'avidité et à l'intérêt. Et cela me déplaît. Dans la classe ouvrière, on se dit les choses telles qu'elles sont et telles qu'on les pense. On va droit au but, sans chichis ni arrière-pensées. On ne cherche pas à faire le malin, on ne fait pas preuve de roublardise, il n'y a pas de place pour les coups fourrés. Les rapports sont plus naturels et moins superficiels. On ne cherche pas à s'enrichir encore plus et à tout prix. On essaie juste d'améliorer le quotidien, de rendre la vie un peu plus facile à vivre. Chacun sait ce qu'il lui restera dans le porte-monnaie à la fin du mois : pas grand-chose. Mais cela n'empêche pas d'être heureux ni de se montrer satisfait de son sort. On sait s'entraider, se rendre de petits services et se serrer les coudes. La solidarité et la générosité ne sont pas de vains mots.

Mais dès que l'argent pointe le bout de son nez, tout se met à changer, et pas toujours en bien. Quelques années plus tard, après ma vie en usine, quand j'ai commencé à gagner beaucoup d'argent, j'ai vu débarquer une quantité incroyable de nouveaux visages qui se sont mis à tourner autour de moi. C'est fou, tout d'un coup, le nombre de « copains » qui se sont manifestés... Quand vous devenez connu, quand vous passez à la télé, quand on parle de vous dans les journaux, certains inconnus commencent à vous trouver toutes les qualités du monde. Ils se mettent à vous tutoyer, à vous dire que vous êtes un mec vraiment génial, à vous proposer de vous rendre service, à vous taper dans le dos comme si vous vous connaissiez depuis la cour de récré. Mes amis, je les connais, merci. Je sais qui ils sont. Ils sont restés les mêmes depuis dix, quinze ou vingt ans, et je n'ai pas l'intention d'en changer. Je ne suis pas du genre à me retrouver avec je ne sais combien de centaines de noms connus dans le répertoire de mon téléphone portable. Mes amis, les vrais, datent de ma jeunesse, de mes années d'usine et de mes premiers pas de rugbyman. Ce sont des gens normaux, des potes, des copains à la vie, à la mort. Bref, des « vraies gens », comme on dit parfois, sur qui je sais pouvoir compter et qui peuvent compter sur moi. Pas des types que j'ai connus dans les cocktails ou les soirées mondaines. D'ailleurs, je déteste les soirées. Les cocktails m'ennuient. Les mondanités me donnent envie de bailler. Je les fuis comme la peste. Je ne cherche pas à devenir copain avec Machin, à être photographié en compagnie de Truc, à jouer les mannequins au bras de Machine. Je déteste le futile, je déteste le toc, je déteste le superficiel. J'aime la sincérité, j'aime la simplicité, j'aime le naturel.

Au fond, je dois être resté un peu ouvrier dans ma tête. Je n'ai aucune envie de changer. Et je me dis que je suis très bien comme cela...

*

Je prends goût à ma nouvelle vie. Et je prends goût, aussi, à l'argent que je gagne tout seul, sans rien demander à mes parents. Oh, bien sûr, je ne touche pas des fortunes. Mais je gagne tout de même de quoi me payer mes cigarettes, m'offrir des sorties et quelques bricoles. Chaque mois, sur ma fiche de paie, je vois apparaître le montant de mon salaire : 1 500 francs. Pour moi, qui démarre tout juste dans la vie active, c'est presque le début de la richesse. Désormais, je suis indépendant. D'une certaine manière, à dix-sept ans me voilà devenu grand. Presque adulte. J'ai toujours des billets dans ma poche. Je n'ai plus besoin de faire le saisonnier et d'aller ramasser les fruits pour gagner mes sous, comme je le fais depuis l'âge de treize ans. Je n'ai plus besoin de chaparder quelques pièces dans le porte-monnaie de maman comme cela m'est parfois arrivé. Je peux bien l'avouer aujourd'hui, même si je n'en suis pas fier : depuis, il y a prescription…

Tous les matins, à sept heures, je pousse la porte de l'atelier. J'aime sentir ce goût tenace de tabac froid qui vous saisit dès l'entrée, ces odeurs d'huile et de ferraille qui flottent dans l'air, toutes ces senteurs de métal qui vous collent à la peau et qui sont la marque de fabrique de l'usine. Je range mes affaires de ville dans mon casier, j'enfile mon bleu de travail, je bavarde avec les collègues avant de pointer à sept heures trente, à la machine située à côté des vestiaires. Ensuite, le travail commence pour de bon. J'introduis une pièce de métal dans l'étau, et me voilà parti pour une nouvelle journée, en attendant la demi-heure de pause-déjeuner, sur le coup de midi. Si ce n'est pas le bonheur, cela y ressemble drôlement… Et puis, je sens que je progresse. Même s'il m'arrive de commettre quelques erreurs, pour ne pas parler de bourdes, comme ce jour où j'ai failli faire exploser la machine sur laquelle je travaillais. C'était un samedi matin. La veille, après l'entraînement avec les juniors de Beauvallon, nous étions sortis faire la fête jusqu'au petit matin avec des copains de Salmson. Je n'ai pas vu l'heure passer et, plutôt que de rentrer chez moi dormir un peu, je suis allé directement à l'usine où j'ai rejoint mon poste de travail après une nuit blanche. Le patron de Salmson était en retard dans la production et m'a proposé, pour gagner un peu d'argent en plus de mon salaire, de venir donner un coup de main ce samedi matin. Je devais usiner de grandes crémaillères de trois mètres de long. Tout à coup, mon chef d'atelier et le patron de l'usine m'ont réveillé. Je m'étais tout bonnement endormi à mon poste, sur l'établi. Pour tout arranger, j'avais mal placé la pièce dans l'étau et la fraise avait carrément explosé ! C'est la seule fois où je ne me suis pas montré à la hauteur de mon boulot, la seule fois où je n'ai pas été un bon ouvrier. Mais je ne suis pas près de l'oublier…

Après avoir obtenu mon bac pro, je ne suis pas resté dans cette usine de Crest. Pourtant, le patron voulait m'embaucher. Il s'était rendu compte que le métier me plaisait et avait envie de me garder. Mais c'est le salaire qui m'a fait hésiter. Finalement, je lui ai dit que je préférais partir. Ce n'est pas la meilleure décision que j'aie prise dans ma vie... J'étais persuadé de pouvoir trouver mieux ailleurs – et surtout, à un meilleur salaire. Grave erreur. J'ai fini par me faire embaucher dans une autre usine, à Portes-lès-Valence. Je ne savais pas ce qui m'attendait. Là, il n'était plus question de responsabilités, de goût du travail bien fait ni même de plaisir à travailler. C'était l'enfer, je ne vois pas d'autre mot. Dans une chaleur épouvantable, je me suis retrouvé bloqué derrière une machine à faire et à refaire les mêmes gestes toute la journée. Mettre un morceau de ferraille dans l'étau. Fermer les portes. Appuyer sur un bouton. Recommencer trente secondes plus tard. Mettre un autre morceau de ferraille dans l'étau, refermer la porte, appuyer encore et encore sur le même bouton, puis recommencer une nouvelle fois, et tout ça au rythme des « trois-huit »... Un travail harassant, ennuyeux, sans aucun répit, sans la moindre initiative. Un vrai boulot de robot, qui vous abrutit et vous vide le cerveau. Le machinisme dans toute son horreur, comme dans *Les Temps modernes*, le film de Charlot. Les gens qui font ça toute la journée, je leur tire mon chapeau. Bien sûr, si j'avais dû continuer dans cette usine pour gagner ma croûte, je l'aurais fait. Mais j'ai choisi de partir, avant de retrouver une place dans une autre usine, à Montélier, où j'ai eu la chance de me voir confier quelques responsabilités. J'ai pu refaire un peu de programmation, comme à Crest. Et puis, après, il y a eu le rugby qui a pris de plus en plus d'importance. Au point de changer complètement le cours de ma vie…

3.

Le Pygmalion et le dilettante

Je suis venu au rugby par hasard.

Un destin tient parfois à pas grand-chose. Pour moi, le rugby n'était ni une passion ni une vocation. J'aimais ça, mais jamais je n'aurais imaginé que ce sport deviendrait un jour mon métier. Je prenais du plaisir sur le terrain, j'appréciais sa dimension collective, j'étais sensible à son côté festif, mais cela n'allait pas plus loin.

Au fond, j'étais un dilettante. Et je dois avouer que j'étais très heureux ainsi. Un amateur, au sens premier du mot : celui qui aime se livrer à une activité, pour la beauté du geste et la satisfaction qu'elle lui procure, mais qui ne songe pas une seule seconde à en faire son occupation principale. Sans m'en rendre compte, je me trouvais en décalage avec l'évolution du rugby. Je restais un amateur dans l'âme alors même que mon sport s'apprêtait à quitter le cocon de l'amateurisme pour se laisser enchanter par les sirènes du professionnalisme. Mais je ne connaissais rien au rugby. Je découvrais un univers dans lequel j'avais tout à apprendre, dont les codes et les usages ne m'étaient pas familiers.

Je savais encore moins où la vie allait m'emmener. Pas une seule seconde je ne me préoccupais de mon avenir, lequel restait pour le moins incertain. Je crois même que je m'en fichais un peu. Seul comptait le bonheur immédiat du jeu avec le ballon, l'envie de m'éclater sur une pelouse, l'occasion de rigoler avec une bande de joyeux allumés. L'avenir, il serait bien temps d'y penser après, plus tard, quand je serais adulte.

*

C'est à Beauvallon que tout a commencé. Ou, pour être précis, que tout a recommencé. C'est dans ce club que j'avais effectué mes débuts de rugbyman, quelques années plus tôt, à l'âge de neuf ans. De drôles de débuts, en vérité. Je n'avais pas poursuivi l'expérience au-delà de quelques séances d'entraînement. Le rugby ne m'attirait pas. Je n'y comprenais rien. J'étais sans doute trop jeune – ou peut-être trop tendre, ce qui peut faire sourire aujourd'hui. Cette première tentative n'était qu'un faux départ.

Cette fois, c'était la bonne, je le savais. J'avais seize ans et je n'étais plus le même. J'avais laissé derrière moi le petit garçon timide et indolent encore en pleine enfance, le petit Sébastien que sa maman avait inscrit malgré lui et qui traînait les pieds sur le terrain, en attendant que le coup de sifflet de l'arbitre vienne le délivrer.

Beauvallon était le club modeste d'un petit village sans histoires de moins de deux mille habitants, située dans l'agglomération de Valence, dans le département de la Drôme. L'équipe jouait en promotion d'honneur et n'aspirait pas à la gloire nationale, ce qui me convenait parfaitement. Moi non plus, je ne rêvais pas de jouer les premiers rôles. Moi aussi, j'étais plutôt du genre tranquille. Je n'étais pas dévoré par l'ambition, loin de là. J'avais surtout envie de profiter de la vie et de la douceur de mon quotidien. La belle vie, ou en tout cas l'idée que je m'en faisais à l'époque.

J'ai passé trois années à Beauvallon. Trois saisons pendant lesquelles j'ai appris à aimer le rugby, son ambiance et sa passion. Je me suis pris d'amour pour le ballon ovale. J'ai tout connu, même si le club évoluait à un niveau modeste. Les joies de la victoire et les déceptions nées de la défaite, les belles envolées collectives et les ratages personnels, la fraternité et les engueulades, les coups de folie et les coups de gueule. Le rugby dans tous ses états, en somme, avec ses jours sans et ses beaux jours, ses instants de doute et ses moments de grandeur, ses petits malheurs et ses bonheurs intenses. Sous la direction de notre entraîneur, Frédéric Douce, nous avons même remporté un titre, celui de champion Drôme-Ardèche junior, à l'issue de la saison 1994-1995. Ensuite, je suis parti. J'avais envie de connaître autre chose. Envie de changer d'air, aussi. À Beauvallon, j'avais sans doute fait le tour de la question d'un point de vue sportif. Même si je n'imaginais pas encore faire carrière, j'avais attrapé le virus du rugby, et cette maladie n'allait pas me lâcher de sitôt…

Je voulais connaître de nouvelles sensations, vivre d'autres expériences, découvrir de nouvelles ambiances. En compagnie de mon pote Stéphane Ptriou, j'ai changé de club pour rejoindre le Valence Sportif. Valence jouait en Fédéral 2, ce qui correspond à la quatrième division. Dans les années 1960 et 1970, le club a tutoyé les sommets. Il a même disputé une demi-finale de championnat de France de première division en 1978, contre Montferrand, avant de redescendre dans la hiérarchie. Là-bas, j'ai franchi un cap. J'étais toujours en catégorie Junior, mais le degré d'exigence n'était pas le même qu'à Beauvallon. À vrai dire, tous les aspects du jeu se situaient un cran au-dessus : l'exigence tactique, l'engagement physique, le niveau technique. Il m'est arrivé de rejoindre les rangs de l'équipe première de temps à autre, mais j'ai disputé la majorité des matchs avec les juniors.

Au passage, je me suis fait quelques amis. Parmi eux, il y avait Arnaud Chazalet, dont le frère Alexandre évoluait alors en première division, à Bourgoin. C'est ce dernier qui est à l'origine d'un tournant dans mon parcours : mon arrivée dans ce même club de Bourgoin, en 1998. Alexandre était venu à Valence pour voir son frère jouer. Quand il m'a vu sur le terrain, il s'est dit que je pouvais prétendre à un niveau supérieur. Il était persuadé que je pourrais un jour rejoindre une formation de première division. Moi, je ne regardais pas si haut. Je ne m'imaginais pas arriver jusque-là. Je n'y pensais même pas, d'ailleurs. L'ambition n'a jamais été un moteur pour moi. Je m'amusais sur le terrain, je trouvais l'ambiance plutôt sympathique, j'avais de bons copains, j'étais heureux. Pourquoi les choses auraient-elles dû changer ?

Mais il existe une jolie phrase – de John Lennon, je crois – qui dit, à peu de chose près : la vie, c'est ce qui arrive quand on est occupé à faire autre chose. Eh bien, c'est ce qui m'est arrivé. J'étais occupé à faire autre chose, c'est-à-dire à profiter de la routine quotidienne. Une routine plutôt confortable et sans surprise, mais qui me convenait cependant très bien. Je ne me posais pas de questions, je n'imaginais pas mon avenir, je ne réfléchissais pas vraiment à la direction que prendrait mon existence. Il a suffi d'une simple poignée de main pour tout bouleverser. Et la vie, la vraie, m'est tombée dessus sans prévenir…

*

Cette poignée de main, je l'ai échangée avec un homme nommé Michel Couturas. Alexandre lui avait parlé de moi et me l'avait ensuite présenté. Michel Couturas était l'entraîneur du club sportif Bourgoin-Jallieu, le CSBJ. Je ne me souviens pas exactement de ce qu'il m'a dit le jour où nous nous sommes vus, mais son discours a fait mouche. Il a su trouver les mots pour me séduire, il a su déployer les bons arguments pour me convaincre. Il m'a donné envie de le rejoindre et de quitter Valence. Nous nous sommes serré la main, et cela suffisait à mes yeux pour sceller notre accord – même si, bien entendu, j'ai signé un véritable contrat dans la foulée. Je pense que c'est à ce moment-là que ma vie de joueur de rugby a commencé pour de bon.

Avant, je m'amusais à faire le rugbyman. Je ne veux pas dire que je faisais semblant, mais je ne me sentais pas pleinement joueur. Le rugby restait un jeu. Une distraction idéale pour occuper les week-ends, rien de plus qu'un passe-temps sympathique, comme un à-côté de la vraie vie. En aucun cas un métier, et certainement pas un engagement quotidien. À partir de mon passage à Bourgoin, plus rien n'a été pareil. C'est là que j'ai acquis ma véritable stature, c'est là que j'ai commencé à trouver ma voie. Je dis souvent de Michel Couturas qu'il a été mon « papa », une sorte de père spirituel qui a guidé chacun de mes pas lors de mon séjour à Bourgoin. Je veux parler du rugby et seulement du rugby, bien sûr. Dans la vie, je n'ai qu'un père et je n'ai jamais cherché à m'en trouver un autre. Je n'ai pas eu besoin d'un père de substitution pour éclairer ma route. Mais dans le rugby, c'est « papa » Couturas qui m'a tout appris. Il a joué auprès de moi le rôle d'un véritable Pygmalion. Il m'a fait confiance et m'a poussé vers l'avant. Il m'a aussi engueulé quand il le fallait, quitte à me consoler s'il avait le sentiment d'être allé trop loin. En fait, il m'a appris tout ce que je ne savais pas sur le rugby, et j'avais beaucoup à apprendre.

Surtout, il a su me donner du temps. Il m'a laissé mûrir, sans chercher à me façonner dès mon arrivée ni à me couler dans un moule. Grâce à lui, j'ai pu découvrir et exprimer ma véritable personnalité. Il m'a laissé le temps de me tromper avant de me remettre dans la bonne direction. Et à mes débuts, je me suis souvent trompé…

Lors de la première saison, je suis sorti le soir plus souvent que je n'ai joué. J'avais un peu d'argent – je continuais à travailler à mi-temps – et personne ne me mettait la pression. On me laissait faire ce que je voulais, et j'en ai profité à fond. Pas toujours avec beaucoup de discernement, d'ailleurs. Je jouais tous les dimanches avec les Espoirs du club et, quelques fois, avec l'équipe première, mais jamais plus de trente ou quarante minutes.

En fait, j'avais tout faux. J'étais complètement à côté de la plaque. Michel Couturas me laissait faire sans trop rien dire. De temps en temps, il me gratifiait d'une petite remarque pour me faire comprendre que je n'avais pas forcément fait les bons choix, mais cela n'allait pas plus loin.

Michel savait d'où je venais, mais aussi d'où je ne venais pas. Il connaissait mes qualités physiques, mais il savait aussi que je ne respirais pas le rugby depuis l'enfance. J'avais tout à apprendre, ou presque tout. J'étais encore un néophyte, malgré mes quelques saisons à Valence et à Beauvallon. Je n'étais qu'une jeune pousse qu'il fallait laisser s'épanouir, plutôt que de la jeter tout de suite dans le grand bain au risque de la voir couler à pic. Michel Couturas avait décelé en moi un potentiel, mais il ne fallait pas le gâcher. C'est assez difficile à expliquer, mais je pense qu'il avait « senti » quelque chose lors de notre première rencontre. Il pouvait se tromper, il prenait un vrai risque, mais il a sans doute été convaincu de mes possibilités rien qu'en discutant avec moi, et aussi sur la foi de ce que lui avait dit Alexandre à mon sujet. De toute façon, je ne représentais pas un investissement colossal : le club me versait l'équivalent de quatre cents euros par mois, ce qui ne risquait pas de mettre ses finances en péril. Le professionnalisme n'était apparu que depuis deux ans, et la pression financière n'avait rien à voir avec ce qu'elle est aujourd'hui. L'équipe marchait bien, le club était solide, l'effectif tournait rond, personne ne m'attendait, ce qui me permettait de continuer à me laisser vivre.

En un mot, j'étais libre. Trop, sans doute.

*

À Bourgoin, la vie est comme je l'aime. Je profite, je prends le temps de vivre. Je suis bien dans ma peau et je ne me pose pas de questions. Le club m'a loué un appartement dans un petit immeuble. Je vis tout seul, comme un grand. M'installer à Bourgoin, à cent vingt kilomètres de chez mes parents, c'est aussi l'occasion de prendre mon indépendance pour de bon. De temps en temps, je retourne à Valence pour voir mon pote Stéphane Périou. À Bourgoin, je passe le plus clair de mes loisirs avec Laurent Leflamand – Lolo, pour les intimes. J'ai fait sa connaissance à mon arrivée au club. Il est plus âgé que moi : il a trente ans, j'en ai neuf de moins, mais la différence n'a aucune importance. Lui aussi est une espèce rare dans le rugby. Une sorte d'égaré qui s'est retrouvé un beau jour sur un terrain de division d'honneur sans l'avoir vraiment cherché, à dix-sept ans, dans le club de sa ville natale de Cherbourg. Ce qui ne l'a pas empêché de mener une belle carrière, de jouer en équipe de France et de participer au Grand Chelem de 1997 avec le maillot bleu sur les épaules. Quand on croise Lolo en ville, s'il se promène tout seul, on lui demande où est passé son « fillot », comme Jean Reno appelait Christian Clavier dans *Les Visiteurs.* Son fillot, c'est moi...

C'est vrai, nous sommes toujours fourrés ensemble. Nous sommes inséparables, tous les deux. La journée démarre à onze heures, avec l'entraînement. Ensuite, nous allons jouer à la coinche ou au yam's, selon l'humeur. L'après-midi, à seize heures, nouvelle séance d'entraînement ou de musculation. Certains soirs, nous prenons la voiture et poussons jusqu'à Lyon pour sortir en boîte.

Il nous arrive aussi de nous livrer à des blagues de gamin – l'âge ne change rien à l'affaire. Lolo a posé dans sa voiture un micro qu'il a branché sur un haut-parleur installé à l'extérieur. Il nous suffit de parler dans le micro ou d'imiter un aboiement de chien, au moment où quelqu'un passe à proximité de sa voiture. L'effet est garanti. La personne se demande d'où vient la voix. Elle regarde tout autour d'elle, cherche des yeux ce chien invisible, l'air vaguement inquiet, mais n'imagine pas une seule seconde que ce sont deux grands gosses installés dans une bagnole qui ont décidé de s'amuser. C'est un peu débile, je le sais, mais ce n'est pas bien méchant...

Et la vie s'écoule ainsi, rythmée par les matchs du week-end, le boulot de la semaine et les sorties entre copains. Tranquille et douce, comme je l'ai toujours imaginée depuis mon enfance ardéchoise, à l'écart du bruit, de l'agitation et du stress de la grande ville. Je vais peut-être percer un jour dans le rugby, peut-être pas. Si ça ne marche pas, j'aurai de toute manière mon boulot à l'usine. On verra bien...

*

Quand j'avais signé à Bourgoin, un an plus tôt, je ne savais pas vraiment où je mettais les pieds. J'étais conscient de la différence de niveau avec Valence, mais sans y prêter plus d'attention. Tout cela restait très théorique à mes yeux, presque abstrait. Je ne ressentais aucune pression à l'idée de rejoindre un club de l'élite. Mon état d'esprit était le même : je venais là pour jouer, pour me faire plaisir sur un terrain et, si possible, pour me marrer avec mes coéquipiers. Aucune trace d'ambition, ni sportive, ni professionnelle, ni personnelle.

Je n'oublierai jamais mon premier entraînement d'avant-saison. Nous sommes partis de Pierre-Rajon, le stade de Bourgoin, et nous nous sommes dirigés vers une petite colline pour un simple footing. J'ai très vite compris ma douleur… Au bout de cinq cents mètres, j'ai littéralement explosé ! On aurait dit un paquet de pop-corn laissé trop longtemps dans un four à micro-ondes. Je craquais de partout, j'étais en surchauffe, mon corps ne suivait pas. Je me suis mis à prendre de plus en plus de retard sur les autres. Je les regardais s'éloigner en me demandant ce que je faisais là… Moi qui étais venu à Bourgoin pour le ballon et pour le jeu, je me retrouvais à souffrir comme une bête à l'occasion d'une petite mise en jambes de rien du tout, entraîné par une bande de malades qui « bouffaient » du kilomètre comme à la parade. Je payais mon mode de vie, mes sorties et mon laisser-aller physique.

De temps en temps, Alexandre me jetait un coup d'œil pour vérifier que je tenais le choc. Je sentais bien qu'il était consterné. Je me disais qu'il devait regretter d'avoir conseillé à Michel Couturas de me recruter. Il devait penser que je n'étais vraiment pas au niveau. Il ne m'a rien dit, il m'a simplement regardé puis, au bout d'un moment, il m'a suggéré de prendre un raccourci pour rentrer au stade. J'ai fait demi-tour, à moitié en courant et à moitié en marchant, épuisé, complètement vidé, la tête pleine de questions sur mes capacités, sur mon avenir au sein de ce club et même sur mon avenir de rugbyman. Je ne comprenais pas que l'on se mette dans cet état pour préparer un match. On était là pour s'amuser et pour se passer la balle, non ? Pas pour courir le marathon ou s'entraîner en vue d'une course d'endurance aux jeux Olympiques...

À ma décharge, je sortais d'un petit club où les exigences et l'intensité de l'effort n'avaient rien à voir avec Bourgoin. Ici, c'était un autre monde. Bourgoin a toujours fait figure honorable au sein de l'élite grâce à une véritable politique de formation et aux différentes générations de jeunes qui ont su s'imposer. Il a « sorti » des joueurs importants comme Marc Cécillon, Stéphane Glas, Olivier Milloud ou Morgan Parra. Il faudra attendre 1997 pour le voir atteindre la finale du championnat de France. Cette année-là, le CSBJ perdra contre Toulouse mais s'imposera dans la première édition du Challenge européen, la « deuxième » Coupe d'Europe, et jouera la finale du challenge Yves-du-Manoir. On dit du club qu'il est le petit village du rugby français. Mais il ressemble au village gaulois des aventures d'Astérix : s'il est petit par la taille, mieux vaut ne pas s'y frotter... Bourgoin-Jallieu est une ville d'un peu plus de vingt mille habitants, pas une métropole régionale comme Toulouse, Montpellier ou Clermont-Ferrand. Le club n'est pas doté d'un gros budget mais il a toujours défendu des valeurs qui le rendent difficile à affronter sur ses terres. Des valeurs de combativité, de volonté, de ténacité. Autant d'ingrédients qui sont en quelque sorte sa potion magique.

À Bourgoin, il existe un esprit très particulier qui fait toute l'originalité du club, avec une histoire de rugby très forte qui remonte à la fin du XIXe siècle. Mon copain Lionel Nallet vient de Bourg-en-Bresse, à trois quarts d'heure de Bourgoin. Il a grandi et appris à jouer au rugby dans ce même esprit, avec un rapport au jeu fait de passion, d'humilité et de sens du combat, mais aussi d'amitié et de grande solidarité entre les joueurs.

Bref, Bourgoin, c'était du sérieux. Alors que moi, je n'étais justement pas très sérieux…

*

Mais ça n'a pas duré. La saison suivante, tout a changé.

Michel Couturas ne pouvait pas se permettre de se montrer trop patient. Un entraîneur n'est pas là pour financer les sorties nocturnes et les parties de « déconnade » d'un gamin de vingt ans qui n'a encore rien prouvé. Au bout de quelques mois, il m'a fait comprendre qu'il était temps de me mettre au travail et de montrer ce que je valais. Il a su me reprendre en main au bon moment, m'empêcher de gâcher mes possibilités, m'obliger à puiser au plus profond de mes ressources. Sans m'en rendre compte, je me trouvais sur une ligne de crête. Je pouvais basculer d'un côté ou de l'autre. Soit je jouais le jeu à fond, je m'impliquais pleinement et je devenais un véritable professionnel, soit je me laissais aller et je végétais, sans ambition ni avenir. J'aurais pu me contenter de peu, d'un petit boulot peinard qui ne me plaisait pas plus que ça, d'une semaine en père tranquille suivie de matchs de petit niveau le dimanche, dans l'anonymat d'une division inférieure, juste pour rigoler avec les copains. La frontière entre ces deux situations est ténue. C'est Michel Couturas qui m'a permis de la franchir pour accéder à une dimension supérieure, dans mon parcours de rugbyman mais aussi dans ma vie d'homme.

C'est à ce moment-là que j'ai décollé pour de bon. Michel m'a fait jouer plus souvent, j'ai fini par devenir titulaire et par ne plus quitter l'équipe première. Cette fois, j'étais lancé. En même temps, j'ai changé mon mode de vie. Le rugby est devenu mon objectif premier. Mes sorties nocturnes sont devenues plus rares. Je me suis mis à être sérieux, ce qui était nouveau pour moi. Petit à petit, j'ai délaissé mon travail en usine pour me consacrer à part entière au sport. J'ai fini par laisser tomber l'atelier pour ne plus penser qu'au rugby. Je suis devenu un vrai professionnel cette année-là.

J'avais vingt-deux ans. Un bel âge pour une deuxième naissance…

4.

Les bêtises de jeunesse

Quand j'étais jeune, j'étais comme tous les gamins du monde.

Il m'arrivait de faire des bêtises, moi aussi. Des petites sans gravité, le plus souvent. Des trucs de môme sans importance et dont je rigole encore, plusieurs années après. Mais aussi des grosses, parfois. Des bêtises dont je ne suis pas très fier aujourd'hui, chaque fois que j'y repense. Je n'étais pas le dernier dès qu'il s'agissait d'imaginer des « conneries », comme c'est le cas de tous les ados qui se baladent en groupe et qui cherchent à s'affirmer, ou tout simplement à tuer le temps.

Je n'étais pas le dernier, mais je n'étais pas non plus le premier. En fait, je n'avais rien d'un leader. Je n'ai jamais été un chef de bande, celui qui entraîne les autres derrière lui, celui qui a les idées et qui donne les ordres aux copains. J'étais plutôt un suiveur, un de ceux qui marchent derrière et qui saisissent la fameuse occasion qui fait le larron, parce qu'une idée lui plaît, parce qu'il a envie de faire comme tout le monde ou juste pour ne pas laisser penser qu'il est un dégonflé. J'étais prêt à foncer sans retenue si l'on me montrait la voie. Il suffisait qu'un bon plan me plaise, qu'il me fasse marrer ou que les autres marchent à fond dans la combine pour que je m'y jette la tête la première, sans réfléchir aux conséquences ni aux risques de l'entreprise.

Dans les petites communes, à la campagne, il y a toujours une bonne occasion de « faire le con ». Ce n'est pas comme à la ville, où la vie quotidienne est beaucoup plus cadrée, réglementée et balisée. La campagne, c'est la liberté. Quand je revois mes années de jeunesse, je me souviens de mes virées avec les copains sur nos « brêles » – nos mobylettes – à moitié pourries ou trafiquées, des bals du samedi soir où les trois quarts des participants terminent bourrés avant de se bastonner, des heures passées à traîner sur la place ou devant le bar du coin. Parfois, on s'ennuie. Le désœuvrement nous pousse à faire n'importe quoi, histoire de casser la routine et de donner un sens à des journées qui paraissent bien longues. C'est à ce moment-là que l'idée d'une petite bêtise – ou même d'une grosse – nous traverse l'esprit. On ne cherche pas forcément à se faire remarquer, à enfreindre les règles ou à nuire à quelqu'un en particulier. Quelquefois, on a peut-être envie de titiller les adultes, de repousser leurs limites ou de leur montrer qu'on est un grand, nous aussi. Mais le plus souvent, on cherche juste à s'occuper, à se donner le sentiment d'exister, à repousser des barrières et des interdits, comme l'ont toujours fait tous les ados du monde et comme ils le feront encore longtemps.

*

Au rayon des petites bêtises pas méchantes, même si elles ne sont pas non plus toujours malignes, je me rappelle encore le jour où, avec des potes, nous avions tout balancé dans la piscine de Beaumont. Un désastre… Le bassin ressemblait à une vraie décharge ! On avait mis à l'eau tout l'équipement de la piscine, tout ce qui avait servi à préparer un barbecue la veille, des tables, des chaises, les poubelles, et même un baby-foot, sans compter des frites en pagaille qui flottaient à la surface de l'eau… C'était horrible, vraiment immonde ! Du grand n'importe quoi. Une autre fois, alors que notre voisin avait laissé traîner un pot de peinture devant chez lui, je n'ai rien trouvé de mieux à faire que de le lui piquer et d'écrire un truc débile sur la route. Ce qu'il n'a pas vraiment apprécié, on s'en doute. Avec mon oncle Raphaël, nous avons collectionné les mauvais coups. Plus jeune frère de ma mère, il n'a que trois ans de plus que moi. Nous sommes de la même génération, tous les deux, et nous avons grandi comme deux frères prêts à tout partager, les bonnes idées comme les moins bonnes. Nous adorions faire peur au garde champêtre du coin. Un soir, alors qu'il avait été invité à dîner chez mes grands-parents, il s'en retournait chez lui à pied à travers la forêt. Nous l'avions précédé sur nos mobylettes pour aller l'attendre sur sa route. Quand il est passé à notre hauteur, nous avons imité le cri du sanglier. Il fallait le voir se carapater à travers la forêt, avec sa seule lampe de poche pour éclairer son chemin ! Le lendemain, il a raconté à tout le monde que des hordes de sangliers avaient failli l'agresser...

Un jour, mes âneries se sont retournées contre moi. Je me suis retrouvé dans la situation de l'arroseur arrosé et je crois que, cette fois, je ne l'avais pas volé. Avec les copains, nous passions notre temps à trafiquer nos brêles. Pour un tas de raisons, comme l'ont fait tous les gamins : pour aller plus vite, pour faire plus de bruit, pour se donner l'illusion de chevaucher une vraie moto, comme les grands, et pas un simple cyclomoteur dont la vitesse était trop limitée à notre goût. Ce jour-là, après avoir bricolé je ne sais plus quoi sur mon engin, j'étais lancé à pleine vitesse – sur une « mob », la notion de pleine vitesse reste très relative –, mais je devais avoir l'impression de passer le mur du son, au moins. J'allais peut-être un peu trop vite, ou j'avais peut-être trafiqué ma brêle n'importe comment, je ne me souviens plus très bien. Toujours est-il qu'à un moment, alors que je franchis un dos d'âne, ma roue avant me lâche. Et là, je ne sais pas comment j'ai fait mon compte mais je me suis carrément arraché un morceau de doigt dans le feu de l'action. C'était vraiment horrible, je hurlais comme une bête que l'on vient d'égorger, j'avais ce bout de doigt qui pendait comme un morceau de viande à l'étal du boucher et je ne savais pas quoi faire pour éviter de mourir sur place. Vite, je suis rentré à la maison en hurlant, suppliant ma mère de me conduire à l'hôpital, ce qu'elle a refusé. Et elle a eu raison, car ma blessure était plus spectaculaire que vraiment grave. Mais cette histoire de doigt m'a quand même fichu la trouille, même si elle ne m'a jamais empêché de remonter sur ma brêle par la suite.

Si j'évoque mes bêtises de jeunesse, je ne peux pas passer sous silence les bals de village. L'été, pendant les vacances, ils nous offraient chaque semaine des occasions rêvées de franchir les limites. L'ambiance était toujours la même d'un bal à l'autre, et chacun aurait pu en raconter la fin avant même qu'il n'ait commencé. Le décor était immuable : il faisait chaud, la Marquisette coulait à flots, les types se mettaient à picoler avec l'idée de se mettre sur la gueule, il suffisait d'un rien, un regard mal interprété ou un mot de travers, et voilà, ça partait. Arrivait toujours un moment où l'ambiance dégénérait et où la bagarre commençait. La baston, je n'aimais pas trop ça. En dehors d'un terrain de rugby, je ne suis pas un bagarreur. Mais il m'est arrivé plusieurs fois de ne pas pouvoir faire autrement et de me taper dessus avec d'autres types. Quand quelqu'un commence à accumuler quelques grammes d'alcool dans le sang, il ne se contrôle pas toujours et il oublie vite ses bonnes résolutions de début de soirée. Et après, quand la tension était retombée, j'allais m'amuser à retourner les petites voitures sans permis. C'était notre grand jeu : on s'en prenait une chacun, et hop ! En deux temps, trois mouvements, la bagnole se retrouvait sur le toit, comme un insecte qu'on aurait mis sur sa coquille, avec les quatre roues en l'air qui tournaient bêtement dans le vide. On aurait dit une tortue sur le dos, ce qui nous amusait beaucoup. Et nous, tout autour, tout fiers, en train de rigoler comme des ânes, persuadés que l'on venait de réaliser l'exploit du jour… Quand je revois la scène, je me dis qu'il faut vraiment être jeune, complètement con et surtout bien bourré pour faire ce genre de truc !

Même si mes parents étaient au courant de certaines histoires, ils ne m'ont jamais rien dit. Je sais que ma mère ne dormait pas beaucoup et qu'elle s'inquiétait quand elle me savait dehors à une heure avancée de la nuit. Quand je rentrais à la maison, sur le coup de six heures du matin, j'avais pas mal picolé. Et quand je bois, j'ai tendance à vider mon sac. Alors, je parlais, je parlais sans m'arrêter, moi qui suis plutôt du genre muet en temps ordinaire. Je lui racontais tout ce que j'avais fait pendant la nuit, toutes les conneries, les bagarres et le reste. Je ne lui disais pas tout dans les détails, mais dans les grandes lignes. Elle était donc au courant de mes sorties et des quelques excès qu'il pouvait m'arriver de commettre. Elle n'a jamais cherché à m'empêcher de sortir ou à m'interdire certaines fréquentations. Je suppose qu'elle se disait que j'étais jeune, que j'avais intérêt à en profiter maintenant et qu'il fallait bien que jeunesse se passe. Le tout, c'était de ne pas dépasser certaines limites. Quand nous évoquons en famille cette période de mon existence et ces quelques frasques, mes parents me disent toujours : « Tu ne nous as jamais ramené les gendarmes à la maison », ce qui était le plus important à leurs yeux. Et il faut bien dire que mon père, quand il était jeune, n'était pas non plus irréprochable. Des conneries, il en a collectionné un certain nombre. Je sais qu'il se battait volontiers dans les bals, en Ardèche, avec des types de bandes rivales. Des voitures, il en a mis pas mal sur le toit, lui aussi. J'ai cru comprendre qu'il n'avait pas été le dernier à profiter de sa jeunesse. Je suppose qu'il ne se sentait pas le mieux placé pour me faire des reproches…

Et puis, surtout, je n'ai rien fait de grave. Même si, certaines fois, il m'est arrivé de franchir la ligne jaune. Le petit ami de ma sœur faisait partie d'une bande, à Valence. Ils étaient tous plus âgés que moi, mais cela ne m'empêchait pas de traîner avec eux de temps en temps. J'avais une « mob », je me sentais indépendant des adultes, je devais avoir treize ou quatorze ans, alors que certains membres de cette bande avaient dépassé la vingtaine. Aux yeux d'un gamin de treize ans, ils étaient de vrais grands, parés de ce pouvoir de fascination que de jeunes adultes peuvent exercer malgré eux sur un môme qui se cherche encore. Dans ces conditions, j'étais mûr pour faire les pires bêtises en traînant avec eux.

L'un des types de la bande avait réussi à mettre la main sur une clé de postier pour pénétrer dans les immeubles. Le soir, nous entrions par effraction dans les caves pour piquer des trucs. Tout ce qui nous passait sous la main, des bouteilles de vin ou n'importe quoi d'autre, peu importait. L'essentiel, ce n'était pas le butin, c'était le geste. C'était ce sentiment de liberté totale qu'il procurait, cette impression de s'être affranchi de la morale de la société des adultes, cette illusion d'être un rebelle, un dur, un vrai, un hors-la-loi qui ne reculait devant rien, et certainement pas devant le cadenas d'une cave d'immeuble.

Je me rends bien compte, avec le recul, que ce n'était pas glorieux. Les conséquences auraient pu être graves et ce genre de délit aurait pu me coûter très cher, mais nous ne nous sommes jamais fait prendre. Heureusement pour moi. Je suis certain que mes parents ne seraient pas restés sans réagir. Ils savaient pourtant qu'il m'arrivait de rapporter à la maison des trucs de provenance douteuse, des objets qu'ils n'avaient jamais vus en ma possession et à propos desquels ils ne me posaient pas de questions. Mais voler dans les caves, c'était autre chose. Je changeais de dimension. Et là, si je m'étais fait pincer, j'imagine que les gendarmes seraient venus sonner à la porte, au grand malheur de mon père et de ma mère. Encore une fois, je n'étais pas à l'origine de ces actes. Je sais, ce n'est en rien une excuse, mais je tiens toutefois à le préciser. Je ne faisais que suivre le mouvement, comportement classique dans le cas des phénomènes de bande. Un autre lançait l'idée, je la trouvais plutôt cool et je marchais dans la combine. J'étais toujours prêt à foncer sans hésiter. Je suppose que j'étais fasciné par ces « grands », par leur capacité à commettre des actes auxquels je n'aurais même pas songé si j'avais été seul, et aussi par leur indifférence revendiquée à la morale ou aux interdits. Quand on est ado, on a vite fait de s'inventer des modèles, même si ce ne sont pas toujours les plus recommandables. Et puis, les années défilent. On s'assagit, on prend un peu de plomb dans la tête et on passe à autre chose pour entrer dans l'âge adulte. J'ai su, au bon moment, tourner la page pour devenir adulte à mon tour. Et depuis, toutes ces bêtises de jeunesse ne sont plus que des souvenirs – bons ou mauvais, cela dépend –, de ces souvenirs que l'on raconte à table pendant les repas, des années plus tard, pour entretenir la nostalgie et les légendes familiales.

*

Je pense que toutes ces histoires m'ont rendu plus tolérant et plus large d'esprit face aux erreurs que les autres peuvent commettre. Personne n'est à l'abri d'un dérapage, personne ne peut jurer qu'il ne « pétera pas les plombs » un jour, personne n'est infaillible. Dans la vie quotidienne, mais aussi dans le rugby. Je repense à l'affaire Mathieu Bastareaud, ce joueur du XV de France qui s'est retrouvé au centre d'une polémique à l'été 2009, à l'occasion d'une tournée des Bleus en Nouvelle-Zélande et en

Australie. Il avait prétendu s'être fait agresser à Wellington, un soir, ce qui avait conduit le Premier ministre néo-zélandais à présenter ses excuses à l'équipe de France. Par la suite, il est revenu sur ses déclarations avant que Max Guazzini, le président de son club du Stade français, ne donne l'explication : en réalité, Bastareaud était tout simplement rentré éméché à l'hôtel avant de tomber sur sa table de nuit et de se blesser. Il avait préféré faire croire à cette histoire d'agression plutôt que de reconnaître qu'il avait un peu trop bu. L'affaire avait fait grand bruit. Tout juste si l'on n'avait pas parlé d'un scandale national et si Bastareaud n'était pas devenu l'Ennemi public n° 1... Je trouve qu'on est allé trop loin. Bastareaud a fait une bêtise, d'accord. Mais il n'y a pas mort d'homme, non plus ! Il s'est peut-être laissé submerger par cette pression médiatique excessive qui accable aujourd'hui les sportifs professionnels. Je crois qu'un joueur a vite fait de déraper dans le contexte du rugby actuel. Moi, j'ai eu envie de le croire, dès le début, et je me moquais bien de savoir si ce qu'il disait était vrai ou pas. Il est jeune – il n'avait pas vingt et un ans à l'époque des faits –, il a le droit de se tromper. Même si les exigences qui pèsent sur les joueurs de rugby sont devenues beaucoup plus grandes qu'avant, il ne faut pas non plus nous demander l'impossible. Je pense que chacun a droit à l'erreur et qu'il faut savoir tourner la page.

Si je pousse la réflexion plus loin, au-delà du seul cas individuel de Mathieu Bastareaud, je me dis que ce genre de roman-feuilleton qui a occupé les médias pendant quelques semaines est très révélateur de ce qu'est devenu le rugby d'aujourd'hui. Moi aussi, il m'est arrivé de déraper et de sortir de mes gonds. Moi aussi, un jour, j'ai « pété un câble » et l'affaire s'est retrouvée dans les colonnes des journaux.

C'était en Italie, lors d'une soirée, après un match. J'avais un peu bu, et même trop, et je me suis retrouvé embringué dans une histoire avec un joueur italien à cause d'une fille. Le type était persuadé que j'avais dragué sa copine, le ton est monté, l'atmosphère a viré au rouge et nous nous sommes expliqués de manière, comment dire… assez directe. Des noms d'oiseaux ont volé, quelques coups ont été échangés. Rien de grave, pourtant, ni de bien original. Mais la presse a monté cette affaire en épingle et lui a donné des proportions ahurissantes. Alors même que, dès le lendemain, tout s'était arrangé avec le joueur en question. Ce n'était rien du tout, une broutille, une minuscule embrouille comme il peut s'en produire tous les jours dans une ambiance un peu surchauffée, mais qui va prendre des proportions démentielles aujourd'hui. Et tout ça parce qu'une certaine presse cherche sans arrêt l'incident à rapporter, quitte à l'inventer plus ou moins, parce que les rugbymen sont devenus des professionnels et parce qu'on ne nous passe rien.

*

Ce genre d'incident est révélateur du climat actuel du rugby et de son évolution récente. Avant, le jeu à XV était un sport dans lequel on pensait à s'amuser et à prendre du plaisir, sans pour autant se prendre la tête après un match. C'est ce qui m'avait conduit à jouer au rugby, d'ailleurs : le sens de la fête, l'esprit de bande, le goût de la « déconnade » joyeuse, une certaine ambiance collective que l'on ne retrouve pas dans d'autres sports. Aujourd'hui, tout cela est bel et bien terminé. Depuis que le rugby est devenu professionnel, au milieu de la décennie 1990, la rigueur et l'esprit de sérieux ont pris le pas sur la convivialité. Tout le monde le regrette, même si personne en particulier n'en est responsable. Le comportement le plus anodin pendant une troisième mi-temps risque d'être photographié avec un téléphone portable avant d'être couché sur le papier, si possible en le déformant au passage dans l'article qui l'accompagne. Et le lendemain, le joueur fait la une de la presse alors qu'il n'a fait que s'amuser avec sa bande de copains. Nous, les rugbymen, nous nous donnons moins de liberté qu'avant, nous nous lâchons moins et nous faisons beaucoup plus attention à notre manière de nous comporter, même dans le cadre fermé d'une boîte ou d'un restaurant pendant cette fameuse troisième mi-temps.

Je n'ai connu que les toutes dernières heures du rugby amateur, mais l'ambiance n'avait rien à voir avec ce qu'elle est devenue. Avant, n'importe quel match offrait l'occasion de faire la fête. On avait envie de célébrer une victoire, mais aussi de se lâcher après une défaite pour ressouder l'ambiance du groupe et puiser une nouvelle motivation en vue du match suivant. Le lendemain, au footing de décrassage, la moitié des types étaient encore bien saouls. Certains n'avaient pas fermé l'œil de la nuit, leur haleine empestait la bière ou le whisky et ils parvenaient tout juste à mettre un pied devant l'autre pour avancer… Ce n'était pas très beau à voir, mais tout le monde s'en fichait ! Ensuite, quand le professionnalisme s'est installé, ce genre de situation a peu à peu disparu. Les gars ne pouvaient plus se permettre de se donner quarante-huit heures pour récupérer. Il fallait se montrer performant le lendemain du match car les entraînements reprenaient sérieusement dès le lundi matin. Petit à petit, la troisième mi-temps a perdu de sa substance.

Aujourd'hui, on en profite vraiment quand il s'agit de célébrer une victoire importante – et encore, à condition qu'un match décisif ne soit pas inscrit au programme quelques jours plus tard. Cela ne correspond plus du tout à l'esprit festif que j'ai connu à mes débuts. Même si elle n'a pas disparu, la troisième mi-temps ne fait plus pleinement partie de la culture du rugby professionnel. Ce n'est que la contrepartie inévitable de l'évolution de notre sport. Et puis, comme tous les joueurs de ma génération, j'ai évolué, moi aussi. Je peux même dire que j'ai vieilli. Je n'ai plus vingt ans, je ne suis plus célibataire, je suis sans doute moins insouciant. Je ne suis plus obsédé par la fête avec les potes comme pendant ces années de folle jeunesse du côté de Beauvallon ou de Valence, quand nous montions tous à bord du Combi Citroën pour partir en boîte, excités comme des juniors et joyeux comme des gamins, avant de revenir en hurlant à la manière de vrais sauvages dans les heures froides du petit matin.

*

Pourtant, parfois, il faut savoir envoyer balader les règles, oublier les consignes de récupération, se moquer du lendemain. Comme ce jour de septembre 2007, quand nous avons perdu avec l'équipe de France contre le XV argentin, lors du match d'ouverture de la Coupe du monde. La pilule avait été dure à avaler. Cette défaite n'était vraiment pas passée. Quand nous sommes rentrés au vestiaire, il fallait que quelque chose se passe. Un exutoire, une expérience collective, une catharsis, appelez ça comme vous voudrez, mais nous avions besoin, tous, d'expulser ce que nous avions trop longtemps gardé en nous, de faire sortir cette immense frustration sous peine de mettre en péril la suite de notre parcours dans la compétition.

Pendant les deux mois de préparation de l'épreuve, nous avions été irréprochables. Combatifs, disciplinés, rigoureux, tendus vers l'objectif comme si nous étions prêts à mourir pour lui, insensibles à la douleur, indifférents à tout ce qui ne concernait pas cette Coupe du monde. Pas une sortie, pas un excès, pas un dérapage. De vrais moines-soldats… Et là, pour ce premier match, nous avons connu une déception proportionnelle à nos ambitions. Nous ne pouvions pas rester sans réagir. La réponse ne pouvait venir que de nous, le collectif de joueurs. Pas de l'entraîneur ni des dirigeants. Nous avions échoué ensemble, il fallait que nous trouvions ensemble l'énergie capable de faire naître un sursaut si nous voulions repartir sur de nouvelles bases.

Le lendemain, à Marcoussis, dans l'intimité de notre centre d'entraînement, loin des regards extérieurs, nous nous sommes retrouvés pour nous concerter. Nous sommes tombés d'accord pour nous secouer, pour tout remettre à plat et faire table rase de ce début de compétition complètement loupé. Sans rien demander à personne, sans même en parler à l'entraîneur, Bernard Laporte, ou aux membres de l'encadrement, nous avons décidé d'ouvrir les vannes, toutes les vannes. Celles de la pompe à bière, qui a coulé à flots et sans discontinuer, mais aussi les nôtres. Nos vannes personnelles, celles qui nous empêchent de parler librement, celles de notre pudeur et de notre retenue. Nous avons décidé de libérer la parole et de ne rien garder au fond de nous, afin de nous dire tout ce que nous avions sur le cœur et dans notre âme.

Alors, nous avons bu, nous avons parlé, nous avons beaucoup ri. Nous nous sommes dit ce que nous ne nous étions jamais dit avant. Tous les tabous ont sauté, toutes les inhibitions se sont envolées. Ce n'était pas une troisième mi-temps, c'était autre chose, quelque chose d'encore plus fort, d'encore plus grand, d'encore plus beau. Et nous avons gagné les deux matchs suivants, face à la Namibie et à l'Irlande, avant de nous qualifier pour les quarts de finale contre les All Blacks. Nous avons battu les Néo-Zélandais par deux petits points, mais nous les avons quand même battus avant d'échouer en demi-finale contre les Anglais. Et je reste persuadé que ce moment d'intimité d'une grande intensité que nous avons vécu entre nous, après le match d'ouverture, même s'il était contraire à tous les usages en vigueur dans le rugby d'aujourd'hui, a joué un rôle essentiel dans cette victoire historique contre la plus prestigieuse équipe du monde et dans ce parcours qui nous a emmenés jusqu'en demi-finale.

5.

La femme de ma vie

Un jour, j'ai rencontré la femme de ma vie.

Cela devait bien finir par arriver. Et pourtant, à cette époque, je croyais que ça ne m'arriverait jamais... Je sais que rien n'est plus banal qu'une histoire d'amour. Mais pour ceux qui la vivent, il n'y a rien de plus extraordinaire, au sens propre du mot. Car l'amour nous sauve de l'ordinaire dans lequel nous enferme notre vie de tous les jours. Il nous emmène ailleurs, très loin, très haut. Le plus souvent, on ne le voit pas venir. On ne s'y attend pas. On l'espère, sans savoir où et quand il va se manifester. Il faut toujours croire en l'amour mais il ne faut jamais l'attendre si l'on veut qu'il vienne à nous. Il ne faut pas non plus le chercher, c'est la meilleure manière de l'effrayer et de le repousser. Et puis, tout d'un coup, il est là. Il nous prend par surprise, il nous laisse désarmés, il fait de nous une créature sans défense. Grâce à lui, on redevient ce petit enfant qui s'ouvre au monde pour en découvrir toute la beauté et pour explorer l'infini de ses possibilités. L'amour, c'est un piège délicieux qui se referme sur nous. J'ai fini, moi aussi, par tomber dans ce piège. Mais je n'ai jamais cherché à m'en échapper, prisonnier volontaire et victime consentante d'une belle histoire qui ne s'arrête pas de durer depuis plus de dix années.

*

La première fois que je l'ai vue, j'étais attablé au *Christina*, un bar tenu par un ancien rugbyman et situé dans la rue piétonne de Bourgoin-Jallieu. J'avais l'habitude de m'y rendre avec les copains du club pour boire un coup, refaire le match du dimanche précédent et disputer des parties de cartes. L'été, installés à la terrasse, nous aimions bien regarder les nanas qui défilaient devant nous. J'avais remarqué une petite brune qui passait régulièrement pour aller chercher sa fille à l'école ou pour faire ses courses. Alexandre Péclier la connaissait car sa femme avait été l'une de ses voisines d'immeuble. Je la trouvais plutôt mignonne, mais je ne lui avais jamais adressé la parole. Tout ce que je savais, c'est qu'elle s'appelait Annick et qu'elle vivait seule avec sa fille de neuf ans. L'histoire aurait pu en rester là. Les hasards de l'existence en ont décidé autrement.

Un soir, au *Christina*, je l'ai revue sans m'y attendre. Plus tard, j'ai su qu'elle détestait ce genre d'endroit. C'était un véritable repaire de rugbymen et nous n'avions pas toujours une bonne réputation dans la ville auprès de certains habitants. Nous étions considérés comme des fauteurs de trouble, des coureurs de jupons, des bagarreurs toujours fourrés au café. Des gens pas très fréquentables, en somme. Et puis, des filles plus ou moins intéressées à l'idée de sortir avec les vedettes locales traînaient toujours autour de nous, dans l'espoir d'une petite aventure qui leur permettrait de frimer auprès de leurs copines. Annick détestait tout ce cirque. Je ne sais pas pourquoi elle a poussé la porte de « notre » bar. Le petit coup de pouce du destin, sans doute... En fait, son pub favori était fermé et les deux amies qu'elle accompagnait ce soir-là l'ont emmenée au *Christina*, en attendant l'heure d'ouverture de la boîte de nuit où elles avaient décidé d'aller danser. Comme le bar donnait l'impression d'être désert à cette heure, elle a fini par accepter d'entrer pour boire un verre avant de continuer la soirée ailleurs.

En réalité, la salle n'était pas vide. Mon copain Laurent Leflamand et moi étions en train de jouer au yam's, mais nous restions invisibles de l'extérieur. Lui tournait le dos à la rue tandis que j'étais assis juste en face de la porte. À l'instant même où elle est entrée, j'ai ressenti la même impression que la première fois où je l'avais vue. Mon regard s'est fixé sur elle et je n'ai pas pu détacher mes yeux. Je suis resté plusieurs minutes à la regarder, sans rien dire. Laurent, concentré sur le jeu, ne s'apercevait de rien. Plus tard, elle m'a avoué qu'elle avait très mal vécu cet instant, que je voulais pourtant très doux mais qu'elle percevait comme une intrusion de ma part. Sans le vouloir, je la mettais mal à l'aise. Elle se sentait déshabillée du regard, mise à nu par un type qu'elle ne connaissait pas et qui venait bousculer sa pudeur. Puis j'ai cessé de la regarder pour me concentrer sur la partie tout en la surveillant du coin de l'œil pour ne pas manquer son départ. J'avais peur de la voir disparaître pour toujours et de ne plus la revoir.

Au moment où elle s'est levée pour quitter le *Christina*, je me suis précipité pour me placer entre elle et la porte d'entrée. Un tel geste ne me ressemble pas, pourtant. Je ne suis pas du genre à prendre ce genre d'initiative avec une femme. Mais là, ce n'était pas conscient. J'ai agi par impulsion, comme si une petite voix intérieure m'ordonnait de me lever, comme si je n'étais plus qu'un jouet télécommandé, incapable de réfléchir à ce que j'étais en train de faire. J'ai écarté les bras pour leur barrer l'accès à la rue, je me suis planté sur mes deux jambes tel un vigile chargé de la sécurité, j'ai regardé Annick droit dans les yeux, tentant de lutter contre un vieux fond de timidité qui risquait de resurgir à tout moment et de tout faire rater, avant de lui demander, d'un ton qui se voulait sûr de lui :

— Vous allez où ?

— On va en boîte !

La conversation n'est pas allée plus loin. J'ai replié les bras, je me suis écarté pour les laisser passer, puis elles sont parties. Nous ne nous sommes rien dit d'autre. Pas un mot, pas un échange de regards complices, pas le moindre petit sourire en guise d'invitation muette, rien qui aurait pu me laisser espérer quelque chose de plus. Voilà, c'était fini. La magie était retombée d'un seul coup. Mon petit moment de folie n'avait duré que quelques minutes, et il me fallait maintenant retourner à la banalité de mon quotidien. J'ai regagné mon siège pour achever la partie de yam's avec Laurent. Mais à mes yeux, la soirée n'était pas terminée, elle ne pouvait pas s'arrêter comme ça, les choses ne pouvaient pas en rester là. J'aurais éprouvé un terrible sentiment d'échec si je m'étais contenté de passer le reste de la nuit au *Christina* comme si rien d'extraordinaire n'était arrivé. Parce que quelque chose de vraiment extraordinaire pour moi venait de se produire, j'en étais convaincu. C'était inévitable, je n'avais pas le choix, il fallait que je rejoigne Annick et ses deux copines en boîte. Et tant pis pour les conséquences. Tant pis si je ne trouvais que la déception et la frustration en poussant la porte de cette boîte de nuit où, je le sentais pourtant de manière confuse, ma vie personnelle allait prendre une direction nouvelle.

*

Quand je repense à cette scène, une dizaine d'années après, j'ai presque du mal à y croire. Je me pince pour me persuader que je n'ai pas rêvé. Je ne me reconnais pas dans cette histoire d'un type capable de prendre ce genre d'initiative. En une soirée, j'ai l'impression d'avoir changé de dimension, comme si j'avais rangé dans l'armoire aux souvenirs le Sébastien Chabal que j'étais alors pour endosser une nouvelle peau. Jusque-là, mes relations avec les filles étaient plutôt limitées. Une aventure de temps en temps, une copine par-ci, par-là, et c'est tout. Je n'avais jamais vécu de relation durable et stable. Quant à partager la vie d'une femme, il n'en était pas question. L'idée ne m'avait même pas traversé l'esprit. Lorsque j'ai rencontré Annick, j'avais vingt-deux ans. Je ne cherchais qu'à passer du bon temps et à profiter de la vie comme elle se présentait. En fait, je ne pensais qu'à moi, et rien qu'à moi. Ma vie sentimentale était le fruit d'un mélange d'égoïsme, d'insouciance et de timidité. On peut être à la fois une force de la nature, capable d'impressionner des gaillards de 100 kilos sur un terrain de rugby, et timide comme un collégien au moment de déclarer sa flamme. Depuis l'adolescence, je n'étais pas très à l'aise avec les filles. Je manquais de confiance en moi. J'ai toujours souffert d'une timidité qui m'a empêché de les aborder comme le faisaient mes copains. Cette timidité qui vous paralyse au moment de passer à l'action, qui vous rend maladroit et un peu bête, qui vous pousse à vous renfermer encore un peu plus dans votre monde intérieur. Dans mon esprit, les choses étaient entendues : les filles, c'est pour les autres, ce n'est pas pour moi.

On s'en doute, la drague n'était pas, mais alors pas du tout mon truc. Pour bien draguer, il faut être sûr de soi, ce qui n'était pas mon cas. Il faut aussi savoir manier les mots, ce qui n'a jamais été mon point fort, en tout cas dans ce genre de situation. J'ai toujours aimé jouer avec le langage, j'apprécie les jeux de mots et les traits d'esprit, mais de là à me lancer dans de beaux discours enflammés, il y a un pas que je n'ai jamais franchi, comme si les mots me manquaient tout d'un coup au moment fatidique. Ma pudeur naturelle, alliée à cette timidité que j'évoquais tout à l'heure, a vite eu raison de mes rares tentatives de séduction. Alors, je ne draguais pas. Peut-être avais-je peur de l'amour avec un grand A, peut-être avais-je peur des femmes, tout simplement. Je crois aussi que je ne voulais pas m'engager. Je n'avais pas envie de renoncer à ma liberté, je souhaitais continuer à m'amuser avec mes copains. J'avoue que je vivais un peu n'importe comment. Je sortais, je fumais, je buvais, je faisais la fête... Ce mode de vie n'était pas compatible avec les exigences d'une relation de couple. De son côté, mais pour des raisons différentes, Annick vivait aussi en célibataire. Mais elle avait déjà connu l'expérience de la vie à deux. Depuis sa séparation, cinq ans plus tôt, elle avait connu deux ou trois relations amoureuses. Rien de bien sérieux, de simples passades sans lendemain qui n'étaient pas destinées à durer. Elle ne cherchait pas l'amour à tout prix. Elle vivait son indépendance en toute sérénité, même si elle ne s'imaginait pas non plus en célibataire endurcie. Elle laissait faire les hasards de la vie, sans intention précise, ouverte aux bonnes surprises que nous réserve parfois l'existence. Tout cela, je l'apprendrais plus tard, quand nous nous connaîtrions un peu mieux.

*

Nous nous sommes retrouvés une heure plus tard au *Prestige*, la boîte de nuit où elle avait décidé de passer la nuit avec ses deux copines. Rien n'était joué, rien n'était prémédité, rien n'était calculé. Mais pour moi, la retrouver tenait de l'évidence. Je ne m'imaginais pas en train de rentrer chez moi sans avoir revu cette fille, sans lui avoir parlé – pour lui dire quoi, je ne le savais pas encore mais cela n'avait pas d'importance, il serait toujours temps d'improviser. Pour l'instant, tout ce qui m'importait, c'était de la revoir. Quand nous sommes arrivés, avec Laurent, elle était déjà là. Je ne pouvais pas la louper, nous étions un soir de semaine et il n'y avait pas grand monde dans la boîte. C'est elle qui est venue vers nous. C'est elle qui m'a parlé la première. Elle s'est plantée devant moi, puis elle a prononcé ces quelques mots :

— Eh bien, tu vois, je suis là.

C'est tout. Notre dialogue – qui n'était même pas un dialogue, d'ailleurs, puisque je ne lui ai pas répondu – n'a duré que quelques secondes. Elle a tourné les talons, puis elle est partie retrouver ses amies pour danser. Quelques minutes plus tard, nous nous sommes rejoints au bar. C'est là que tout s'est enchaîné très vite. Parfois, on ne maîtrise pas ce genre de situation. Les choses nous échappent, notre raison se met entre parenthèses, ce sont les sentiments qui parlent pour nous, et c'est beaucoup mieux ainsi. Nous nous sommes juste regardés, mais ce simple regard a suffi. Sans rien dire, nous nous sommes embrassés. Ce baiser, c'était une évidence. Un geste doux et violent à la fois, apaisé et pourtant passionné, naturel et en même temps irraisonné, comme une délivrance après toute cette tension accumulée depuis le début de la soirée. Voilà, tout était dit. Annick ne savait rien de moi, elle ne connaissait même pas mon prénom, mais quelque chose de fort venait de naître, ce soir-là, dans la semi-obscurité rassurante d'une boîte de nuit à moitié déserte. Quelque chose qui nous dépassait. Quelque chose qui, nous le savions, allait nous emmener tous les deux très loin.

*

À l'époque, j'avais vingt-deux ans, Annick vingt-huit. Elle pensait sans doute que j'étais plus âgé, mais je ne lui ai rien dit. Elle ne m'a rien demandé non plus… Elle ne s'est douté de rien. J'étais plutôt baraqué, j'avais deux ou trois cheveux blancs, j'étais un peu abîmé à cause des coups reçus pendant les matchs, et tous ces éléments conjugués pouvaient faire illusion. Jusqu'au jour où elle a découvert, en lisant le journal local, que Sébastien Chabal était né en 1977 et qu'il était donc plus jeune qu'elle...

Si elle ne savait rien de moi, je m'étais débrouillé de mon côté pour en savoir un peu plus à son sujet. J'avais mené ma petite enquête auprès de personnes qui la connaissaient. À Bourgoin, tout le monde se connaît plus ou moins, et il ne m'a pas été difficile d'apprendre qu'elle travaillait comme infographiste. Mais je n'ai rien dit à mon sujet. Je ne lui ai même pas révélé que je jouais au rugby. Je savais qu'elle n'appréciait guère la mentalité des rugbymen et j'avais peur de la voir s'éloigner. D'ailleurs, elle n'est pas venue me voir jouer tout de suite, et je ne le lui ai jamais demandé. Elle a attendu une année entière, ce qui est tout de même assez long, avant de venir au stade un jour de match.

En fait, notre couple a démarré tout doucement. Ni elle ni moi n'avions envie de brusquer les choses. Notre première nuit, nous l'avons passée chez elle. Ensuite, je venais de temps en temps, quand j'en avais envie ou quand Annick me le demandait. Il n'y avait rien de contraint, tout était spontané, nous avancions au rythme tranquille de notre désir. Notre entourage familial ne se doutait de rien car nous ne cherchions pas à étaler notre nouvelle vie sur la place publique. Annick tenait à rester discrète plutôt que de dévoiler notre relation au grand jour. Bourgoin est une petite ville qui ressemble à un village. Elle tenait à protéger sa fille Maud du regard des autres et des commentaires parfois malveillants qui ont vite fait de se répandre en ville. De mon côté, avec mon tempérament de « taiseux », il n'était pas évident de dire à ma famille que je n'étais plus célibataire. C'est une affaire de caractère. Certains ne peuvent pas s'empêcher d'informer la terre entière de leur bonne fortune, d'autres ne savent pas trop comment annoncer ce genre de nouvelle à leurs proches. Je fais partie de la seconde catégorie, et j'ai le plus grand mal à parler de moi. Mais j'ai fini par lever un coin du voile, petit à petit. J'ai commencé par tourner autour du pot, semant quelques indices de temps en temps, lançant des perches au détour d'une conversation, avant de révéler à ma mère que j'avais une copine. Mais je n'ai pas dit que j'apportais mon linge sale chez Annick, alors que ma mère s'en occupait jusque-là… Deux années se sont quand même écoulées avant que nous ne rencontrions nos parents respectifs. Avec mes copains, les choses ont évolué en douceur, le plus naturellement du monde. Nous avons commencé à sortir ensemble au restaurant, Annick a rencontré quelques-uns de mes coéquipiers, elle a peu à peu appris à découvrir ce monde du rugby pour lequel elle éprouvait une grande méfiance au départ. Certaines de ses amies lui prédisaient le pire. Elles étaient persuadées qu'elle allait souffrir de notre relation. Elles s'imaginaient que notre histoire serait forcément orageuse, convaincues que la vie avec un joueur de rugby ne pouvait être que tourmentée.

Mais Annick s'en moquait. Elle etait sûre de son choix. Notre histoire, elle le savait au plus profond d'elle-même, serait l'histoire de sa vie. Elle me l'a confié plus tard : son intuition lui disait qu'elle ne se trompait pas. Elle n'a jamais accordé le moindre crédit aux mises en garde de ses amies. Pour elle, j'étais l'homme de sa vie, tout comme elle était à mes yeux la femme de ma vie. L'avenir n'a fait que confirmer cette intime conviction.

*

Aujourd'hui, grâce à Annick, j'ai progressé dans ma vie d'homme. Je ne suis plus tout à fait le même, et c'est à elle que je le dois. Elle m'a apporté tout ce qui me faisait défaut. L'amour, bien sûr, mais aussi la sérénité, l'équilibre, le sentiment d'aller dans la bonne direction et d'avoir fait le bon choix. Elle m'a aussi permis d'acquérir une certaine confiance, même si je ne suis pas devenu pour autant un bloc de certitudes. Je me sens plus sûr de moi, je suis sans doute un peu moins timide, mais je ne m'impose toujours pas quand j'arrive quelque part. J'observe, je reste en retrait, je jauge la situation et les caractères de chacun… J'ai toujours tendance à laisser les autres prendre les choses en main et à suivre le mouvement. Mais elle m'a aussi aidé à progresser dans ma vie de sportif. Avant de la connaître, je me comportais n'importe comment. Je n'avais aucune rigueur, aucune discipline, aucune structure personnelle. Je faisais la fête après les matchs, je buvais… Mon mode de vie n'était pas celui d'un rugbyman professionnel. Annick ne m'a rien imposé, elle m'a laissé évoluer naturellement. Au début de notre relation, j'ai continué pendant quelque temps à vivre comme avant. Je pense qu'elle en a souffert, mais elle ne m'a jamais adressé le moindre reproche. Elle m'a laissé faire. Elle m'a amené à prendre moi-même conscience, peu à peu, de ce qui n'allait pas et de ce qui devait changer. Je poursuivais une existence de célibataire tout en me lançant dans une expérience de couple, ce qui a fini par devenir incompatible. Jusqu'au jour où j'ai ouvert les yeux et où je me suis assagi. Grâce à ma femme, je me suis enfin épanoui, dans la vie comme sur un terrain de rugby. Et dix ans après notre rencontre, j'ai le sentiment d'être encore aux premiers jours de notre relation amoureuse.

6.

Chabal qui râle, Chabal qui rit

Il m'arrive parfois de râler.

Je devrais plutôt écrire : il m'arrive *souvent* de râler. Je dirais même plus : je suis un râleur né. Pour un oui ou pour un non, pour un truc qui me déplaît, un détail qui m'agace ou une broutille qui me contrarie, je vais me mettre à grogner, à souffler et à ronchonner comme un vieil ours. Ce n'est pas méchant, ça ne part pas d'une mauvaise intention, je me calme aussi vite que je m'emporte, mais le fait est là : je ne peux pas m'empêcher de bougonner. À force, je crois que mon entourage a fini par s'habituer. Si je devais m'arrêter de râler du jour au lendemain comme certains s'arrêtent de fumer, je pense que les gens qui me connaissent bien s'inquiéteraient. Ils se demanderaient ce qu'il m'arrive, si je ne suis pas malade ou accablé par les soucis. Râler fait partie de ma manière de vivre, de mon être, de ma personnalité. Je ne sais pas si c'est un défaut ou une qualité, mais je vis très bien avec, merci.

Mieux vaut râler plutôt que d'être trop gentil et de se faire marcher sur les pieds, non ? Parfois, j'ai tort. Il m'arrive d'être excessif ou de mauvaise foi, comme tout le monde. Mais à d'autres moments, je sais que j'ai raison. Il faut râler, dans la vie. Cela fait du bien, cela permet d'évacuer la tension et d'expulser les mauvaises vibrations. Je me dis souvent que l'on devrait organiser des séances de râlerie collective dans les écoles, les entreprises ou les administrations. Cela éviterait sans doute bien des frustrations et pas mal de conflits. C'est une idée intéressante : une petite minute de râlerie, le matin avant de se mettre au boulot, une autre le soir avant de rentrer chez soi, histoire de se débarrasser de tout ce qui nous contrarie et nous pourrit la vie, et tout le monde s'en porterait mieux… Je plaisante, mais pas tant que ça. C'est peut-être une piste à creuser. Et puis, on sait bien que les râleurs sont souvent, sur le fond, les gens les plus sympas. Ceux qui cherchent à dissimuler leur gentillesse derrière une apparence de rudesse, de peur de se faire avoir par les autres. Je me demande si ce n'est pas mon cas : comme je sais que j'ai tendance à être trop gentil, je me protège grâce à mon tempérament d'ours mal léché, prêt à donner un coup de griffe si on vient le titiller.

*

Quelquefois, je râle pour des raisons vraiment futiles. Je suis comme tout le monde, j'ai mes petites manies, moi aussi. Des détails qui peuvent paraître ridicules aux yeux des autres mais auxquels j'accorde une grande importance. Je ne peux pas dormir si je n'ai pas les pieds qui dépassent du lit, par exemple. C'est un besoin à la fois dérisoire et vital devenu une véritable obsession, un rituel quotidien qui dure depuis des années. Ce n'est pas ma faute si j'ai de grandes jambes. Quand je dors, il faut qu'elles respirent. Si elles ne prennent pas l'air, je ne suis pas bien. J'ai l'impression d'étouffer et je me sens oppressé. Tous les soirs, ou presque, c'est la même chanson. Je commence par bougonner un bon coup, histoire de garder les bonnes habitudes. Et ensuite, il me suffit d'un petit coup de pied pour me faire de la place, envoyer balader le bord du lit et me sentir bien. Mes jambes retrouvent leur liberté, et moi avec. Annick ne supporte pas. Elle me trouve ridicule. Alors, elle aussi se met à râler, à croire que mes défauts déteignent sur elle. Mais je m'en moque, je la laisse dire et je savoure ce délicieux sentiment de bien-être. La nuit peut commencer, et je sais que je vais bien dormir…

Il me semble que les bonnes raisons de me mettre de mauvaise humeur ne manquent pas. Je ne supporte pas les gens impolis, par exemple. Les grossiers personnages, comme ceux qui profitent d'un moment d'inattention de leur voisin pour resquiller et passer devant discrètement dans une file d'attente. La plupart des gens ne disent rien. Ils laissent faire, par timidité ou par je-m'en-foutisme. Pas moi, j'en suis incapable. Je ne peux pas rester sans réagir quand je vois quelqu'un se faufiler devant moi, l'air de rien, et prendre un malin plaisir à me gruger. Je n'aime pas les tricheurs, pas plus dans la vie que sur un terrain de sport. Le pire, c'est que je risque de me retrouver dans une situation délicate si je proteste. Comme je suis connu, on peut me reprocher de profiter de ma notoriété ou de mon physique pour donner des leçons de morale, ce qui serait un comble ! Mais tant pis, j'assume et je proteste, au risque de passer pour un mauvais coucheur.

En revanche, je ne grogne jamais si l'on me demande gentiment un autographe ou une photo, même si je me balade ou si je fais mon marché. Je ne compte plus le nombre de demandes de signature sur un bout de papier ou à des endroits plus inattendus. Un jour, une fille m'a demandé de lui dédicacer son avant-bras, carrément ! J'avais un sac de provisions à la main, j'étais en train de penser à je ne sais plus quoi, j'étais loin du rugby et j'aurais très bien pu lui faire comprendre que ce n'était pas le moment. Mais j'ai signé là où elle me le demandait, pour lui faire plaisir et parce que sa demande m'a bien fait rire. Comme quoi, je ne fais pas que râler : je sais aussi rigoler… J'aime bien me rendre agréable. Et puis, une petite signature accompagnée d'un sourire et d'un mot gentil, franchement, qu'est-ce que ça coûte ? Quand on voit certains sportifs qui se la jouent et passent sans même adresser un regard aux mômes qui attendent un autographe… Je trouve cela vraiment dommage. Signer un autographe fait partie du devoir d'un athlète de haut niveau, à plus forte raison s'il est populaire. C'est une manière de créer du lien avec tous les gens qui viennent nous voir jouer, de les remercier pour leurs encouragements et de leur rendre une part de leur fidélité. Aujourd'hui, on a déjà tendance à enfermer les sportifs professionnels dans une bulle, à l'écart de la vraie vie et de leurs supporters. Alors, autant ne pas en rajouter et s'isoler encore plus, au risque de se couper du public sans lequel, finalement, nous n'existerions pas.

*

En dehors de cette situation, ma mauvaise humeur ne manque pas d'occasions de s'exprimer. Je trouve toujours une bonne raison. Au volant de ma voiture, par exemple, quand je suis coincé au beau milieu d'un embouteillage. Je déteste ça. Déjà, conduire m'ennuie. Je ne suis pas, loin s'en faut, un obsédé de la bagnole. *A fortiori* s'il s'agit de conduire en ville, dans la fumée des gaz d'échappement et dans cette frénésie urbaine qui rend les gens agressifs, prêts à hurler sur leur voisin parce qu'il n'avance pas assez vite. Alors, si je me retrouve dans l'impossibilité d'avancer, il y a de fortes chances pour que je me mette à râler. Mais attention, je ne vais pas m'en prendre aux autres conducteurs. Je ne suis pas du genre à abreuver d'insultes les automobilistes, ces malheureux logés à la même enseigne que moi. Conduire, à la différence de certains, ne me transforme pas en un monstre d'agressivité, comme ces types qui changent de peau dès qu'ils s'installent derrière leur volant, se débarrassant de leur carapace civilisée à peine leur ceinture de sécurité attachée. Non, je me contente de m'énerver tout seul et de bougonner dans mon coin. J'allais dire : dans ma barbe. En ce qui me concerne, il y a du vrai dans cette expression... Chaque fois que je me retrouve derrière mon volant, condamné à faire du surplace, je ne peux pas m'empêcher de me dire que je serais mieux ailleurs, loin de la ville et de son décor de béton, dans une forêt ou en pleine campagne. Je repense à mon enfance en Ardèche, à ce sentiment de liberté qui guidait chacun de mes pas, à cet horizon interminable qui s'offrait à moi. En ville, l'horizon est une sorte d'abstraction. Un pur fantasme, un rêve sans espoir qui vient se briser sur les silhouettes de tous ces immeubles qui me bouchent le paysage. Décidément, je préfère l'odeur des champignons à celle des vapeurs d'essence, tout comme je préfère sentir sous mes pieds le craquement des feuilles mortes plutôt qu'une pédale d'accélérateur. En ville, j'étouffe. À la campagne, je revis. Mais quand je suis prisonnier d'un bouchon, je ne peux rien faire d'autre que de prendre mon mal en patience. Certains s'évadent en écoutant la radio ou en consultant leur téléphone portable. Moi, je râle. Ou alors, j'allume une cigarette. À chacun son truc pour supporter le stress urbain...

*

Je me demande souvent pourquoi je rouspète. Allô, docteur Freud, vous avez une idée ? J'imagine que cela remonte à l'enfance. C'est vrai, quand j'étais gamin, je n'étais pas toujours facile à la maison. J'étais le roi du caprice, toujours prêt à exploser de colère si l'on ne cédait pas à mes quatre volontés. Ma tante, qui me gardait en l'absence de mes parents, s'en souvient encore. Elle avait beau avoir dix-huit ans et moi dix, elle avait beau être presque adulte alors que je n'étais encore qu'un gamin, elle ne me faisait pas peur. Quand je voulais quelque chose, rien ne m'arrêtait. Ma mère pourrait en témoigner, elle aussi. Il suffisait qu'elle me refuse ce que je lui demandais pour que je me mette à hurler, à trépigner et à me rouler par terre, même si j'étais dans la rue ou dans un magasin. Depuis, j'ai grandi. Je me suis calmé. Je ne me roule plus par terre, je ne trépigne plus et je ne hurle plus – sauf sur un terrain de rugby, mais pour d'autres raisons. J'imagine que l'on ne se débarrasse pas comme ça de mauvaises habitudes et d'années de pratique. Alors, pour compenser, je râle. Peut-être par nostalgie de l'enfance, justement, en souvenir de cet âge d'or où je pouvais me permettre de manifester mon mécontentement et ma frustration sans que l'on me regarde comme un animal sauvage. Aujourd'hui, devenu adulte et responsable, tout au moins aux yeux des autres, je ne peux plus me laisser aller et me mettre à crier. J'aurais l'air malin… Mais je sais que le fait de râler est accepté en société. Alors, j'en profite. Je râle, et je ne suis pas près de m'arrêter !

Et puis, au fond, tous ces mouvements d'humeur ne sont pas bien méchants. Il ne faut pas leur accorder trop d'importance. Ils ne font qu'exprimer mon côté sauvage, cette relative difficulté à m'accommoder des contraintes liées à la vie en société. Si je râle, c'est aussi pour faire retomber la pression, comme si j'ouvrais une soupape de sécurité afin d'évacuer le stress. Je râle aussi, certains jours, pour provoquer un peu, et peut-être pour me conformer à l'image que les autres ont de moi. C'est humain, je crois. Puisque tout le monde se plaît à voir en moi un type bougon, je joue le jeu pour ne décevoir personne et je fais en sorte de mériter cette étiquette. Je pourrais me passer de tous ces petits coups de gueule sans m'en porter plus mal, mais je prends un malin plaisir à me montrer fidèle à ma réputation.

Mais, en même temps, certains d'entre eux sont parfaitement justifiés. Quand l'on s'intéresse de près à certains aspects de l'organisation et du fonctionnement quotidien du rugby, il y a de quoi se montrer agacé. Et même de quoi pousser de grosses, de très grosses colères !

*

Je pense à l'arbitrage, par exemple. Là, je sais que je vais mettre les pieds dans le plat en écrivant cela, mais tant pis. Je n'ai pas peur de l'affirmer : dans le rugby d'aujourd'hui, l'arbitrage est un problème. Et même un énorme problème. Je ne me fais pas le porte-parole de l'ensemble des rugbymen. Je ne fais que parler en mon nom, à la lumière de mes années d'expérience sur le terrain et de la fréquentation régulière du corps arbitral. Mais force est de reconnaître que les conditions de l'arbitrage sont devenues profondément insatisfaisantes.

Je ne jette pas la pierre aux arbitres à titre individuel. Je n'ai pas de « bête noire » sur un terrain, je ne crains pas tel arbitre plus qu'un autre en raison de son manque de compétence. Je râle souvent après eux, je le reconnais, mais je fais bien plus qu'exprimer un sentiment passager de mauvaise humeur. Il s'agit bel et bien d'une critique globale de leur travail dans le rugby français d'aujourd'hui. Le Top 14 est mal arbitré, tout le monde le sait mais personne ne fait rien pour améliorer la situation. Je reconnais que leur rôle est très difficile, qu'il est parfois même impossible à tenir correctement et qu'ils se débrouillent avec les moyens dont ils disposent. Je ne remets pas en cause leur honnêteté, leur amour du jeu ni leur professionnalisme. Je dis simplement qu'ils ne sont pas, ou qu'ils ne sont plus, à la hauteur des enjeux sportifs et de ce qu'on est en droit d'attendre d'eux.

Tous les joueurs sont sur la même longueur d'onde à ce sujet. C'est un constat de fond, pas une simple réaction épidermique née d'une frustration, à la suite d'une erreur d'arbitrage ou d'une défaite mal vécue. Chaque fois que nous en discutons à tête reposée, avec les copains de club ou en sélection, nous arrivons à la même conclusion : il est urgent de réfléchir à l'amélioration du travail des arbitres. Et pourtant, comme tout le monde le constate lors des matchs, les joueurs de rugby respectent profondément l'arbitre sur un terrain. Rien à voir avec le foot, où les joueurs se mettent à l'entourer pour faire pression sur lui dès qu'il prend une décision qui leur est défavorable. Et le pire, c'est que les footballeurs ne sont jamais sanctionnés pour ce genre de comportement. Au rugby, on n'assiste jamais à un tel spectacle. Pour une raison très simple : le règlement est conçu de manière à éviter ces débordements. Dès qu'un joueur proteste, il risque de pénaliser son équipe. L'arbitre va siffler contre elle, l'obliger à reculer de dix mètres et avantager l'adversaire.

En plus, ce n'est pas dans la culture des rugbymen. Par tradition, nous respectons la décision de l'arbitre, et je trouve d'ailleurs cela très bien sur le principe. Nous allons même plus loin : après un match, dans l'intimité du vestiaire, le joueur de rugby ne cherchera jamais à rendre l'arbitre responsable de sa défaite. Il se remettra en cause, il estimera que son équipe a mal joué, mais il ne cherchera jamais à faire de lui le bouc émissaire de son échec. Il se dira que l'arbitre, bon ou mauvais, fait partie du jeu, qu'il faut « faire avec » et que le prochain match sera meilleur. C'est un réflexe plutôt sain à condition de ne pas le pousser à l'extrême : j'estime que si un arbitre a été mauvais au point de faire perdre l'une des deux équipes à cause de ses erreurs, il ne sert à rien de se voiler la face et de nier sa responsabilité. Personne n'y gagne, ni lui ni les joueurs.

Car il ne faut pas non plus faire preuve de masochisme. D'accord, il nous arrive d'être mauvais. Et dans ce cas, il ne faut pas hésiter à assumer notre autocritique. Mais quand un arbitre a été en dessous de tout, pourquoi ne pas le reconnaître ? Je trouve qu'il serait plus utile de réfléchir de manière collective, avec l'ensemble des acteurs du monde du rugby, plutôt que de ronchonner dans son coin en maudissant le manque de qualité du travail des arbitres français. J'imagine que l'on va m'attendre au tournant en me disant : « Très bien, Chabal, vous trouvez que les arbitres sont mauvais, il est facile de critiquer, mais que proposez-vous de concret ? » Eh bien, des propositions, j'en ai. Je ne suis pas le seul, d'ailleurs. Pour en avoir discuté avec pas mal de joueurs, je sais que nous tombons tous à peu près d'accord sur les améliorations susceptibles d'être apportées au système.

*

Il faut reconnaître, à la décharge du corps arbitral, que les règles du rugby n'arrêtent pas de changer. Elles ne bougent pas sur le fond mais elles sont modifiées dans le détail, ce qui est encore plus compliqué à vivre. Pour nous, les joueurs, il est relativement facile de s'adapter car nous sommes tous les jours sur le terrain. Les nouvelles règles, nous les intégrons au fur et à mesure et nous les pratiquons à l'entraînement. Le jour du match, nous les connaissons sur le bout des doigts. Pour un arbitre, la situation n'est pas la même.

Eux ne vivent pas du rugby. Ils ne sont pas tout le temps sur un terrain et ils n'ont donc pas, comme nous, l'occasion de répéter ces nouvelles règles et de les mettre en pratique tout au long de la semaine. Ils n'ont que le jour du match pour s'y habituer et pour les mettre en application. Il leur faut un temps d'adaptation, plus ou moins long selon chacun et selon les situations de jeu qui se présentent.

Je prendrai un seul exemple : celui de la mêlée ouverte, le *ruck*. D'une saison sur l'autre, ses règles vont bouger. Une année, les joueurs vont avoir le droit d'essayer de piquer le ballon à l'adversaire dans un *ruck*. L'année suivante, sans que l'on sache pourquoi, cela leur sera interdit. Il y a vraiment de quoi s'emmêler les crampons, pour nous comme pour l'arbitre. Le pire, c'est que l'on ne voit pas bien pourquoi le règlement a été modifié. C'est une bonne chose de tester de nouvelles règles pour améliorer le jeu, mais il est gênant de tout remettre en cause à tout bout de champ.

En outre, pendant un match, l'interprétation d'une règle peut varier selon la personnalité de l'arbitre ou la culture de son pays. Certains sont plus tolérants et laissent jouer en appliquant l'avantage, alors que d'autres se montrent beaucoup plus sévères.

Au-delà de cette indispensable stabilité des règles, je crois vraiment qu'il serait judicieux d'adopter le professionnalisme pour les arbitres. Nous, les joueurs, nous sommes devenus professionnels depuis une quinzaine d'années : pourquoi ne serait-ce pas le cas des arbitres ? Ils auraient les moyens de se préparer dans de bonnes conditions et d'être plus performants sur un terrain. En contrepartie, ils devraient rendre des comptes et justifier leur prestation, comme c'est le cas pour les joueurs. Si nous ne sommes pas bons pendant un match, nous devons en assumer les conséquences, ce qui me semble tout à fait normal. Mais il n'en va pas de même pour les arbitres. Il n'y a d'ailleurs pas si longtemps qu'ils visionnent leurs matchs et qu'ils sont notés. Je constate aussi que certains d'entre eux sont plutôt « pépères » sur le terrain. Même si, heureusement, on ne croise plus d'arbitres bedonnants qui ont du mal à suivre le rythme du match, se traînent à la remorque des joueurs et sifflent juste pour arrêter le jeu, histoire de retrouver leur souffle et de reprendre quelques forces. J'en ai connu, des ventripotents qui auraient été plus à leur place devant leur télé avec une cannette de bière à la main que sur un terrain… Aujourd'hui, on voit apparaître une nouvelle génération de jeunes arbitres qui ont envie de bien faire. Mais on sent qu'ils ne disposent pas de tous les moyens matériels et financiers dont ils auraient besoin, et je trouve dommage de ne pas leur offrir de meilleures conditions de travail. S'ils étaient professionnels, ils pourraient améliorer leur condition physique. Ils seraient aussi en mesure de se préparer à faire face à toutes les situations délicates qui se présentent lors d'un match. En travaillant toute la semaine, ils n'ont que peu de temps libre pour s'entraîner. On ne donne pas aux arbitres la possibilité de se montrer à la hauteur des enjeux sportifs et financiers du rugby actuel. Heureusement, la plupart d'entre eux sont sympas et ouverts à la discussion pendant un match. Mais cela ne change pas grand-chose : une fois qu'ils ont pris leur décision, même s'ils se rangent à notre point de vue, ils ne peuvent pas revenir dessus.

Ils sont aussi trop dépendants de la Ligue nationale de rugby. Et comme les responsables de la Ligue sont issus de clubs, le risque de pressions et de favoritisme est important. Quand Serge Blanco était patron de la Ligue, son club de Biarritz était parfois traité avec bienveillance par certains arbitres. Aujourd'hui, c'est Pierre-Yves Revol, l'ancien président du Castres Olympique, qui se trouve aux commandes. Eh bien, il m'est arrivé, lors de certains matchs, d'avoir le sentiment que l'arbitre ne faisait pas toujours preuve d'une grande intransigeance vis-à-vis des Castrais… Je ne mets pas en cause l'intégrité du président de la Ligue ni celle des arbitres, mais il est vrai que l'on peut parfois nourrir quelques doutes.

*

Malheureusement, en matière d'arbitrage, la situation n'évolue pas. Et les conséquences se font sentir chaque semaine sur les terrains des matchs du Top 14. Quand je croise Joël Jutge, un ancien arbitre international qui est aujourd'hui directeur technique national adjoint de l'arbitrage à la Fédération, je le provoque gentiment en lui répétant que les arbitres sont nuls. Ça l'agace, bien sûr. Mais il faut bien reconnaître que la faiblesse de l'arbitrage en France est une réalité incontestable. Et encore, je n'ai même pas parlé des arbitres de touche. Ces deux-là, je me demande vraiment à quoi ils servent, à part lever leur drapeau pour indiquer une touche ou confirmer que le ballon est bien passé entre les poteaux sur un tir de pénalité. Les arbitres de touche me rendent fou ! Parfois, ils ne voient pas la faute. D'autres fois, ils signalent une faute tout ce qu'il y a de plus fantaisiste... À mes yeux, ils ne sont pas d'une grande utilité pour le jeu. Ce sont avant tout des fanas de rugby qui sont contents de côtoyer les joueurs. Il m'est arrivé plus d'une fois de poser avec l'un d'eux pour une photo ou de lui signer un autographe à la fin d'un match. Ils sont surtout contents de voir les joueurs de près. C'est ahurissant, mais cela donne une idée du manque de professionnalisme de l'arbitrage en France. On nage en plein amateurisme, dans le mauvais sens du mot. Et le grand perdant, dans toute cette histoire, c'est le rugby.

Après, il ne faut pas s'étonner si l'on rentre aux vestiaires, à la fin de certains matchs, avec le sentiment de s'être fait voler comme au coin d'un bois. Je me souviens encore d'une rencontre contre Castres, avec le Racing. Je suis persuadé, même si je n'ai pas de preuves, que l'arbitre ne voulait pas que le Racing gagne. Sur la toute dernière action, notre demi de mêlée s'est pris une méchante cravate qui méritait un coup de sifflet. Avec une pénalité à trente mètres de leur ligne de but, juste en face des poteaux, alors que le score était de neuf partout, le match était plié.

Mais l'arbitre a donné le coup de sifflet final comme un voleur, sans rien vouloir entendre. C'était d'autant plus rageant qu'il avait avantagé Castres sur d'autres actions, comme ces trois mêlées qui auraient dû donner lieu à un essai de pénalité en notre faveur qui n'a jamais été sifflé. Je sais bien qu'il est parfois difficile pour un arbitre de distinguer ce qu'il se passe dans le feu de l'action. Quand tu as dix bonshommes qui se jettent dans un *ruck* en quelques secondes pour se livrer à une véritable bataille rangée, il est le plus souvent impossible d'y voir clair et de prendre la bonne décision. Je ne sais pas comment font les arbitres dans ce genre de situation. Mais ce jour-là, la faute était flagrante et je ne comprends toujours pas comment il a pu ne pas la sanctionner. Nous avons eu la désagréable impression d'être victime d'un *hold-up*, et c'est malheureusement quelque chose de fréquent sur les terrains du championnat de France.

*

Lors des matchs internationaux, il arrive aussi que l'arbitrage ne soit pas à la hauteur, même si c'est plus rare. Mais ce n'est pas pour les mêmes raisons. Nous sommes plutôt confrontés à ces différences d'interprétation que j'évoquais tout à l'heure. Il peut aussi arriver qu'un arbitre ferme les yeux sur le comportement parfois limite d'un joueur. Je pense à quelqu'un en particulier, quelqu'un que j'admire profondément parce qu'il est, à mon avis, l'un des meilleurs rugbymen en activité. Mais il est aussi insupportable qu'il est talentueux, ce qui n'est pas peu dire.

Il s'appelle Richie McCaw, c'est le capitaine des All Blacks et il a été élu à trois reprises meilleur joueur du monde par l'International Rugby Board, et ce n'est pas par hasard. Ce type est incroyable. Sur un terrain, il est partout. Son volume de jeu est exceptionnel. Je me demande s'il n'est pas né avec un poumon en plus, voire deux ou trois ! Pour ses coéquipiers, c'est une véritable aubaine que de jouer à ses côtés. Il va vite, très vite, et on a l'impression que rien ne l'arrête, à croire qu'il ne se fatigue pas. Je n'ai jamais croisé un joueur qui colle au ballon comme il le fait. Pour ses adversaires, c'est un véritable poison. L'ennui, c'est que McCaw est toujours à la limite de la faute. Et quand j'écris « à la limite », c'est une manière de dire qu'il la franchit plus souvent qu'il ne flirte avec. Et le pire, c'est qu'il ne se cache même pas. Il ne fait pas ses vilains coups en douce mais au vu et au su de tout le monde. Il aurait tort de se gêner : personne ne lui dit rien, personne ne le sanctionne jamais, il bénéficie d'une impunité totale. Pourtant, chacun peut constater qu'il franchit la ligne jaune. Il suffit de le regarder jouer, tout simplement. Sur dix actions auxquelles il participe, j'estime qu'il mérite d'être pénalisé à cinq ou six reprises. Mais il ne l'est que très rarement. Pour quelles raisons ? Il faudrait demander aux arbitres... Peut-être à cause de son statut de meilleur joueur, ou plutôt grâce à ce statut. Les arbitres n'osent pas le sanctionner, ou alors ils se disent qu'un joueur aussi doué que lui n'a pas besoin de tricher, et donc ne triche pas. Là, j'imagine que c'est l'inconscient qui joue !

Les arbitres se font peut-être prendre à son jeu. Car les All Blacks sont tellement forts que certains de leurs comportements ne se voient pas aussi facilement que s'il s'agissait d'une autre équipe. Quand McCaw vient pour « gratter » un ballon mais qu'il ne passe pas par le bon côté, il termine en position de hors-jeu ou couché dans le *ruck*. Mais les autres arrivent tellement vite pour le soutenir qu'il se retrouve au milieu d'un groupe de joueurs qui avancent et qui empêchent de voir la faute. En attendant, il a « pourri » le ballon de l'adversaire ou il a fini par le récupérer. Et toi, tu te retrouves sans le ballon, l'arbitre n'a pas vu sa faute et c'est McCaw qui sort gagnant de l'histoire. Pour l'adversaire, c'est très agaçant. Ça me rend dingue qu'il ne soit jamais pénalisé. Et ce n'est pas la jalousie qui me fait parler : j'adore ce type, j'ai la plus grande admiration pour ce qu'il accomplit sur un terrain. Mais je trouve regrettable que sa réputation de « meilleur rugbyman du monde » fausse la donne et exerce une influence sur les arbitres.

*

Le rugby ne manque donc pas d'occasions de râler à juste titre, et pas seulement à cause de l'arbitrage. Il y a un autre aspect de notre sport qui m'exaspère au plus haut point, c'est le calendrier de la saison. Je pose la question : qui se charge de l'élaborer, ce fichu calendrier ? Qu'il se dénonce, bon sang ! C'est une véritable aberration, un non-sens absolu, une hérésie totale. En un mot, une connerie, je ne vois pas d'autre terme. J'irai même jusqu'à dire que le rugby d'aujourd'hui est pensé par des idiots. À tout le moins, par des incompétents. Ou par des je-m'en-foutistes, ce qui est encore pire.

Et pourtant, cela fait dix ans que j'entends parler de la nécessité de revoir le calendrier. Dix ans que certains tiennent de grands discours sur son inadaptation, sur les risques qu'il fait courir aux joueurs et sur son déséquilibre flagrant. Dix années de bons sentiments, de belles paroles et d'intentions généreuses. La bonne blague… En réalité, on a l'impression que ce calendrier ne changera jamais. Et tant pis pour nous, les joueurs, si nous devons faire face aux risques de blessure à cause d'un calendrier surchargé. Tant pis pour nous si nous arrêtons la saison fin mai avant de reprendre l'entraînement quatre semaines plus tard et le chemin des terrains à la mi-août, en pleine chaleur. Là, vraiment, il y a de quoi s'énerver. De quoi se mettre en colère et ruer dans les brancards. Même si cela ne sert à rien, même si je l'ai déjà fait par le passé, sans résultat, malheureusement.

Dans l'hémisphère Sud, l'organisation des compétitions est bien plus rationnelle. Elles ne se chevauchent pas comme c'est le cas chez nous. Les joueurs de Nouvelle-Zélande, d'Australie et d'Afrique du Sud se partagent entre les championnats de clubs, le Tri-nations – l'équivalent de notre

Tournoi des Six Nations – et le Super XV, qui voit s'affronter les meilleurs éléments des provinces de chacun de ces trois pays. Mais ces épreuves n'ont pas lieu au même moment. Les joueurs qui ne sont pas sélectionnés dans leur équipe nationale disputent le championnat, tandis que les internationaux se concentrent uniquement sur les compétitions internationales. En France, nous jouons tout en même temps. Entre le Top 14, les Coupes d'Europe, l'équipe de France et les tournées d'été et d'automne, nous nous retrouvons, certaines saisons, avec une bonne quarantaine de matchs dans les jambes, ce qui est beaucoup trop. L'idéal, à mon avis, serait de disputer chaque compétition l'une après l'autre et d'harmoniser le calendrier des six nations de l'hémisphère Nord. Il faudrait aussi limiter à 30 le nombre de matchs disputés par un joueur dans une saison. Il suffit d'observer les joueurs anglo-saxons transférés dans un club français : la première saison, ils souffrent ! Ils se demandent où ils ont mis les pieds... Ils ne sont pas habitués à l'intensité de notre calendrier et la qualité de leur jeu s'en ressent.

Quand je dis cela, j'ai l'impression de parler dans le vide ou de prêcher dans le désert, au choix. Je sais que je ne suis pas le seul à râler contre ce calendrier stupide, je sais que les autres joueurs se plaignent, eux aussi. Nous en discutons régulièrement entre nous. Nous avons l'impression de ne pas être écoutés et, ce qui est plus embêtant, l'impression de ne pas être compris. Pourtant, ce ne sont pas les anciens joueurs qui manquent parmi les dirigeants du rugby français. Peut-être ont-ils la mémoire courte. Peut-être ont-ils oublié qu'ils ont été joueurs, eux aussi, et qu'ils ont, tout comme nous, souffert de cette situation. On a quelquefois l'impression que le mot d'ordre est de ne rien changer, ce qui est regrettable. Pour quelles raisons, je l'ignore.

Enfin, si, j'ai bien ma petite idée. Cette raison, c'est tout simplement l'argent. Ou, plus précisément, la télévision et sa capacité de financement du rugby professionnel. Il ne faut pas sous-estimer le poids de la télévision. Pas seulement dans le rugby, d'ailleurs, mais aussi dans d'autres sports. Aujourd'hui, c'est souvent la télé qui dicte sa loi. Comme le football, dont l'essentiel du budget provient des retransmissions télévisées, le rugby compte sur l'argent de la télé pour arrondir ses fins de mois. Les contraintes des horaires de retransmission d'un match et les impératifs de la publicité prennent le pas sur les autres considérations. S'il faut jouer l'après-midi par une chaleur accablante parce que les chaînes réservent leurs soirées aux matchs de foot, tout le monde s'incline. Tant pis pour la santé des joueurs, après tout. Tant pis pour le bon sens et tant pis pour la morale sportive.

Alors, quand je vois ça, je râle. Et j'ai l'impression que, cette fois, je n'ai pas tout à fait tort.

7.

Hello, my name is Chabal !

Je suis un gros.

Enfin, façon de parler.

Je devrais plutôt écrire : dans une équipe de rugby, je fais partie des « gros ». C'est comme ça que l'on nous appelle, nous autres, les joueurs de la mêlée. Nous ne sommes pas vraiment gros pour autant, mais notre poids et notre corpulence nous interdiraient sûrement de postuler à l'Opéra, ce qui ne nous viendrait d'ailleurs pas à l'esprit. Quand on parle des gros, c'est pour désigner les huit joueurs qui constituent la mêlée, cette phase qui permet de reprendre la partie après une faute ou un arrêt de jeu. Elle est organisée de manière très précise. On y trouve d'abord les trois joueurs de première ligne, c'est-à-dire les deux piliers situés sur les ailes et, au milieu, le talonneur, numérotés de 1 à 3. Ce sont eux qui se rentrent dedans de manière spectaculaire, dès que l'arbitre dit « Entrez », après s'être imbriqués les uns dans les autres. Viennent ensuite les deuxièmes lignes, qui portent les numéros 4 et 5, chargés de pousser sur les deux piliers et sur le talonneur. Et enfin les troisièmes lignes, qui vont du 6 au 8. Le 8, c'est mon numéro. Je joue troisième ligne centre, tout au fond de la mêlée. Mon « travail », si je puis dire, consiste à récupérer le ballon quand il m'arrive dans les pieds et à le distribuer aux trois-quarts. Pour donner une image de mon rôle au sein de l'équipe, je suis une sorte de gare de triage. C'est à moi qu'il appartient, lors d'une mêlée, d'orienter le jeu de l'équipe. Ce poste requiert des qualités à la fois techniques et tactiques, car de nombreux ballons passent par le troisième ligne centre, et il est indispensable de posséder une bonne vision du jeu.

Je n'ai pas toujours évolué en troisième ligne centre. À mes débuts, j'étais placé en troisième ligne aile. Je m'appuyais sur mes dispositions naturelles et je privilégiais la puissance physique. On me demandait surtout de courir et de plaquer. Mes entraîneurs attendaient de moi que je sois une sorte de chien fou sur le terrain, ce qui me convenait plutôt bien à cette période de ma carrière. Je ne m'en sortais pas trop mal. De toute manière, à la différence de joueurs qui ont commencé le rugby quand ils étaient enfants ou jeunes adolescents, et qui ont ainsi emmagasiné une véritable culture technique et tactique, je ne possédais pas les qualités qui m'auraient permis d'évoluer à une autre place dans une équipe. Avec l'expérience, j'ai acquis petit à petit le bagage qui me faisait défaut. Je n'ai jamais baissé les bras. J'ai bossé dur pour combler mes lacunes et rattraper les années perdues, ce qui n'a pas toujours été facile. Mais à force de travail, à force de volonté et d'entraînement, j'ai fini par gommer une bonne partie de mon retard, même s'il me reste encore aujourd'hui une marge de progression.

*

En 2004, je suis parti jouer en Angleterre. J'ai signé chez les *Sharks* – les requins, en français – de Sale, dans la banlieue de Manchester. Je venais de passer six saisons merveilleuses à Bourgoin mais j'étais arrivé à la fin d'un cycle. Il me fallait changer d'air et tenter une expérience nouvelle. J'avais envie d'élargir mon horizon tout autant que de relancer ma carrière, et je sentais bien qu'une page était en train de se tourner à Bourgoin. Au début des années 2000, Michel Couturas a quitté le club. Plusieurs entraîneurs lui ont succédé. Certains sont restés quelques semaines, d'autres ont tenu quelques mois, mais aucun ne s'est imposé dans la durée. Il a fallu attendre la nomination de Philippe Saint-André, en 2002, pour que l'équipe retrouve la stabilité qu'elle avait perdue. Mais Philippe a été remercié deux ans plus tard, et j'ai vécu son départ comme la fin d'une époque. C'est à ce moment-là que je me suis interrogé sur mon propre avenir. Un discours du président, Pierre Martinet, m'a ouvert les yeux et m'a convaincu qu'il était temps pour moi de partir. Il nous a annoncé que le club ne disposerait que du septième ou huitième budget du Top 14, la première division du rugby professionnel, et que ses ambitions sportives seraient forcément à l'image de ses moyens financiers. Je crois que ce discours a servi d'élément déclencheur. J'avais envie de gagner des titres, j'avais soif de victoires et de moments forts, et il était devenu évident que le club ne serait pas en mesure, désormais, de jouer les premiers rôles. Pierre Martinet était installé à la présidence depuis 1996. C'est lui qui a fait entrer le CS Bourgoin-Jallieu dans l'ère du professionnalisme et qui a permis au club d'écrire les plus belles pages de sa longue histoire. Avec Michel Couturas au poste d'entraîneur, Bourgoin aura disputé trois finales dont celle du championnat de France, en 1997, ce qui ne lui était encore jamais arrivé et qui ne s'est jamais reproduit. Et même si Bourgoin a perdu contre Toulouse, ce match restera comme l'une des plus belles performances du club. Aujourd'hui, le nom de Bourgoin-Jallieu est connu de toute la France et de toute l'Europe du rugby. Cette notoriété doit beaucoup au travail accompli par Pierre Martinet.

De mon côté, j'avais tendance à me reposer sur mes lauriers depuis quelque temps. Pour dire les choses de manière plus crue, et selon l'expression savoureuse de Philippe Saint-André, j'avais le cul dans le foie gras… À Bourgoin, j'avais mes repères et mes petites habitudes, dans la ville comme au club. Je faisais partie des meubles, en quelque sorte. Après une première saison où je n'avais joué que de temps en temps, j'étais devenu au fil des années un titulaire indiscutable. Je jouais tous les week-ends, j'étais un pilier – sans jeu de mots – de l'équipe et une petite gloire locale, et je n'avais sans doute plus la « gnaque » de mes débuts. C'est humain, après tout. Quand on a travaillé dur pour se hisser au plus haut niveau, on a envie, de manière plus ou moins inconsciente, d'en profiter et de savourer le nouveau statut pour lequel on s'est battu. Mais au bout d'un moment, cette situation confortable finit par se retourner contre nous. On risque d'en oublier de se dépasser et de chercher à progresser pour se contenter de gérer ses acquis en bon père de famille. C'est à ce moment-là qu'il faut partir, sous peine de s'enterrer définitivement et de laisser passer l'occasion d'accéder à une nouvelle dimension.

Cette occasion s'est présentée quand Philippe Saint-André a été recruté par Sale. Il m'a proposé de le rejoindre et d'intégrer le club, ce que j'ai accepté avec un grand plaisir. Pourtant, je dois reconnaître que Sale n'était pas mon premier choix. En fait, j'avais très envie de jouer à Toulouse qui restait le club français de référence, même s'il ne planait plus sur le championnat comme dans la deuxième moitié des années 1990. Mais ce rêve ne s'est pas concrétisé, peut-être parce que les dirigeants toulousains n'avaient pas besoin de moi. Deux ans plus tard, alors que j'étais en fin de contrat avec Sale, ils sont venus me voir en Angleterre mais les discussions n'ont pas abouti. À cette époque, Toulouse avait la réputation de faire traîner les négociations. Le club savait qu'il faisait toujours rêver et considérait qu'il appartenait aux joueurs intéressés de se manifester, comme s'il attendait que nous quémandions un contrat. Cette fois non plus, l'affaire ne s'est pas conclue. Je n'ai plus eu la moindre nouvelle de leur part après ce premier contact et j'ai finalement renouvelé mon contrat à Sale, ce que je n'ai jamais regretté.

À l'heure de prendre la décision, Annick m'a soutenu. Nous nous sommes dit que cela ne nous ferait pas de mal de quitter la France pendant quelques années. Elle était enceinte de Lily-Rose à ce moment-là, et tout concourait à faire de ce changement le point de départ d'une nouvelle vie en même temps que la promesse d'une belle aventure. Et puis, moi qui suis du genre casanier avec un C majuscule, cela ne pouvait me faire que du bien de voir du pays. Jusque-là, j'avais toujours eu du mal à m'ouvrir aux autres, même si j'avais progressé depuis que je connaissais Annick. Ce voyage en Angleterre me poussait à me mettre en danger sur le plan sportif et à m'enrichir sur le plan humain, ce qui faisait deux bonnes raisons de poser nos valises de l'autre côté de la Manche.

Avant de partir, j'ai dû en passer par une petite formalité : le mariage… Annick y tenait absolument. Moi, moins. Le mariage n'a jamais revêtu de valeur à mes yeux. Ce qui importe, c'est la sincérité du sentiment, pas une cérémonie officielle à la mairie ou à l'église. Mais pour elle, ce départ en Angleterre prenait l'allure d'une véritable aventure. En quittant Bourgoin, elle laissait derrière elle sa famille, ses amis, bref… sa vie. Même si nous étions ensemble depuis quatre ans et si aucun nuage n'était jamais apparu dans notre relation, elle prenait un risque en acceptant de tout plaquer pour me suivre. Le mariage représentait un gage de sécurité, ce que je comprenais très bien. Et le fait d'être enceinte de Lily-Rose constituait une autre bonne raison d'officialiser notre histoire d'amour. Alors, j'ai dit oui… Mais à une condition : je ne voulais pas d'un mariage en grande pompe avec de nombreux invités et une fête à tout casser. Nous marier, d'accord, mais en petit comité. Avec les parents, les grands-parents, la fratrie et les témoins. Nous nous sommes mariés le 3 juillet 2004 à Ruy-Montceau, une petite commune de l'Isère située à quelques kilomètres de Bourgoin-Jallieu, en présence d'une trentaine de personnes, dix jours avant de nous installer en Angleterre. Quant à notre voyage de noces, il ne nous a pas emmenés au bout du monde : nous nous sommes arrêtés à Sale, en Angleterre, à une dizaine de kilomètres de Manchester.

Du strict point de vue du jeu, le défi à relever m'intéressait. Sale était un club solide et très ambitieux, même s'il ne jouait pas encore les premiers rôles dans le championnat anglais. Il pouvait compter sur un groupe homogène avec des joueurs de grande valeur comme Jason Robinson, Mark Cueto ou Steven Henley, qui marquaient à eux trois un nombre impressionnant d'essais. Le club n'était pas trop solide devant, mais Philippe Saint-André était bien décidé à le faire progresser dans ce compartiment du jeu. Il souhaitait donner de l'expérience et du poids au paquet d'avants, et comptait sur moi pour apporter mon expérience et mes atouts physiques. Je n'arrivais pas en terrain inconnu : je connaissais le club pour l'avoir affronté avec Bourgoin. En plus, nous les avions battus chez eux et je n'avais pas été trop mauvais ce jour-là, ce qui est un atout pour un joueur qui débarque dans un club étranger où il doit tout prouver. Et puis, Philippe arrivait avec l'ambition affirmée de remporter des titres, ce qui était aussi mon objectif personnel. Nos intentions coïncidaient, nous avions déjà travaillé ensemble à Bourgoin, j'appréciais beaucoup sa manière de fonctionner et sa franchise : tout s'annonçait pour le mieux dans le meilleur des mondes du rugby. À un détail près : je n'avais encore aucune idée du degré d'exigence physique des clubs anglais. Mais je n'allais pas tarder à faire connaissance avec ce fameux *fighting spirit* britannique, dont j'apprendrais vite – et à mes dépens – qu'il s'exprimait de la même manière pendant les matchs et à l'entraînement.

*

Des malades. Ces types sont des malades !

Voilà ce que je me suis dit le jour de mon premier entraînement avec mes nouveaux coéquipiers. Pourtant, Philippe m'avait prévenu en venant me chercher à l'aéroport. Il m'avait dit, en substance :

« Tu verras, ici, les gars s'entraînent dur. Seb' – il parlait de Sébastien Bruno, un autre Français qui avait signé en même temps que moi – en chie comme un malade, il a même failli se mettre à chialer après une séance d'entraînement... »

Quand on sait que Sébastien Bruno pèse ses 106 kilos et qu'il joue talonneur pour l'équipe de France, il y a de quoi se poser des questions et s'inquiéter légèrement. Le lendemain, j'ai vite compris ma douleur. Les autres avaient repris depuis une semaine. Moi, je revenais tout juste de quelques jours de vacances après une tournée avec l'équipe de France. Philippe m'avait donné le programme de ma première journée : un membre du club viendrait me chercher en voiture pour m'emmener à l'entraînement, lequel devait se dérouler dans un parc des environs de Manchester. Déjà, l'heure de rendez-vous – six heures et demie – m'avait fait tiquer. Je trouvais que la journée commençait un peu trop tôt, mais je n'avais rien dit. J'arrivais dans un club et dans un pays où tout était nouveau pour moi, je n'allais pas commencer à me faire remarquer, à râler et à poser mes conditions. C'était à moi de m'adapter à leurs habitudes et à leur organisation. Tout de même, six heures et demie du matin... Mais pourquoi pas, après tout. J'étais aussi venu en Angleterre pour découvrir de nouvelles manières de jouer et de m'entraîner. J'allais être servi !

Arrivé sur place, après les salutations d'usage et les quelques mots de politesse échangés avec mes nouveaux partenaires, la séance pouvait commencer. Je me forçais à bredouiller mes pauvres rudiments d'anglais passés à la moulinette de mon *french accent*, tâchant de me faire comprendre avec mon plus beau sourire. Je n'étais pas très à l'aise avec le maniement de la langue anglaise, mais je comptais bien me rattraper à l'entraînement et sur le terrain. Le rugby est un langage universel qui permet de passer outre les différences d'origine, ce qui est bien pratique pour un monoglotte tel que moi. Pendant que le préparateur physique mettait la dernière main à ses préparatifs, j'avais remarqué que les joueurs de Sale s'échauffaient sur un bon rythme en tournant autour de leurs voitures. Mais c'est après que les choses se sont gâtées. À peine le préparateur a-t-il donné le signal du départ que les gonzes se sont mis à courir comme des chevreuils, sans s'arrêter. De vrais dingues ! Je me suis demandé où j'avais mis les pieds. Les types se lançaient dans leur footing comme s'ils disputaient un cent mètres. Ça commençait bien... Moi, j'arrivais avec les mauvais côtés de notre mentalité latine, cette tendance à tricher légèrement à l'entraînement en levant le pied sans se faire remarquer, histoire de garder un peu de forces en réserve. Pas eux. On leur demandait de courir, ils couraient. On leur demandait de tout donner, ils donnaient tout, sans calcul, sans réserves et sans complexes. Avec Sébastien, nous étions largués. Nous nous traînions à cinq cents mètres derrière eux. De temps en temps, nous croisions un gars appuyé contre un arbre, occupé à vomir à cause de l'intensité de l'effort qu'il venait de fournir. Deux minutes après, le type nous dépassait avec le sourire aux lèvres, comme si de rien n'était. Et le pire, c'est que la même scène s'est répétée deux ou trois fois avec le même bonhomme. Hallucinant ! C'était donc ça, la mentalité anglaise ? Sur le moment, je me suis demandé si je n'allais pas faire mes valises et retourner en France...

J'ai vite compris que ma vie de rugbyman allait changer. À Sale, j'ai franchi un cap sur le plan physique. Les Anglais étaient très en avance sur nous en matière de préparation. Ils consommaient régulièrement des compléments alimentaires à base de protéines et de créatine. Je suis devenu un habitué des appareils de musculation. J'ai pris du poids : la première année, j'ai grossi de 7 kilos ! Cette masse musculaire supplémentaire m'a permis de tenir le choc lors des matchs. Car sur les terrains anglais, le jeu est plus dur, plus intense, plus engagé. Les chocs sont plus violents qu'ils ne l'étaient en France. Aujourd'hui, les Français ont rattrapé leur retard et se sont alignés sur l'exigence des entraînements et des matchs disputés en Angleterre. Mais au milieu des années 2000, à mon arrivée à Sale, je me suis trouvé confronté à une autre manière de pratiquer le rugby, et ce travail physique intense m'a permis de tenir le coup et de soutenir la comparaison avec mes nouveaux adversaires.

J'ai aussi appris la discipline au cours de mes cinq saisons passées à Sale. Les Anglais ont un côté « bête et discipliné » qui m'a beaucoup apporté. Je mets ces mots entre guillemets car ils n'ont rien de péjoratif à mes yeux. Au contraire, je considère que leur sens de la discipline est une grande qualité.

Quand j'ai posé mes valises en Angleterre, j'arrivais avec cette fameuse tradition du *french flair* dans mes bagages. Le rugby français est réputé pour son goût de la liberté et de l'initiative personnelle. Les entraîneurs ont toujours laissé une marge d'appréciation importante aux joueurs français, alors que cela n'a jamais été le cas en Angleterre. Là-bas, l'accent est mis sur le travail collectif, sur la priorité donnée au groupe et sur l'absolue nécessité de se plier à la règle édictée par le *coach*. Un joueur n'est pas livré à lui-même : il doit respecter le schéma de jeu sans s'en écarter d'un pouce. S'il fallait résumer d'un mot, je dirais que le rugby anglais privilégie le pragmatisme tandis que le jeu français met en avant la créativité personnelle. Ce sont deux écoles opposées mais qui ont toutes les deux donné d'excellents résultats.

Cette rigueur anglaise m'a été très utile car mon passage à Sale a été l'occasion d'un changement de poste. C'est en Angleterre que j'ai joué pour la première fois en numéro 8, et c'est Philippe Saint-André qui m'a offert cette possibilité que j'attendais depuis longtemps. Le fait d'évoluer dans un contexte sportif très cadré m'a permis de m'adapter en douceur à mon nouveau rôle sur le terrain. Je savais parfaitement ce que j'avais à faire en tant que numéro 8, et je me suis senti beaucoup plus rassuré au moment d'aborder cette nouvelle étape de ma carrière. Philippe m'a fait confiance, ce dont je ne le remercierai jamais assez. Et en m'accordant sa confiance, il m'a poussé à me responsabiliser. Il m'a obligé à améliorer ma compréhension du jeu et à développer mes qualités techniques. J'ai dû cesser de me reposer sur mes facilités physiques. Il avait compris que j'ai besoin de m'intéresser au jeu, sous peine de m'ennuyer et de lâcher prise pendant un match. Si je me sens inutile, si j'éprouve le sentiment de ne pas pouvoir exprimer pleinement mes qualités, j'ai tendance à me perdre. Mon jeu s'effiloche, ma motivation s'étiole au fur et à mesure que les minutes passent, et je finis par passer à côté du match sans même m'en rendre compte. Ce nouveau rôle de numéro 8 m'a obligé à prendre plus de responsabilités, ce dont j'aurais été incapable à mes débuts, et il m'a ainsi permis de donner à mon jeu une dimension nouvelle.

Et puis, ce sens de la discipline n'empêchait pas le staff du club de nous laisser la bride sur le cou avant un match. En France, les joueurs se retrouvent le matin et passent la journée ensemble. J'avais l'habitude des mises au vert dès neuf heures, avec séances de vidéo à la clef pour analyser le jeu de l'adversaire et préparation psychologique en vue de la rencontre à venir. J'ai toujours trouvé ça plutôt barbant. À Sale, la veille du premier match, j'ai été très étonné de m'entendre dire qu'il suffisait d'arriver au stade vers dix-huit heures, un peu plus d'une heure avant le coup d'envoi. Je préfère de loin cette organisation. J'appréciais de pouvoir passer la journée à la maison avec Annick et Lily-Rose, détendu et serein, plutôt que de me retrouver coupé du monde à ingurgiter des vidéos. À force de rester enfermé, j'avais l'impression de perdre mon temps mais aussi mon influx nerveux. Au moins, avec la méthode anglaise, j'arrivais décontracté au stade, ce qui ne m'empêchait en rien d'être concentré sur mon match, prêt à donner le maximum sur le terrain.

Même si le club porte toujours le nom des Sharks de Sale, il ne joue plus dans la ville. Peu de temps avant mon arrivée, il a été racheté par un Écossais passionné de rugby, Brian Kennedy. Celui-ci a fait l'acquisition d'un club de… football d'une division inférieure afin de devenir propriétaire du stade et de permettre aux Sale Sharks d'y évoluer pour leurs matchs à domicile. C'est un stade à l'anglaise, avec ses tribunes ouvertes et sa pelouse située à quelques mètres. Les joueurs sentent dans leur dos la présence des supporters, d'authentiques passionnés de rugby qui soutiennent leur équipe sans relâche, quel que soit le résultat du match. Rien à voir avec le public français, qui se comporte plus en spectateur qu'en supporter et qui prend un malin plaisir à dénigrer le club qu'il devrait encourager. À Sale, je ne suis pas le seul Français. En plus de Sébastien Bruno, Philippe Saint-André a recruté, au fil des saisons, plusieurs joueurs qu'il avait eu l'occasion d'apprécier dans le championnat de France comme Pierre Gaona, Daniel Larrechea ou Pierre Caillet, un jeune venu de Bourgoin qui a vécu quelque temps chez nous en attendant de se trouver une maison.

Avec Annick, nous nous sommes installés à Cheadle Hulme, dans un lotissement où sont alignées une dizaine de ces maisons typiquement anglaises en brique rouge, toutes identiques, avec leurs deux petits jardins à l'avant et à l'arrière. J'ai beaucoup aimé la vie en Angleterre. J'adorais me balader dans ces parcs immenses et magnifiques dont les Anglais raffolent et qui sont situés en plein cœur de la ville. Je dois néanmoins reconnaître, sans pour autant tomber dans les éternels clichés, que la nourriture locale n'était pas exceptionnelle. C'est une manière élégante de dire que je la trouvais tout simplement immangeable… Mais nous nous sommes toujours débrouillés pour trouver de bons produits, et Annick cuisinait des plats qui nous permettaient d'oublier ce léger inconvénient qu'est la cuisine anglaise. Pour le reste, mon intégration n'a jamais posé le moindre problème. Même si j'ai connu, pendant les premiers mois, quelques difficultés dans le maniement de la langue de Shakespeare… Il faut dire que mon anglais était plus que rudimentaire. À l'école, pendant les cours de langue, je me souviens que je passais le plus clair de mon temps au fond de la classe, calé contre le radiateur à attendre que l'heure tourne. Si j'avais su, je me serais montré un peu plus assidu. Cela m'aurait évité de chercher mes mots dans mes conversations, quelques années plus tard… Heureusement, les gens que je croisais s'appliquaient à ne pas parler trop vite et se débrouillaient pour utiliser les quelques mots de français dont ils se souvenaient. Je pouvais aussi compter sur l'aide de Pierre Caillet qui venait de passer plusieurs saisons en Angleterre. Il parlait anglais comme un chef et il m'a beaucoup aidé à décrypter les us et coutumes de la culture britannique. Et j'ai suivi des cours de langue pendant trois mois, histoire de me mettre à niveau et de faire oublier mon accent à couper au couteau ! Cela dit, pendant les matchs, mes lacunes linguistiques n'ont jamais été un handicap. Je n'avais pas besoin d'être capable de soutenir une conversation. Je n'avais qu'à connaître les cinq ou six mots des combinaisons que nous avions répétées, et cela suffisait pour me faire comprendre de mes coéquipiers. En dehors du terrain, je n'avais guère l'occasion de parler anglais. Après le match ou les séances d'entraînement, je rentrais à la maison. Nous ne sortions pas beaucoup en ville, et nous avions recréé un cadre de vie assez proche de celui qui était le nôtre à Bourgoin. Je ne mettais jamais les pieds dans les pubs et je ne fréquentais pas beaucoup mes coéquipiers. Il m'est arrivé de pousser jusqu'à Manchester pour assister à des matchs de foot quand Manchester United ou Manchester City recevaient des clubs français mais, la plupart du temps, je vivais en autarcie. Je me consacrais à ma famille et à la pratique quotidienne du rugby, ce qui ne m'empêchait pas d'être pleinement heureux en Angleterre. Et j'y serais volontiers resté, mais l'évolution de la situation du club et le désir d'Annick de revenir en France nous ont amenés à rentrer

*

J'ai passé cinq années merveilleuses à Sale, mais j'ai fini par en partir un jour. Mon départ a été motivé à la fois par des raisons sportives et par des considérations personnelles. C'est à l'issue de la saison 2008-2009 que j'ai décidé de rentrer en France. La crise économique était passée par là… Comme plusieurs autres clubs anglais, Sale a dû faire face à la crise en acceptant de laisser partir quelques-uns de ses meilleurs éléments, attirés par des offres alléchantes venues de l'étranger. Le président ne pouvait pas les retenir, il avait investi beaucoup d'argent lors des précédentes saisons et n'avait sans doute plus envie de continuer à financer l'équipe comme il l'avait fait jusqu'alors. Il était évident que Sale ne pourrait pas afficher les mêmes ambitions que lors des saisons passées. Je risquais donc de me sentir à l'étroit si je prolongeais l'expérience plus longtemps, comme cela avait été le cas à Bourgoin. De son côté, Annick était rentrée en France depuis un an. Elle avait fini par se lasser de sa vie quotidienne en Angleterre. Elle se sentait enfermée à la maison, entre Lily-Rose et sa fille Maud qui ne s'était pas adaptée à l'école anglaise, ce qui obligeait Annick à jouer les professeurs à domicile. Maud ne s'est jamais vraiment plu à Sale, et elle a effectué quelques allers-retours avant de retourner vivre avec son papa. Annick n'avait pas de vie sociale, elle ne voyait pas grand monde et finissait par s'ennuyer. Elle a préféré repartir définitivement, ce que j'ai très bien compris. J'ai donc passé ma dernière année à voyager entre la France et l'Angleterre, et il ne me restait plus qu'à faire mes adieux au club à la fin de la saison.

Mais j'avoue avoir ressenti un petit pincement au cœur au moment de quitter Sale. Je venais de vivre cinq années passionnantes, j'avais rencontré des gens formidables et je m'étais beaucoup ouvert sur l'extérieur. Sur le plan sportif, j'avais franchi un nouveau palier. J'avais accédé à un autre statut de joueur en changeant de poste, j'avais gagné des titres – nous avions remporté le championnat d'Angleterre dès ma deuxième saison – et le club, sous l'impulsion de Philippe Saint-André, avait réussi son pari pour devenir l'une des équipes les plus redoutées du championnat anglais. Ces années anglaises m'avaient aussi permis de prendre une nouvelle dimension aux yeux du sélectionneur de l'équipe de France, Bernard Laporte, car il est toujours préférable d'évoluer dans une formation qui joue les premiers rôles dans son championnat. Je rentrais en France avec le sentiment du devoir accompli et des bons souvenirs plein la tête. Mais je n'entendais pas m'arrêter en si bon chemin. Je me sentais toujours aussi ambitieux, et je voulais poursuivre sur ma lancée pour vivre une nouvelle expérience aussi riche avant de raccrocher définitivement les crampons.

*

Quand j'ai quitté l'Angleterre, je n'étais plus le même homme. Ou, plus exactement, je n'étais plus le même rugbyman. Lorsque je suis arrivé à Sale, en 2004, j'étais un joueur de rugby comme les autres, connu des seuls spécialistes du ballon ovale et parfaitement inconnu du grand public. Lorsque j'en suis parti, j'étais devenu – bien malgré moi, mais je n'y pouvais pas grand-chose – une figure populaire, une tête familière qui s'affichait sur les murs des villes, une « gueule » que l'on croisait régulièrement dans des publicités ou dans les pages des magazines. Si cela ne m'avait en rien changé, le regard des autres avait, lui, changé du tout au tout. Je n'étais plus seulement un joueur de rugby : j'étais devenu quelqu'un d'autre, même si j'avais bien du mal à me considérer comme autre chose qu'un professionnel qui voulait juste continuer à pratiquer son métier, sans se laisser envahir par des considérations extérieures. Cette nouvelle donne médiatique n'était pas sans conséquences sur mon statut de joueur. Désormais, ma valeur marchande n'était plus la même. J'avais fait mon entrée dans la catégorie des joueurs « chers » que seuls quelques clubs étaient capables de s'offrir. Mes revenus devaient intégrer non seulement mon potentiel sportif, mais aussi les bénéfices en termes d'image que j'étais en mesure d'apporter à un club.

En France, deux formations s'étaient mises sur les rangs pour me recruter : le Rugby Club Toulonnais et le Racing Métro 92. Il me restait à choisir entre les deux. Signer pour Toulon m'aurait permis de retrouver Philippe Saint-André, qui venait d'être engagé pour entraîner le club. Nous nous connaissions depuis longtemps, nous venions de passer cinq saisons ensemble à Sale et l'idée de rejouer sous sa direction était plutôt séduisante. Mais après réflexion, j'ai préféré décliner l'invitation des dirigeants Toulonnais. Le RCT se traînait tout en bas du classement du Top 14 et je ne croyais pas à son sursaut. En revanche, j'étais persuadé qu'un bel avenir attendait le Racing Métro, qui dominait de la tête et des épaules la deuxième division. Non seulement il était situé en tête du classement et rejoindrait à coup sûr le Top 14 à la fin de la saison, mais il possédait en plus un fort potentiel de progression et affichait de solides ambitions. Signer pour le Racing m'offrait la possibilité de participer à une belle aventure sportive. Le club évoluait toujours dans le « vieux » stade Yves-du-Manoir, mais il prévoyait de construire l'Arena 92, un stade de plus de 30 000 places à Nanterre confié à un architecte renommé, Christian de Porzamparc. La dimension historique du Racing me séduisait. Fruit de la fusion de deux clubs, l'US Métro et le « vieux » Racing Club de France fondé en 1882, le Racing possédait une histoire, un « vécu » qui lui donnait une dimension particulière. Le recrutement effectué la saison passée avait permis d'enrichir l'effectif avec des joueurs talentueux comme Jérôme Fillol et Patrice Collazo, mais aussi des internationaux étrangers comme l'Ivoirien Olivier Diomandé, l'Argentin Alvaro Galindo, l'Anglais Dan Scarbrough ou les Italiens Santiago Dellape et Andrea Masi. La volonté du président Jacky Lorenzetti, arrivé à la tête du club en 2006, rejoignait la mienne : gagner des titres, construire dans la durée et renouer avec le passé prestigieux de l'un des grands clubs de l'histoire du rugby français.

La promesse de rejouer avec mon vieux copain Lionel Nallet, recruté par le Racing à l'aube de cette saison 2009-2010, ne pouvait que m'inciter à rejoindre la région parisienne. Et la perspective d'évoluer sous la direction de Pierre Berbizier, ancien demi de mêlée de l'équipe de France avant d'en devenir le sélectionneur, n'a fait que me conforter dans mon choix. D'autant que j'avais le sentiment de boucler la boucle : Philippe Saint-André avait été entraîné par Berbizier, qui avait lui-même été « coaché » par Michel Couturas, mon mentor à Bourgoin. Quand j'ai rencontré Pierre, je lui ai demandé à quel poste il pensait me faire jouer. Il m'a répondu que c'était à moi de choisir et de lui faire part de mes intentions. Je souhaitais par-dessus tout occuper le poste de numéro 8 et je le lui ai dit, ce qu'il a accepté sans la moindre difficulté. Pierre Berbizier nous a recrutés, Lionel et moi, pour être les leaders de l'équipe et pour jouer un rôle de passerelle entre lui et les autres joueurs, compte tenu de notre expérience. J'apprécie sa méthode de travail et sa mentalité. Je me retrouve pleinement dans sa franchise, son honnêteté et sa manière très directe de dire les choses, comme moi. Certains le disent rigide, mais je crois qu'ils se trompent. Il donne à ses joueurs un cadre de jeu, mais les laisse libres d'y mettre ce qu'ils veulent en fonction de leur inspiration. Pierre incarne une belle synthèse entre la culture anglaise, fondée sur la discipline collective, et la culture française tournée vers l'initiative personnelle.

Sur le papier, le défi avait tout pour me séduire et je ne m'imaginais pas dire « non ». Il me restait quatre ou cinq années de jeu au plus haut niveau, et le Racing Métro m'apparaissait comme le club idéal pour servir de cadre à la dernière étape de ma carrière, en espérant qu'elle se montre aussi fructueuse que les précédentes. À l'aube de la saison 2009-2010, j'ai fait mes adieux à l'Angleterre pour poser mes valises à Sceaux, en banlieue parisienne. L'aventure du Racing pouvait commencer. J'étais impatient de la vivre...

*

Pas si mal pour un début : en 2010, nous avons terminé à la sixième place du classement. Avant la saison, le Racing avait annoncé son ambition, qu'il voulait mesurée et qui consistait à se maintenir dans le Top 14. Le plan de travail défini par nos dirigeants était ambitieux mais n'entendait pas brûler les étapes. D'abord, poser les fondations pour se donner les moyens de continuer et garantir la pérennité du club. Ensuite, si tout se passe bien, jouer les premiers rôles et redonner au Racing son lustre d'antan, en gagnant des titres et en remettant le club sous les feux des projecteurs. Chaque chose en son temps. Mais nous, les joueurs, nous savions, avant le début de la saison, que l'équipe possédait un effectif capable de créer la surprise. Même si le sport n'est qu'incertitudes et remises en question permanentes, ce qui fait d'ailleurs tout son intérêt, nous avions confiance en nous. Sans excès ni arrogance, mais avec l'intime conviction de nos capacités et de nos ressources.

Nous avons manqué d'un rien la qualification pour les demi-finales du championnat en perdant notre match de barrage face à Clermont. Le contrat était rempli, mais cette défaite en quarts de finale nous a passablement frustrés. Au moment où j'écris ces lignes, au printemps 2011, nous sommes deuxièmes du classement derrière le Stade toulousain, et je n'ai aucune idée de ce qui nous attend d'ici la fin de cette saison. Mais, quelle que soit l'issue de ce championnat, le Racing aura pris de l'avance sur sa feuille de route et renoué avec son passé. Au passage, nous aurons fait taire les Cassandres qui nous prédisaient le pire, persuadés qu'il n'y a pas de place pour deux clubs à Paris. Une affirmation qui me fait sourire quand on sait qu'à Londres, plusieurs clubs de rugby mais aussi de foot disputent le championnat de première division. Je reste persuadé que deux clubs peuvent tout à fait cohabiter, d'autant que le Racing n'est pas le Stade français. Celui-ci a joué à fond la carte du spectaculaire et du « show » grâce à l'énergie, aux idées et à l'enthousiasme de Max Guazzini, qui a ainsi largement contribué à démocratiser le rugby et à le faire revivre à Paris en attirant un public nouveau qui ne venait pas au stade. À Yves-du-Manoir, l'ambiance n'est pas la même. Le Racing évolue dans une autre dimension. Le club est plus tranquille, plus posé, plus familial. Mais le public a répondu à notre appel, ce qui est un autre motif de satisfaction et le signe que nous sommes dans la bonne direction. Alors que le club jouait devant quelques centaines de personnes en deuxième division, nous avons évolué devant quelque dix mille spectateurs tout au long de la saison. Et je ne compte plus le nombre de fois où des gens m'ont arrêté dans la rue pour me dire à quel point ils étaient heureux de voir « leur » Racing revenir en haut de l'affiche. Je pense que nous sommes en train de conquérir un véritable public qui ne demande qu'à retourner au stade si les résultats sont au rendez-vous.

Quand je suis revenu en France, j'ai pu mesurer à quel point notre rugby avait progressé. Je crois vraiment que nous avons fini par combler l'écart qui existait entre le niveau de nos clubs et celui des clubs anglais. Ceux-ci ont été confrontés à la crise économique et plusieurs d'entre eux ont dû accepter de perdre leurs meilleurs éléments, dont certains sont venus jouer en France. Nous avons rattrapé notre retard dans le domaine de la préparation, en particulier sur le plan physique. Et la Coupe du monde 2007 a donné un vrai coup de fouet au rugby français en incitant plusieurs « pointures » du rugby mondial à venir jouer chez nous. Je n'ai jamais regretté ma décision de quitter l'Angleterre pour venir au Racing. Je crois au potentiel du club et j'espère de tout cœur terminer ma carrière en gagnant un nouveau titre. Et, contrairement à ce que j'ai pu lire ici ou là, mon style de jeu n'a pas changé avec mon retour en France. En fait, il a évolué quand je suis devenu numéro 8 en Angleterre. Mais comme j'ai continué à jouer deuxième ligne avec l'équipe de France, et comme les observateurs français n'avaient pas connaissance de mes prestations anglaises, certains ont pu avoir l'impression d'une évolution soudaine et récente dans mon jeu, impression trompeuse due tout simplement à l'éloignement géographique. Je ne regrette pas non plus de m'être installé près de Paris, moi qui avais toujours juré mes grands dieux, en provincial farouche et endurci, de ne jamais vivre en région parisienne. Mais ici, j'ai tout pour être heureux : des installations irréprochables, un cadre de vie tranquille et agréable, la proximité de la capitale sans avoir à en subir les inconvénients. Vraiment, je ne vois pas ce qu'il me manque. Ah ! si, peut-être un titre de champion de France pour couronner ma carrière, par exemple. Ou, rêvons un peu, un titre de champion du monde avec l'équipe de France...

8.

La force tranquille

Quand on me demande de parler de moi, ce qui m'ennuie souvent et m'intimide toujours, il m'arrive parfois de décliner mes caractéristiques physiques sur le ton de la plaisanterie, histoire de couper court à la discussion. Je mesure 1 mètre 91, je pèse 113 kilos et j'affiche seulement 8 % de masse graisseuse. Je n'y peux rien, je suis né comme ça, ou presque ! Tout petit, déjà, j'étais plus grand et plus fort que les autres.

J'ai commencé à me faire remarquer le jour de ma naissance, le 8 décembre 1977. Sur le coup de trois heures du matin, j'ai fait mon entrée dans le monde. J'étais ce que l'on a coutume d'appeler un beau bébé. Mais un bébé tout bleu, bleu jusqu'au bout des lèvres, et qui commençait à manquer d'air – j'imagine que je n'avais pas assez de place dans le ventre de ma mère ! Je pesais 4,9 kilos. On m'a raconté que je suis né en tirant la langue, comme cela m'arrive parfois de le faire pendant un match. Quand ils m'ont vu avec la langue pendante et le corps violacé, les médecins se sont inquiétés. Ils ont décidé de me placer en couveuse, persuadés que quelque chose n'allait pas. Mais ils se sont vite aperçus que j'étais en pleine forme. J'étais juste un peu plus costaud que la moyenne, voilà tout. En grandissant, je ne me suis jamais servi de cet avantage physique dans ma vie de tous les jours.

À l'école, je n'étais pas du genre à embêter les plus petits ou à martyriser les moins balèzes que moi. C'était même plutôt le contraire. J'étais un peu plus grand que les autres, comme on peut le voir sur mes photos de classe, mais cela ne me perturbait pas. Je ne faisais pas attention à ce genre de détail. J'étais un petit garçon plutôt calme, très timide et même hypersensible. Il suffisait que mes parents haussent la voix et commencent à peine à me gronder pour que je fonde en larmes. Il n'y a guère qu'avec mon petit frère, Florent, que j'avais tendance à utiliser ma force. C'était sa faute, aussi : j'étais né le premier, j'étais le petit chouchou, et il n'a rien trouvé de mieux à faire que de venir me piquer ma place ! Il paraît que je venais le pincer en douce quand il dormait dans son berceau, jusqu'à ce qu'il se mette à hurler et que ses cris attirent l'attention des parents… C'est la première fois où je me suis servi de ma force et où, par la même occasion, j'ai fait preuve de faiblesse en manifestant ma jalousie. Mais je crois que tous les aînés ont fait subir ce même traitement un jour ou l'autre à leur cadet…

Bref, je n'avais rien d'un dur. Je ne ressemblais pas à ces gamins qui se servent de leur carrure pour se tailler une réputation de caïd dans la cour de récréation. Je crois que je n'étais même pas conscient de ma différence. Quand on est enfant, on ne passe pas son temps à se regarder dans un miroir et à se comparer. On ne fait pas attention aux caractéristiques physiques des uns et des autres. On les prend comme ils sont. Tout ce qui compte, c'est de passer du bon temps avec les copains et de bien s'amuser. La seule et unique fois où je me suis servi de ma force, je m'en souviens, c'était en classe de sixième, quand je suis entré au collège. Je revois encore les escaliers qui accédaient aux salles de classe. Les grands de 4e et de 3e aimaient bien s'installer dans les escaliers pour discuter. Nous, les petits, nous préférions rester sous le préau situé juste en dessous pour jouer au foot – eh oui, à cette époque, je jouais plutôt au foot ! À un moment, un grand s'est penché et m'a craché dessus. J'ai reçu des pépites de tournesol en plein visage. Rien de bien méchant. Juste une plaisanterie de môme, un grand classique des cours de récré. Et pourtant, ça ne m'a pas plu, mais alors pas du tout. Je n'ai fait ni une ni deux, je me suis précipité sur lui, nullement impressionné par son statut de « grand », je l'ai attrapé et je lui ai collé une raclée. Autour de moi, tout le monde a été très étonné. Moi aussi, d'une certaine manière… Je crois que j'ai vraiment pris conscience de mon « potentiel » ce jour-là.

Mais cette démonstration de force est restée une exception. Je n'ai pas poursuivi dans cette voie, ça ne m'intéressait pas. Quand j'étais ado, il m'est rarement arrivé de me battre. En fait, j'étais plutôt du genre à subir sans rien dire. J'encaissais et je ne répondais pas. Il fallait vraiment me pousser à bout pour que je réagisse. Je suis plutôt du genre sanguin. Je peux très bien piquer un coup de sang quand on me provoque mais avant que je me fâche, il peut s'écouler un laps de temps assez long. Encore aujourd'hui, je suis comme ça. Je ressemble toujours au petit Sébastien de mon enfance. Je m'énerve rarement, je ne me mets presque jamais en colère. Dans la vie de tous les jours, je ne me comporte pas comme si j'étais sur un terrain de rugby. Je fais plutôt profil bas. Je suis un calme, un bon père tranquille, un pacifique convaincu qui répugne à employer la force. Une sorte de gros nounours, tendre et gentil comme les peluches de mon enfance. Pendant un match, ce n'est pas la même chose. Mieux vaut éviter de venir se frotter...

*

Quand j'avais deux ans, j'étais incapable de rester assis. Ce n'était pas de la mauvaise volonté. Je n'étais pas un de ces gamins turbulents qui ne tiennent pas en place et qui rendent fou leur entourage. Tout simplement, je ne pouvais pas garder la position assise pour des raisons physiques. Ma mère avait beau essayer, mes jambes se redressaient naturellement. Comme cela l'inquiétait un peu, elle m'a fait examiner par un pédiatre. Verdict du spécialiste : « Chère madame, tout va bien, votre enfant ne tient pas assis car il est tout en muscles... » Sur le moment, elle ne l'a pas cru. Un môme de deux ans qui serait trop musclé pour se tenir assis, elle n'avait jamais entendu parler d'une chose pareille. Elle trouvait ça un peu gros. Elle a consulté un autre médecin, qui lui a confirmé le diagnostic du premier. Ensuite, quand j'ai grandi, mes parents ne s'imaginaient pas une seconde que j'utiliserais ma force comme je l'ai fait en devenant joueur de rugby. Moi non plus, du reste.

Aujourd'hui, je profite de cette force sans aucun état d'âme. C'est l'un de mes meilleurs arguments, même si ce n'est pas le seul. Quand j'écris que j'en profite, je veux dire par là que je l'utilise comme un atout dans mon jeu. Cela ne signifie pas que je m'en sers dans la vie de tous les jours pour imposer mon point de vue. Mon entraîneur à Bourgoin disait de moi que je suis « fort comme un bloc de ciment », ce qui est une métaphore assez expressive. J'ai de la chance : je ne grossis pas. Je peux manger tout ce dont j'ai envie sans que cela influe sur mon poids. Et je ne m'en prive pas, je le reconnais bien volontiers ! Je crois que je serais le plus malheureux des rugbymen si je devais surveiller mon alimentation. Je me demande même si je le supporterais...

J'aime bien manger, j'aime aussi bien boire. Je ne renonce pas à un petit verre de vin de temps en temps. C'est un plaisir que j'ai découvert récemment. Il y a encore deux ou trois ans, je ne prenais jamais de vin à table. Je n'aimais pas ça. Ou, plutôt, je croyais que je n'aimais pas ça. Je ne buvais que de l'eau, la seule boisson servie le midi au club. Aujourd'hui, j'apprécie un bon verre pour accompagner un bon repas. C'est peut-être l'âge qui m'a fait apprécier le vin. Je ne m'y connais pas encore très bien, mais j'avoue une petite préférence pour le bourgogne. Mais mon vrai plaisir, mon péché mignon, ma petite – et même grande – faiblesse, c'est la nourriture. Je suis un gros mangeur, un amoureux du salé en général et un fou de viande en particulier. Un « viandard », comme l'on dit. L'influence de mon grand-père maquignon, j'imagine. Depuis ma plus tendre enfance, j'ai été élevé à la viande. Je ne connais pas de plus beau repas qu'une côte de bœuf grillée au barbecue et servie avec du gros sel… Ou, peut-être, une fondue bourguignonne. Ou encore une bonne raclette accompagnée de charcuterie. J'adore la charcuterie ! J'ai la chance de ne pas « faire de graisse », ce qui m'autorise une liberté totale en matière d'alimentation. Quand on pèse 113 kilos, il faut bien faire fonctionner la machine et donner au corps ce dont il a besoin. Certains de mes coéquipiers n'ont pas ce privilège. Ils doivent consulter des diététiciens, surveiller en permanence leur équilibre alimentaire, s'interdire de succomber à la tentation de la bonne chère. Franchement, je les plains. D'ailleurs, je ne loupe jamais une occasion de les narguer gentiment pendant les repas… Cela dit, même si je ne grossis pas, même si rien ne m'est interdit, je fais quand même attention. En tant que joueur professionnel, je ne peux pas non plus me laisser aller. Je suis tenu à un minimum de rigueur alimentaire. De là à me refuser quelques tranches de saucisson ou un morceau de jambon cru si j'en ai envie..

*

Dans la vie quotidienne, il est parfois bien utile d'être costaud. Cela permet de rendre des petits services, comme ce jour où mon copain Laurent Leflamand, à Bourgoin, m'avait demandé de l'aider à se débarrasser d'un rosier récalcitrant. Son idée consistait à accrocher le rosier à un câble, l'attacher à sa voiture et l'enlever en démarrant le moteur. Pourquoi faire compliqué quand on peut faire simple ? Le temps qu'il aille chercher sa voiture, j'avais déjà empoigné le rosier avant de tirer dessus et de l'arracher à mains nues, ce qui ne m'avait pas demandé un trop gros effort... Dans certaines situations délicates, un simple regard suffit pour impressionner l'autre et désamorcer une situation tendue. Il n'est pas nécessaire de hausser le ton ni de se livrer à une démonstration de force.

Au rugby aussi, la dimension psychologique joue à plein. Aujourd'hui, les adversaires hésitent à me provoquer. Ils se méfient de ma réaction. Je me souviens d'un match où l'un des joueurs d'en face m'avait tiré par les cheveux. Sur le moment, j'ai failli me fâcher. Puis je me suis ravisé. Je l'ai simplement regardé. J'ai planté mes yeux dans les siens jusqu'à ce qu'il baisse le regard. Je n'ai pas prononcé un mot, je ne me suis pas énervé, je n'ai pas esquissé le moindre geste. Mais mon expression était lourde de menace. Le type n'a pas recommencé... Il faut résister à la provocation. Il est indispensable de maîtriser sa force physique. Elle doit être tenue en réserve, prête à être employée à tout moment si le besoin s'en fait sentir – mais seulement en cas de nécessité absolue. Je la comparerais volontiers, toutes proportions gardées, à la dissuasion nucléaire : l'adversaire sait que je peux en faire usage, je sais qu'il sait, et chacun fait ce qu'il faut pour ne pas franchir la ligne rouge. Ça, c'est la situation idéale. Celle que l'on enseigne aux gamins sur les terrains de sport, le mercredi après-midi, pour leur inculquer les règles de « savoir-vivre rugby » qu'ils devront respecter le dimanche. Mais un rugbyman fonctionne comme n'importe quel individu. Il est susceptible, comme tout un chacun, de s'énerver. C'est humain. Il arrive parfois qu'une situation dérape, que les tensions sur le terrain exaspèrent les rapports entre les joueurs et que les nerfs lâchent. Personne n'est à l'abri du « pétage de plombs », moi pas plus que les autres.

*

Il m'est arrivé, à moi aussi, de perdre les pédales, de sortir de mes gonds et de franchir la fameuse ligne rouge. J'ai déjà été sanctionné par un arbitre pour « comportement antisportif ». C'était en 2005, en Angleterre. Le demi de mêlée de Bath m'avait mis un grand coup de talon dans le visage alors que j'étais à terre. Forcément, ça ne m'a pas plu. Je me suis levé et je lui ai sauté dessus par-derrière pour lui faire passer le goût de ce genre de geste. Et là, l'arbitre ne m'a pas loupé, ce qui est tout à fait normal. Mais ce n'était pas un mauvais geste de ma part, plutôt une réaction de légitime défense. Le jour où Zidane a donné son fameux coup de tête à Matterrazzi, en finale de Coupe du monde, j'ai compris sa réaction, même si je ne l'ai pas approuvée. Il n'est pas toujours évident de résister à la provocation ou de rester sans rien dire face à la violence ou à un comportement d'antijeu. Le mauvais geste, c'est mon adversaire qui l'avait commis en profitant de ma position de faiblesse pour me frapper en douce et de manière déloyale. Mais je n'avais pas à me faire justice moi-même : l'arbitre est là pour ça, et un joueur n'a pas à se substituer à son autorité. J'étais coupable d'avoir craqué. Utiliser sa force de manière inappropriée, c'est faire preuve de faiblesse. Même si, il faut bien le reconnaître, il est plus facile d'énoncer ce beau principe que de le mettre en application.

Un an plus tard, en février 2006, il m'est arrivé une autre mésaventure dont je ne suis pas très fier. Avec mon club de Sale, nous jouions contre les Wasps de Lawrence Dallaglio, le numéro 8 de légende, véritable star du rugby anglais. Une vieille connaissance : chaque fois que j'ai joué contre lui, l'atmosphère sur le terrain a été électrique. Les supporters et les journalistes spécialisés attendent nos retrouvailles avec une certaine impatience. J'ai l'impression que certains rêvent de nous voir rejouer la guerre de Cent Ans. Le « Monsieur » du rugby anglais, reconnu et estimé, face à son ennemi ancestral, le vilain Chabal. L'Anglais contre le *Frenchie.* Le bon contre la brute – il ne manque plus que le truand... Comme à chaque fois, je me suis débrouillé pour lui faire des misères. Mais ce jour-là, tout a dérapé.

À un moment, dans une mêlée, presque au centre du terrain, Dallaglio se décale en position de troisième ligne aile. Il se doute que je m'apprête à sortir de la mêlée pour jouer les filles de l'air. Vite, très vite, je récupère le ballon et je m'échappe. Dans le feu de l'action, Dallaglio se retrouve au sol. Et là, au lieu de l'enjamber, je ne trouve rien de plus malin que de lui marcher dessus, sans aucune retenue. Je pèse de tout mon poids sur lui, comme si je l'utilisais à la manière d'un marchepied pour prendre mon élan. 113 kilos sur le ventre, avec en prime la morsure des crampons qui viennent vous chatouiller la couenne... L'arbitre était aux premières loges. Forcément, la scène ne lui a pas échappé. Là, je n'ai pas été correct. Je n'ai pas respecté l'esprit du jeu ni mon adversaire. J'ai été expulsé, et je le méritais bien. Pour tout arranger, lorsque j'ai quitté le terrain afin de rejoindre les vestiaires, un joueur adverse m'a insulté. C'était Fraser Waters, un Néo-Zélandais. Compte tenu de mon état d'énervement, c'était la dernière chose à faire. Je ne sais pas ce qui m'a pris, et dans un état second, comme si je n'étais plus moi-même, je lui ai craché dessus, comme ça,

COUPE DU MONDE 2007
IRB
RUGBY WORLD CUP 2007

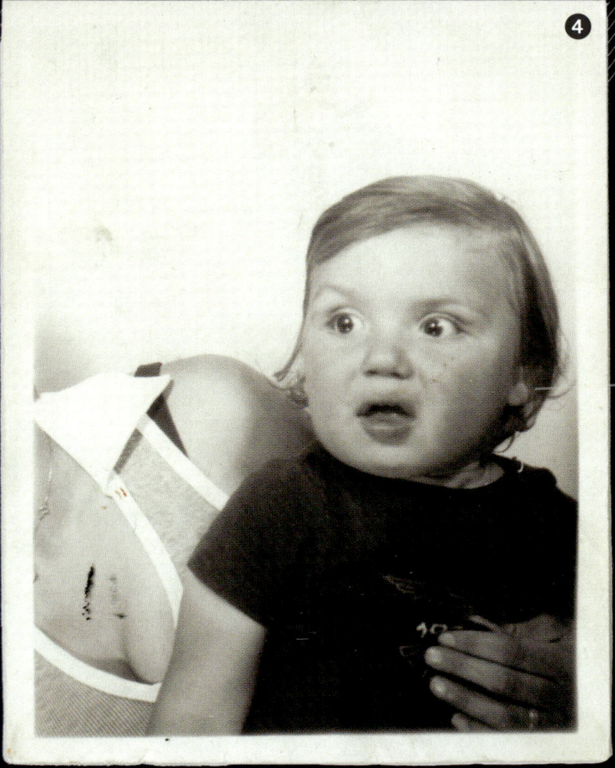

1. Une des rares photos d'enfance. Avec ma sœur Christel et le Père Noël.

2. Devant le sapin, toujours avec Christel.

3. Photo de classe à l'école maternelle de Beaumont-les-Valence.

4. Sur les genoux de ma maman, Béatrice.

5

6

7

5. Après-match avec la sélection des moins de 21 ans. De gauche à droite : moi, William Servat, Benjamin Boyet.

6. Sur ma brêle, un 103 Peugeot chromé et trafiqué par mes soins.

7. En état d'ébriété avancé lors d'une sortie de fin de saison au Cap d'Agde avec mes copains du rugby.

8. À l'époque, je portais un casque pour éviter les entorses à répétition aux vertèbres cervicales.

9. Un de mes premiers matchs en coupe d'Europe avec Bourgoin, contre les Irlandais du Munster.

© Francotte / Presse Sports

© PhotoPQR / Le Dauphiné Libéré / Thomas Michel

SÉLECTION EN ÉQUIPE DE FRANCE

10. 2001, tournée d'été en Nouvelle-Zélande. Face à une star du rugby, Jonah Lomu.

11. Toujours face aux Blacks, j'avais mis les gants.

12. Avec les internationaux berjaliens des années 2000-2002. De gauche à droite et de haut en bas: Lionel Nallet, Olivier Milloud, Stéphane Glas et moi.

© Philippe Desmazes / AFP photo

11

12

© BEP / Pierre Bardin / Le Dauphiné

© Damien Meyer / AFP Photo

© PhotoPOR / Le Progrès / Stéphane Guiochon
© J.-B. Autissier / Fep / PanoramiC

13. Avec Lionel Nallet, nos débuts en Bleu.

14. Avec Bernard Laporte en 2004. Je lui dois de nombreux allers et retours en équipe de France.

15. Dans la salle de gymnastique avec Philippe Saint-André, que j'avais connu à Bourgoin.

16. Mon dernier match avec Bourgoin lors de la demi-finale du championnat de France. Christophe Dominici semble apprécier.

14

© Damien Meyer / AFP Photo

16

15

© PhotoPQR / Le Progrès / Stéphane Guiochon

17

© David Rogers / Getty Images / AFP Photo

18

19

© Henry Browne / Action Images / Flash Press / DPPI

17. Dans le vestiaire de Twickenham (saison 2005-2006), Sale champion d'Angleterre.

18. Cinq années en Angleterre, une terre de rugby que j'ai aimée.

19. Durs combats en Premiership.

20. Match de H-Cup à Montauban sous le déluge et dans le bourbier de Sapiac.

© Franck Faugère/Flash Press/DPPI

© Franck Faugère/Flash Press/DPPI

© Loïc Baratoux/Flash Press/DPPI

21. Quart de finale contre les Blacks à Cardiff.

22. Johnny Wilkinson tente de me réconforter après la demi-finale perdue au Stade de France.

23. Dur retour aux vestiaires. Fin de l'aventure de cette Coupe du monde en France.

24. J'aimais bien cette coiffure. Les Blacks moins

ÉQUIPE DE FRANCE

25. Avant le match contre le Pays de Galles, *La Marseillaise* tous en cœur, avec Sylvain Marconnet et Thierry Dusautoir.

26. Mon premier Grand Chelem après la victoire contre les Anglais lors du tournoi des Six Nations 2010.

27. Football au menu pour récupérer. Marc Lièvremont tente un passage en finesse.

28. Quel beau chapeau ce trophée pour la victoire lors du tournoi des Six Nations 2010. William Servat est jaloux.

© David Rogers / Getty Images / AFP Photo

© Michel Birot / Sport Attitudes

29. Lionel Nallet (au centre), en bon capitaine, est attentif avant la photo officielle de début de saison (2010-2011).

30. La joie après un essai contre Montpellier en 2010.

31

L'ÉQUIPE

NUMÉRO 1433 2 JANVIER 2010
www.lequipemag.fr >mag

FOOT ANGLAIS
LES COULISSES DU BOXING DAY >38

ENQUÊTE
CES AFFAIRES QUI PLOMBENT LES VERTS >58

MI-DÉCEMBRE, SÉBASTIEN CHABAL PREND LA POSE POUR LE « MAG », À DEUX PAS DES INSTALLATIONS DU RACING-MÉTRO.

VINCENT FLOURET

Un succès monstre

26 Sébastien Chabal prend la tête du « Mag 40 » et devient le sportif favori des Français.

IL DÉPASSE SÉBASTIEN LOEB ET THIERRY HENRY DANS NOTRE SONDAGE TNS SOFRES/LOGICA

32

31. Sportif préféré des Français : une reconnaissance.

32. En cosmonaute, avec Gérald De Palmas, pour les Enfoirés en 2009. J'y reviendrai. La cause des Restos est trop importante.

sans réfléchir à ce que j'étais en train de faire ni aux conséquences de mon geste. Je l'ai payé cher : cinq semaines de suspension et un quart de finale de Coupe d'Europe contre Biarritz qui m'est passé sous le nez. Une sanction logique et incontestable, même si elle est toujours difficile à vivre sur le moment. Au lieu de me montrer fort, j'avais fait preuve de faiblesse. Au plus haut niveau comme sur un terrain d'amateurs, c'est impardonnable.

*

Il arrive parfois, au cours d'une action de jeu, que l'emploi de la force tombe à plat et que certaines situations se révèlent franchement cocasses. Je me souviens d'un match avec l'équipe de France, en Nouvelle-Zélande, contre les All Blacks. Chaque fois que l'arbitre sifflait une mêlée, nous nous retrouvions en difficulté à cause d'un de leurs piliers, Neemia Tialata. Un colosse de 130 kilos, bourré de métier et de vice, qui trichait autant qu'il pouvait pour nous pourrir la vie. Au bout d'un moment, j'en ai eu marre. J'ai décidé d'employer les grands moyens. Pendant la mêlée, j'ai dégagé mon bras et je lui ai retourné une baffe magistrale, histoire de lui faire comprendre qu'il était allé un peu trop loin. Une belle claque, franche et sonore, assénée avec assez de force et de précision pour calmer ses ardeurs. Juste après, je vois mon copain Thomas Domingo qui se redresse et porte la main à son visage. Je ne savais pas ce qu'il s'était passé, mais il avait l'œil bien amoché. Et tout d'un coup, j'ai compris : c'est moi qui l'avais frappé. Ma main, au lieu d'atterrir sur le visage du Néo-Zélandais, s'était trompée de cible et s'était égarée sur celui de Thomas ! Par la suite, je n'ai jamais renouvelé l'expérience. Je me suis juré de ne plus profiter d'une mêlée pour jouer les redresseurs de torts.

Et puis, ce genre de geste, aujourd'hui, n'est plus vraiment dans les habitudes. C'est en quelque sorte le rugby à la papa, celui des générations précédentes. Pendant les mêlées, il s'en passait de belles. Il était fréquent qu'un deuxième ligne colle un « marron » au pilier ou au talonneur d'en face. Aujourd'hui, avec la médiatisation du rugby, les caméras de télévision se sont multipliées autour de la pelouse. Elles ne perdent rien de ce qu'il se passe dans une partie. Elles dissèquent chaque action, traquent les gestes d'antijeu et tendent à faire diminuer les actes de violence. Même s'il restera toujours quelques adeptes de la « fourchette », qui adorent planter leurs doigts dans les yeux de l'adversaire pendant un *ruck*. Mais de manière générale, les mauvais coups ont tendance à se réduire, alors qu'ils faisaient vraiment partie du quotidien du rugby il y a encore quelques années.

Je préfère procéder autrement quand j'ai envie de déstabiliser l'adversaire. Je trouve que l'humour est une arme bien plus efficace, d'autant plus efficace qu'il est plutôt inattendu au cours d'un match. Mais le rugby, c'est la vie, et je ne vois pas pourquoi l'humour n'aurait pas le droit de s'inviter sur le terrain. Je trouve qu'un bon discours vaut mieux qu'un petit coup en douce. Je chambre gentiment, je provoque avec les mots, je viens titiller l'ego du gars en face de moi. Parfois, ça ne donne aucun résultat. Il répond sur le même ton, se met à rigoler avec moi et je vois bien qu'il est inutile d'insister. Mais d'autres fois, une simple remarque désobligeante – « Mais t'es vraiment un gros nul, toi ! » – suffit à faire son effet. Le type balèze, que l'on imaginait solide et insensible à ce genre de provocation, se met à perdre son self-control. Il s'énerve comme un débutant et commet la petite erreur d'inattention qui va tout changer. C'est une sorte de guéguerre psychologique pas bien méchante, qui peut se révéler plutôt drôle et qui fait partie des plaisirs du jeu…

C'est ainsi qu'il m'est arrivé, pendant un *ruck* – une mêlée ouverte –, de me lancer dans une partie de pierres-feuilles-ciseaux, ce jeu de gamins que certains appellent « chi-four-mi ». Le ballon était tombé au sol, tout le monde s'est précipité dessus, un tas s'est formé et l'arbitre est intervenu. Personne ne savait pour quelle équipe il allait siffler la mêlée. À ce moment-là, j'ai regardé le joueur adverse qui était juste en face de moi. Comme je le connaissais bien, je lui ai proposé de parier pour savoir à qui l'arbitre allait rendre le ballon. Je lui ai dit : « Ça te dirait de la faire à chifoumi ? » Le type a d'abord ouvert de grands yeux en se demandant si je n'étais pas devenu fou, puis il s'est pris au jeu. Et nous voilà en train de jouer à chifoumi pendant une rencontre importante, comme des mômes dans une cour de récré ! Après le match, en repensant à cette scène, je me suis dit que j'étais vraiment débile de me laisser aller à ce genre de gaminerie. Mais, après tout, le rugby doit rester un plaisir. Ce n'est qu'un jeu et d'abord un jeu. Il ne faut pas perdre de vue la dimension ludique de ce sport, même s'il est devenu professionnel. Nous, les joueurs, nous avons bien le droit de nous amuser un peu de temps en temps...

9.

Chabalmania

Pour l'état civil, je suis né le 8 décembre 1977. Mais aux yeux de centaines de milliers de gens, je suis né pour de bon le 11 juin 2007, l'année de mes trente ans. Avant cette date, je n'étais que Sébastien Chabal, rugbyman professionnel connu des seuls amateurs de ballon ovale. Un joueur de rugby comme il y en a tant d'autres, ignoré du grand public, heureux d'accomplir son métier, content de vivre sa vie tranquille dans le confort de l'anonymat quotidien. Un joueur que l'on appelait encore par son prénom, Sébastien.

En ce jour de juin, je suis devenu Chabal, tout simplement. Comme si tout le monde avait oublié mon prénom, comme si l'on m'avait affublé d'une nouvelle identité, d'une nouvelle peau et d'un nouveau destin.

Chabal… Juste un nom, mais bien plus qu'un nom : une marque, un label, un signe de reconnaissance. Un look, aussi. Une gueule, un style, une dégaine. Tout un imaginaire nourri par une barbe et une chevelure noires qui me donnent l'allure d'un guerrier barbare venu du fond des âges, capable d'un seul regard de foutre la trouille à l'adversaire et de faire frissonner le public. Chabal... Un nom qui claque comme un coup de poing, six petites lettres et deux syllabes aussi percutantes que le tampon que j'ai infligé à Chris Masoe, ce 11 juin 2007, pendant un match contre les All Blacks.

*

2007, c'est l'année de la sixième Coupe du monde de rugby à XV, qui se dispute chez nous du 7 septembre au 20 octobre. Pays organisateur de la compétition, la France est qualifiée d'office. Trois mois plutôt, en juin, la sélection tricolore s'envole pour la Nouvelle-Zélande afin de préparer l'épreuve. Deux matchs sont prévus contre la sélection néo-zélandaise. Affronter les redoutables All Blacks sur leurs terres, devant un public fou de rugby et réputé connaisseur, dans une ambiance passionnée et bien souvent électrique, c'est un moment qui compte dans une vie de joueur.

Pour moi, il compte peut-être encore plus que pour d'autres. Depuis quelques mois, je suis critiqué de toutes parts. Mes détracteurs s'en donnent à cœur joie. On me reproche d'être maladroit, de laisser tomber tous les ballons qui me passent entre les mains – en un mot, de ne pas être à la hauteur d'une sélection en équipe de France et des responsabilités qui pèsent sur moi. Ces critiques, je les connais par cœur. Voilà je ne sais combien de temps que je les entends. À force, je vis avec. Le plus souvent, elles me laissent de marbre. À d'autres moments, quand je me sens vulnérable, quand je suis fragilisé par des événements extérieurs ou des performances insuffisantes sur le terrain, elles m'agacent au plus haut point. Il arrive aussi qu'elles me blessent, mais je ne dis rien. Je ne réponds pas. Je dissimule mes sentiments derrière le masque de l'indifférence. Mon côté « taiseux » m'aide à donner le change. En gardant le silence, je réussis à faire croire que les descentes en flammes qui m'accablent de tous les défauts de la terre glissent sur moi sans m'affecter. Même si, en réalité, je les reçois comme un coup de poing dans l'estomac, un coup de poing d'autant plus douloureux qu'elles sont parfois injustes. Mais je tiens bon. Je sais que la seule réponse valable et crédible, je dois l'apporter sur la pelouse, le ballon à la main. Les discours ne servent à rien, les excuses ressemblent à des tentatives maladroites d'autojustification, les coups de gueule ne feraient qu'aggraver mon cas. La seule et unique vérité, c'est celle du terrain. J'aimerais saisir l'occasion de cette tournée pour faire taire les mauvaises langues et prouver que ma sélection n'est pas usurpée.

Si je réussis, j'ai toutes les chances de faire partie des joueurs retenus pour la Coupe du monde. *A priori*, je dispose de tous les atouts dans mon jeu. L'entraîneur, Bernard Laporte, a décidé de me confier mon poste favori, celui dans lequel je me sens le plus à l'aise : troisième ligne, avec le numéro 8 dans le dos. Une place qui revêt une grande importance tactique dans une équipe. Ce rôle me donne une grande liberté sur le terrain. Il me permet de bénéficier de plus d'espaces et de plus de temps pour relancer une attaque. C'est la toute première fois que je l'occupe au sein de la sélection. C'est presque un rêve qui se réalise…

Au moment d'entrer sur la pelouse, je ne sais pas encore que ces deux rencontres contre les Blacks vont non seulement donner une nouvelle dynamique à ma carrière, mais aussi changer ma vie.

Dans le premier match, je montrerai un double visage. J'incarnerai, l'espace de quatre-vingts minutes, le Docteur Jekyll et son double maléfique, Mister Hyde. Ce sera pour moi la partie de tous les contrastes : le jour et la nuit, le bon et le méchant, la honte et la gloire, le *loser* et le héros. Ce match marquera une rupture définitive dans mon parcours. À mon retour en France, quelques semaines plus tard, Sébastien Chabal aura laissé la place à Chabal, pour le meilleur et pour le pire.

*

Encore une fois, tout commence mal pour moi. Mon premier quart d'heure est un véritable cauchemar, comme si je traversais une série noire qui ne s'arrêterait jamais. J'accumule les erreurs, j'enchaîne les fautes de main, je multiplie les approximations et les loupés. Mes premiers ballons sont catastrophiques. Et pourtant, ils n'étaient pas difficiles à jouer. Mais il y a des jours, comme ça, où rien ne marche. Je suis en train de donner raison à tous ceux qui me cassent du sucre sur le dos. Je commets plusieurs en-avant, je laisse tomber les ballons, j'ai l'impression de sombrer et de jouer l'un des pires matchs de ma carrière. Et puis, miracle du rugby, au bout d'une quinzaine de minutes, je redeviens moi-même. La machine s'est remise en marche. Je retrouve enfin mon jeu, je reprends confiance en moi, je sens que je suis vraiment entré dans le match. Jusqu'à ce moment décisif, à la vingt-deuxième minute.

Les Blacks mènent au score par six points à trois. Rien n'est joué, tout est encore possible. À un moment, je me retrouve face à quatre Néo-Zélandais qui s'apprêtent à développer une action. Je sais qu'ils peuvent nous faire très mal. Je n'ai pas trente-six possibilités qui s'offrent à moi : j'interviens ou je laisse faire. Soit je prends une initiative, là, tout de suite, pour tuer dans l'œuf leur relance, soit je leur laisse le champ libre et ils filent à l'essai. Dans ce genre de situation, on ne réfléchit pas trop. Ou plutôt, on réfléchit très vite. La réaction doit être fulgurante. C'est l'instinct du joueur qui parle et qui commande au cerveau. Je suis le seul Français, à une vingtaine de mètres de la ligne de touche, dernier rempart contre la tentative d'offensive des All Blacks. Quand Carter lance la balle à Chris Masoe, le numéro 8 du camp adverse, je me lance sans hésiter. Le pire serait de ne rien faire, de rester les deux pieds cloués au sol, transformé en un simple spectateur impuissant face à la machine de guerre néo-zélandaise. Par chance, la passe de Carter est loin d'être parfaite. Elle oblige Masoe à marquer un temps d'arrêt et à se mettre légèrement de profil pour attraper le ballon. S'il l'avait reçu dans les mains, en pleine course, il aurait pu me voir arriver vers lui et se débarrasser du ballon. Il aurait profité de leur position de surnombre pour lancer son ailier vers la ligne de but, et l'affaire aurait été pliée. Mais là, rien n'est joué. Masoe ne sait pas encore ce qui va lui arriver. Je me suis préparé au choc, tandis que lui n'a pas eu le temps d'anticiper ma charge. Il ne me voit pas venir, il ignore tout de mes 115 kilos qui se mettent à foncer sur lui comme une horde de sangliers lancés à travers une forêt, prêts à tout renverser sur leur passage. Il est concentré sur la réception du ballon, il s'est vu obligé de freiner sa course, il se retrouve dans une position vulnérable. C'est le moment idéal pour le cueillir.

Moi, je ne réfléchis déjà plus. Je suis lancé. Je me penche légèrement en avant pour assurer mon plaquage et je le percute de plein fouet. Je l'empoigne avec les deux mains à hauteur de la taille, je le décolle du sol avant de le projeter à terre en l'accompagnant dans son mouvement, et je place mon corps au-dessus du sien pour l'empêcher de se relever. Dans le feu de l'action, sa tête frappe le sol et rebondit comme un ballon. Masoe se relève et titube. Il doit se demander ce qui vient de lui arriver… Il esquisse quelques pas puis retombe lourdement sur la pelouse, comme un boxeur sonné qui ne se remet pas d'un KO. Mission accomplie… En me relevant, je lui donne une petite tape amicale sur la tête avant de m'éloigner. Puis je reviens vers lui, histoire de vérifier qu'il n'a pas été blessé dans l'action. Histoire, aussi, de lui lancer un ultime regard de défi, comme un combattant qui vient s'assurer de la défaite de son adversaire après un combat singulier avant de s'en retourner savourer sa victoire.

Une semaine plus tard, à Wellington, nous jouons un deuxième test-match contre les All Blacks. Rien ne va plus pour l'équipe de France. Sur le terrain, nous vivons un calvaire. Nous sommes débordés, littéralement étouffés par la pression des Néo-Zélandais, laminés par des Blacks déchaînés et conquérants. Cette fois encore, je me fais remarquer sans l'avoir cherché. À la vingt-huitième minute, alors que nous sommes menés 25 à 3, après avoir récupéré un long ballon à quelques mètres de la ligne de touche, je remonte le terrain quand « Ali » Williams arrive à ma rencontre. De son vrai nom Alexander James Williams, Ali est un deuxième ligne de plus de deux mètres, aussi adroit que puissant. Une force de la nature doublée d'un sprinter de premier ordre, qui avait marqué un essai avec son club des Auckland Blues après une course folle de trente mètres. Williams n'est pas seulement un colosse, c'est aussi un vrai leader et une forte personnalité au tempérament explosif. Il suffit de l'observer au moment du Haka, cette danse rituelle exécutée par les All Blacks avant le début d'un match. À la fin, on le voit qui tire la langue comme le veut la tradition maorie, dans un geste qui n'appartient qu'à lui et le rend encore plus impressionnant. Quand j'arrive à quelques mètres de Williams, je marque un temps d'arrêt avant de reprendre ma course et d'aller le chercher. En plein élan, tête baissée, bras gauche en avant, je lui assène un véritable « tampon » qui le repousse et le précipite au sol. Williams est sonné. Il se tâte la mâchoire avant d'ôter son casque, la bouche ensanglantée. Quelques minutes plus tard, le diagnostic du médecin tombe : mâchoire fracturée... Une blessure bête, vraiment, qui n'a qu'une chance sur des milliers de se produire. D'habitude, sur des tampons comme celui-là, le joueur se relève et repart de plus belle. Là, Ali Williams n'a pas eu de chance. De mon côté, j'ai oublié ce tampon sitôt après l'avoir effectué. Je n'avais pas l'impression d'avoir commis un geste exceptionnel et je me suis remis immédiatement dans le jeu. D'ailleurs, je n'ai même pas remarqué qu'Ali avait la bouche en sang. Jamais je n'aurais imaginé que cette action provoquerait de telles conséquences. Et je me demande encore aujourd'hui, quand j'y repense ou quand je revois la phase de jeu sur Internet, comment il a pu se blesser ainsi et sortir du terrain avec la mâchoire en miettes.

*

Heureusement, Ali Williams ne m'a jamais tenu rigueur de sa blessure. Quand les journalistes néo-zélandais sont venus le voir, à l'hôpital, il a simplement déclaré qu'elle faisait partie des risques du rugby, tout en précisant que le choc avait quand même été assez douloureux à supporter. Il est d'ailleurs resté en convalescence pendant six semaines. La suite des événements a pris une tournure plutôt inattendue. Histoire de passer le temps, Ali a lancé sur le site Internet des All Blacks un concours de… recettes de soupe, intitulé « Une soupe pour Ali ». L'idée était amusante : il a demandé aux internautes de lui envoyer leurs meilleures recettes. Il en a reçu un bon millier. Le lauréat a été récompensé par un ballon de rugby dédicacé par toute l'équipe des All Blacks, tandis qu'Ali a réuni les meilleures recettes dans un livre, qu'il m'a envoyé avec un petit mot sympathique. De mon côté, j'ai tenu à lui rendre hommage à l'occasion d'un spot publicitaire que j'ai tourné pour une marque de vêtements de sport. C'était deux ans plus tard, en décembre 2009. On peut me voir à la caisse d'un magasin de la chaîne Rebel Sport, alors que je dépose sur le tapis divers articles en déclinant le nom de leurs destinataires :

— Ça, c'est pour mon petit frère… Ça, c'est pour maman.

À la fin du spot, je montre à la caméra un protège-dents et je dis, avec une voix à la Terminator :

— Et ça, pour Mister Williams !

Non seulement les Néo-Zélandais ne sont pas rancuniers mais, en outre, ils sont dotés d'un solide sens de l'humour… Des actions comme celles-là, qu'il s'agisse du plaquage sur Masoe ou du tampon sur Williams, il s'en produit des dizaines tous les dimanches sur les terrains de rugby du monde entier. Quelques minutes avant d'envoyer Masoe au sol, je venais moi-même de me faire « tamponner » par Collins et je m'étais retrouvé le nez dans le gazon, avant de me relever comme si de rien n'était. Ces actions de jeu font partie du quotidien le plus banal de notre sport, même si un tampon est souvent spectaculaire et de nature à frapper les esprits. Ce plaquage mémorable sur Masoe ne nous a pas empêchés d'être défaits par 42 à 11 avant de nous faire étriller dans le second test-match, que nous avons perdu sur le score sans appel de 61 à 10. À moins de trois mois de la Coupe du monde, nous sommes rentrés en France avec, dans nos valises, quelques questions existentielles quant à nos chances dans l'épreuve.

On pourrait penser que ces deux plaquages n'auront été que des points de détail de la tournée en Nouvelle-Zélande, des anecdotes sans importance au regard du résultat des matchs. Pourtant, je suis persuadé qu'ils n'auront pas été inutiles malgré les lourdes défaites que nous avons subies. Une rencontre de rugby ne se réduit pas à son seul score, surtout quand il s'agit de préparer une Coupe du monde comme c'était le cas en juin 2007. Elle permet de tirer des enseignements qui vont bien au-delà du résultat. Et une phase de jeu d'apparence anodine peut se révéler beaucoup plus importante qu'elle n'y paraît. La dimension mentale joue un rôle essentiel, et ce genre d'action revêt une vraie force psychologique susceptible de venir perturber l'équipe d'en face. De tels plaquages contribuent sans doute à nous permettre de nous sentir plus forts, et donc à prendre un certain ascendant sur l'adversaire. Après, peut-être celui-ci hésitera-t-il au moment d'aborder un match contre nous. Nous avons perdu, d'accord, mais nous n'avons pas tout perdu. Nous avons sans nul doute gagné une confiance en nous, et cette confiance aura contribué à semer un certain trouble chez les All Blacks. Un trouble qui n'a rien à voir avec la peur, car la peur n'a pas sa place sur un terrain de rugby. Mais il peut provoquer une certaine forme d'appréhension au moment de nous affronter, entraînant ainsi une modification du rapport de forces. Jusque-là, celui-ci était toujours en faveur des Blacks, longtemps considérés comme un véritable épouvantail, comme une équipe de quasi-surhommes inaccessibles et invincibles. Le spectacle de Chris Masoe ou d'Ali Williams au tapis a peut-être provoqué une certaine prise de conscience chez les Néo-Zélandais. Ils se sont peut-être dit que les « petits » Français méritaient qu'on les prenne au sérieux…

*

Une chose est certaine : ces deux matchs ont bouleversé ma vie.

Ma vie de joueur, tout d'abord, mais aussi mon existence quotidienne. Ils ont donné naissance à un nouveau Chabal, même si, en réalité, je n'ai pas changé le moins du monde. En fait, c'est le regard que les autres portent sur moi qui n'a plus jamais été le même à dater de cette tournée. Moi, je n'ai pas bougé d'un poil, si j'ose dire – une manière de dire que ma barbe et ma chevelure étaient déjà en place lors de la tournée en Nouvelle-Zélande... Je n'ai jamais cherché à me créer un « look », à me donner une apparence susceptible de plaire au public ou aux médias. Quand j'ai débarqué de l'avion qui nous conduisait en Nouvelle-Zélande, j'avais déjà cette tête-là, et personne n'y prêtait attention à l'époque. Cela faisait quelques années que j'arborais un système pileux plutôt fourni. Tout a commencé en Angleterre, lorsque j'ai été transféré à Sale, dans la banlieue de Manchester. Un matin, j'ai décidé de ne pas me raser. Ce n'était pas un geste prémédité, pas un calcul stratégique, pas le fruit d'une réflexion destinée à donner naissance à je ne sais quelle image publique. Plutôt la décision d'un type parfois un peu fainéant, je l'avoue, qui en a eu marre de s'imposer cette corvée du rasage tous les matins. Je me suis dit que cela me permettrait de gagner quelques minutes de sommeil et de me lever un peu plus tard, voilà tout. Sur un terrain, on n'est pas obligé d'être rasé de près, et l'entraîneur ne vous juge pas sur la longueur de votre barbe. En sautant l'étape du rasage, il me suffisait d'une poignée de minutes pour enfiler ma tenue, avaler un petit déjeuner rapide et filer à l'entraînement. Quant à mes cheveux, je les ai laissés pousser pour des raisons tout aussi pratiques. Là, ce n'était ni par flemme ni pour gagner du temps. À mon arrivée en Angleterre, je n'étais pas très à l'aise dès qu'il s'agissait de parler anglais. Je n'avais pas confiance dans mon accent et je n'osais pas trop aller chez le coiffeur, de peur de ne pas me faire comprendre et de bafouiller lamentablement devant les autres clients. Alors, quand je lis dans les journaux que mon apparence physique résulte d'une savante stratégie marketing, d'une réflexion sur mon image ou je ne sais quelles âneries, cela me fait doucement rigoler ! Mon « look » n'est rien d'autre qu'un pur hasard, un accident de parcours heureux dont j'étais loin d'envisager toutes les conséquences. Je ne me doutais pas, ce matin-là, en décidant de laisser mon rasoir sur l'étagère, que j'étais en train de me fabriquer une image, comme disent les publicitaires. Ce n'est que par la suite, lors de certains matchs, que j'ai pris conscience de l'impact de mon nouveau style. J'ai compris, en observant mes adversaires, que mon « look » pouvait parfois en impressionner certains et me donner un léger avantage psychologique. Je me suis rendu compte que ma barbe et mes cheveux étaient devenus des sortes d'outils de travail, et que je devais les entretenir afin de les faire fructifier. Comme s'il s'était agi d'un placement, en somme, ce qui peut faire sourire mais correspond à la réalité. Mais, au départ, je n'ai jamais cherché à faire peur au type que j'avais en face de moi. Comme quoi, la trajectoire d'une vie tient parfois à pas grand-chose…

La « Chabalmania », pour reprendre l'expression de certains commentateurs, est donc née à ce moment-là, lors de la tournée d'avant la Coupe du monde, sans que je m'y attende une seule seconde et sans que je fasse rien pour la favoriser. J'avoue avoir été le premier surpris par l'ampleur du phénomène, et n'importe qui l'aurait été à ma place. La diffusion sur Internet des images de mes plaquages a joué un rôle décisif. Ils ont été vus, commentés, analysés, disséqués par des centaines de milliers d'internautes, passionnés de rugby ou non. Je me demande encore comment de telles scènes de jeu, certes spectaculaires, mais quand même fréquentes et assez banales, ont pu susciter de telles réactions. Quand j'y repense, je me dis qu'elles sont vraiment disproportionnées. Je crois que l'on touche là à l'irrationnel qui commande parfois le comportement humain... Si je n'avais pas eu cette tête à faire peur, avec ces longs cheveux et cette barbe comme on n'en voit plus guère aujourd'hui où l'on traque le moindre poil qui dépasse, si je n'avais pas arboré cette dégaine de guerrier sans peur et sans reproche, si je n'avais pas lancé sur mes adversaires ce regard qui a contribué à fasciner ceux qui ont vu les extraits des matchs à la télé ou sur Internet, la Chabalmania n'existerait pas, j'en suis convaincu. Je continuerais à faire mon métier comme n'importe quel autre joueur de rugby et à y prendre un plaisir immense, mais je ne passerais pas mon temps à signer des autographes, à faire le mariole dans des spots publicitaires ou à inspirer un déluge de commentaires et d'analyses plus ou moins savants. Et je pourrais me balader dans les rues avec Annick et les filles sans être en permanence sollicité pour une photo ou une petite signature.

*

Au départ, j'ai commencé par être connu et reconnu en Nouvelle-Zélande, bien sûr, mais aussi dans des pays à forte tradition de rugby comme l'Australie ou l'Afrique du Sud. Aujourd'hui, je suis toujours bien accueilli par les Néo-Zélandais à chaque fois que je vais chez eux. Là-bas, on aime le jeu rude et l'affrontement, on apprécie le combat et l'engagement physique, on savoure les gestes de « guerriers » à l'image de mes deux actions sur Masoe et Williams. J'ai senti monter en puissance l'engouement populaire pour mon jeu et pour ma personnalité. Je regardais tout cela d'un œil étonné et plutôt amusé. Les gens se sont mis à me reconnaître dans la rue, à me dire bonjour, à me parler, à m'encourager de manière amicale et très chaleureuse. Dans ce pays, le rugby est une véritable cause nationale. Les gamins se passionnent pour notre sport dès l'école, on trouve des terrains d'entraînement partout, les petits jouent au rugby aussi naturellement que les mômes de chez nous tapent dans un ballon de foot. Et pas seulement pour s'amuser : ils y mettent tout leur cœur, ils se donnent à fond quel que soit leur âge, ils font preuve d'un engagement hallucinant. J'ai pu m'en apercevoir pendant la tournée. J'ai vu des mômes s'entraîner comme des chiens, se livrer à des séances physiques d'une exigence incroyable, avec la même passion que des professionnels chez nous. Après, il ne faut pas s'étonner si les All Blacks sont les meilleurs joueurs du monde : chez eux, il s'agit du sport-roi. Ils font preuve d'un amour du ballon ovale qui n'a rien à voir avec celui qui existe en Europe, même dans des pays à tradition de rugby comme l'Angleterre ou la France. Les Néo-Zélandais ne vivent que pour le rugby. Ils pensent rugby, ils parlent rugby, ils respirent rugby, tout le monde y joue, y a joué ou y jouera au moins une fois dans sa vie.

C'est assez étonnant pour un Européen, même pour un pro comme moi, et cela rend ce peuple très sympathique à mes yeux. Des Néo-Zélandais m'ont dit avec émotion que j'étais l'un des leurs, ce qui m'a beaucoup touché. Certains étaient même persuadés que j'avais été maori dans une vie antérieure ! En septembre 2010, j'ai d'ailleurs été invité par l'ambassade de Nouvelle-Zélande à Paris pour une soirée consacrée à la Coupe du monde 2011. Ce soir-là, pour la première fois de ma vie, j'ai fait le Hongi avec Rosemary Banks, l'ambassadrice de Nouvelle-Zélande en France. Le Hongi, c'est le bonjour à la mode maorie. Il consiste à appuyer son nez ou son front contre celui de la personne que l'on salue et équivaut à notre poignée de main. Je dois dire que j'étais assez fier de me livrer à ce petit rituel. Et je suis ainsi devenu un véritable expert en matière de Hongi, même si je n'ai pas eu de nouveau l'occasion de le pratiquer depuis, à mon grand regret !

*

Petit à petit, au retour de cette tournée, je me suis aperçu que ma notoriété s'étendait à d'autres pays. À commencer par la France, où je suis devenu célèbre de manière soudaine et absolument inattendue, toujours grâce à ces deux actions avec l'équipe tricolore. Pourquoi moi, pourquoi à ce moment-là, pourquoi de cette manière-là ? Pour le comprendre, il faut se replacer dans le contexte de cette année 2007. La Coupe du monde démarrait en septembre, elle se disputait chez nous, elle constituait une occasion idéale de donner au rugby la place qu'il n'avait jamais occupée jusque-là dans le cœur des Français. Les matchs étaient diffusés sur TF1 et la chaîne rêvait de susciter un intérêt populaire pour ce sport afin de garantir des audiences records. Même si le rugby n'était pas aussi pratiqué que le foot, il y avait là une jolie carte à jouer. Cette Coupe du monde offrait une vitrine rêvée au rugby. Il fallait donc trouver une sorte de locomotive, comme disent les publicitaires, capable de fédérer autour d'elle une véritable passion collective.

De ce point de vue, je tombais à pic. Peut-être le rugby manquait-il de stars connues du grand public, ce grand public qui ne va jamais au stade mais qui s'installe avec plaisir devant son écran de télé pour regarder un match et reste assis pendant les pages de publicité. Même si plusieurs internationaux étaient déjà renommés, ils l'étaient surtout auprès des amateurs de ballon ovale. Avec ma notoriété naissante, qui commençait à se diffuser au-delà du cercle des connaisseurs, je suppose que j'étais capable de répondre à ces attentes. On continuait à me parler de mes « exploits » contre les All Blacks, alors qu'à mes yeux, tout cela relevait du quotidien le plus banal et ne constituait en rien un exploit. Sans ces vidéos qui passaient et repassaient en boucle, sans cet effet de « buzz » propre à Internet, jamais je n'aurais revu ces deux actions. À peine le match terminé, je les aurais oubliées, je les aurais chassées de mon esprit et je serais passé à autre chose. Quelques années plus tôt, avant l'ère du Net, avant le triomphe de la publicité et l'obsession de l'image, je ne suis pas sûr que *Chabal* aurait existé. Je serais resté *Sébastien Chabal*, un joueur de rugby connu des seuls *aficionados*. J'aurais continué à vivre ma vie de tous les jours, à l'abri des médias et de la notoriété, j'aurais continué à faire mon boulot de rugbyman tous les dimanches, et je n'en aurais pas été plus malheureux pour autant.

*

Sans l'avoir voulu et sans l'avoir vu venir, je me suis retrouvé à jouer les « têtes de gondole » pour la télé. Il faut bien reconnaître que j'avais la gueule de l'emploi. Avec ma barbe et mes cheveux longs, j'étais doté de la dégaine idéale. Je pouvais jouer le méchant de service, le dur de dur, la tête qui dépasse et qui se fait remarquer à l'écran, le « client » parfait pour les cameramen de la télévision qui n'avaient plus qu'à zoomer sur moi, en attendant que les publicitaires prennent le relais. C'est ainsi que je commençais à mesurer les effets collatéraux, tout à fait inattendus, de notre tournée en Nouvelle-Zélande, même si je ne m'en suis pas rendu compte tout de suite. Car pendant la compétition, nous restions entre nous en banlieue parisienne, à Marcoussis, un endroit qui est aux rugbymen ce que Clairefontaine est aux footballeurs. Un centre d'entraînement et une résidence pour se mettre au vert avant les matchs internationaux, mais aussi un havre de paix et de tranquillité. Un sanctuaire qui nous protège de l'extérieur et nous permet de nous préparer en toute sérénité, à l'abri des regards et des sollicitations diverses dont souffrent aujourd'hui les sportifs de haut niveau, qu'il s'agisse de la presse, des supporters ou des sponsors en tout genre. Entre nous, nous surnommons Marcoussis « Marcatraz ». C'est un clin d'œil à la fameuse prison américaine d'Alcatraz. Mais l'endroit n'a rien d'une prison, bien au contraire. Ou alors, il s'agit d'une prison dorée. À Marcoussis, nous sommes loin de tout, à l'écart du monde et de son tumulte incessant. Les bruits de l'extérieur nous parviennent de manière étouffée. Nous restons à l'abri de tout ce qui pourrait venir nous perturber. Nous pouvons ainsi nous concentrer sur l'essentiel : le jeu et le match à venir.

Le centre de Marcoussis est un outil de travail exceptionnel, entièrement dédié à la pratique du rugby. Sur place, nous trouvons tout ce dont nous avons besoin pour préparer nos matchs internationaux. Des terrains en herbe et en synthétique, un grand gymnase, deux salles de musculation, une piscine, un sauna, des salles de soins… Une journée à

Marcoussis ressemble à n'importe quelle journée en club. Le matin, séance vidéo vers dix heures, suivie d'une séance d'entraînement. L'après-midi, après la sieste, passage en salle de musculation et nouvelle séance d'entraînement. Ensuite, nous nous rendons aux soins, à la piscine ou en salle de massage. Deux médecins et deux kinésithérapeutes s'occupent de nous à plein temps, et deux masseurs passent tous les jours. À Marcoussis, on ne chôme pas. Il faut dire qu'en dehors du rugby, il n'y a pas grand-chose à faire, à part une bonne sieste d'une heure après le déjeuner. Pour varier les plaisirs, certains tuent le temps en se livrant à quelques facéties au détriment des copains. En face du centre se trouve un petit étang dans lequel il nous arrive d'aller pêcher au lieu de faire la sieste, histoire de se distraire un peu. Parfois, un joueur trouve des visiteurs inattendus en rentrant. En son absence, sa baignoire a été remplie de poissons, ou un bon copain a enfermé un canard dans sa chambre toute la journée. On imagine l'état de la chambre : le malheureux canard a eu le temps de laisser derrière lui quelques traces de son séjour… Sans parler des blagues plus douteuses. Comme ces petits souvenirs très intimes et malodorants déposés dans le carton d'affaires personnelles expédié chez chaque joueur par la poste à l'issue du stage… Ça, on ne me l'a jamais fait. Mes coéquipiers savent que je ne goûte guère les blagues de ce genre. Je ne fais pas de sale coup aux autres et ils ne m'en font pas, même si je sais très bien que ce n'est pas méchant. Marcoussis est vraiment l'endroit idéal pour travailler. À un détail près : la taille des lits. Franchement, un lit de quatre-vingt-dix centimètres de large pour des gabarits comme les nôtres, c'est trop peu ! Nous avons l'impression de dormir dans des lits d'enfant… Enfin, je ne me plains pas. Je fais partie des privilégiés : alors que la plupart de mes coéquipiers partagent une chambre double, je suis tout seul dans la mienne. Je n'ai pas demandé à bénéficier d'un statut dérogatoire : en fait, personne ne veut dormir avec moi. Tout ça parce que j'ai la fâcheuse habitude de ronfler…

Mais Marcoussis n'est pas non plus un monastère. Aujourd'hui, avec le développement des médias et les facilités offertes par Internet, il est difficile d'ignorer tout ce qui se dit et tout ce qui se passe en dehors de notre petit univers. C'est ainsi que, peu à peu, j'ai commencé à comprendre que quelque chose se passait. À force de regarder les rediffusions des matchs, de parcourir la presse sportive ou de recueillir les échos qui nous parvenaient de l'extérieur, j'ai vite compris que la « Chabalmania » était en train de prendre forme. Je me suis retrouvé en tête d'affiche au sein de l'équipe de France sans l'avoir cherché le moins du monde. D'ailleurs, je m'empresse de préciser que je n'emploie jamais cette expression. Chabalmania, tu parles… Encore un truc de journaliste, ça ! Une belle formule bien ronflante pour faire vendre du papier et de l'image, quitte parfois à raconter n'importe quoi.

Au départ, je me suis dit que cela n'allait pas durer. J'étais persuadé que tout rentrerait dans l'ordre avec la fin de la compétition. La télé avait besoin de moi pour « vendre » l'épreuve, mais je m'attendais à ce que toute cette agitation retombe comme un soufflet dès le coup de sifflet final du dernier match. C'est tout le contraire qui s'est passé. J'ai vite compris que tout ne faisait que commencer et que ma vie allait prendre une autre direction.

*

Cette nouvelle pression médiatique, mais aussi populaire, j'ai fini par l'accepter. Il m'a bien fallu m'habituer à vivre avec, malgré tous les inconvénients qu'elle peut présenter. Car elle revêt deux visages différents, selon les jours et les circonstances. Elle peut être la meilleure comme la pire des choses, un paradis comme un enfer. Côté pile, elle peut être amusante. Je ne vois aucun inconvénient à poser pour des publicités, à faire rire les petits enfants dans la rue ou à voir ma marionnette sur Canal+. Les nombreux surnoms dont on m'a affublé me font plutôt sourire. L anesthésiste, Caveman – l'homme des cavernes – ou Attila, je trouve ça marrant. Mais côté face, elle est parfois franchement déplaisante. Ma vie personnelle, celle de ma femme et de nos deux filles, en a souvent souffert. J'ai craint aussi, au début, qu'elle n'ait une influence dommageable sur ma réputation de joueur. Après mon intervention musclée contre Ali Williams, à Wellington, des journalistes ont pris un malin plaisir à donner de moi l'image d'une brute épaisse, d'un butor sans finesse, d'un briseur de mâchoires tout juste bon à casser en deux ses adversaires. Avant, on me critiquait pour les insuffisances de mon jeu. Après, on m'incendiait pour ma supposée brutalité. La réalité doit bien être quelque part entre les deux, je suppose… « Ah oui, Chabal, ce joueur tout juste bon à fracasser la tête de ses adversaires sur un plaquage ? » Voilà le genre de remarque perfide auquel j'avais droit, par-derrière, après mon « exploit » de Wellington. Ce qui était à la fois stupide, injuste et infondé. Mais je suppose qu'il s'agit là de la rançon de la gloire…

10.

Profession, homme public

Du jour au lendemain, je suis devenu une vedette médiatique. Un « people », comme il est coutume de dire aujourd'hui.

Du jour au lendemain, j'ai vu mon visage sur des affiches de publicité placardées dans les rues, dans des émissions de télévision diffusées à des heures de grande écoute, dans des magazines qui n'avaient rien à voir avec le rugby. Mon image ne m'appartenait plus. Pendant un moment, j'ai eu l'impression désagréable que ma vie même ne m'appartenait plus. Je me suis trouvé transformé par des journalistes et des publicitaires en une image publique, une icône, une sorte de « tête de gondole », une machine à faire vendre du papier ou des produits de consommation courante. Dans ma vie, il y a vraiment eu un avant et un après.

Avant, tout était plus simple : j'étais un rugbyman, point final. Après, je suis devenu autre chose. Toujours un rugbyman, certes, mais avec une dimension supplémentaire qui n'a plus rien à voir avec le sport. Avant, on me laissait travailler dans mon coin, j'étais maître de mon destin, je ne pouvais m'en prendre qu'à moi-même si je n'étais pas satisfait de mon sort ou de mes performances. Après, j'ai eu la sensation – et je l'éprouve encore parfois – de ne plus rien maîtriser. Comme si, à certains moments, on s'était emparé de mon existence pour décider à ma place de ce qui me concerne pourtant au premier chef.

C'est un sentiment étrange, pas toujours désagréable mais parfois assez déstabilisant, que de passer sans prévenir d'un relatif anonymat à la lumière crue – et parfois cruelle – de la célébrité.

Je ne m'y attendais pas. Je ne m'y étais pas préparé, car personne ne m'avait prévenu des conséquences d'une notoriété soudaine. Personne ne m'avait mis en garde contre tous les changements que ce nouveau statut allait entraîner dans mon existence. Si encore il ne s'était agi que de moi, cela n'aurait pas été trop gênant. Je me suis toujours efforcé de maîtriser le mieux possible l'utilisation de mon image. J'ai plutôt réussi, à quelques exceptions près, à assumer tous les aspects, même les plus désagréables, de ce vedettariat soudain. Mais dans ce genre de situation, il n'en va pas de même pour l'entourage immédiat. Lui ne contrôle rien et ne décide de rien. Il subit, le plus souvent. Il n'a aucune prise sur les événements. Ma femme et nos deux filles se sont trouvées confrontées à cette nouvelle vie, à cette surexposition médiatique et publicitaire qui nous est tombée dessus d'un seul coup. Et pour elles, en particulier pour Annick, la situation n'a pas été la même. Mes parents ont vécu ce changement, eux aussi, mais à une échelle bien moins importante et sans que leur vie privée en souffre trop. Ils ont toujours répondu aux demandes d'interviews, par exemple. Mais les journalistes qui débarquent chez eux sans crier gare ou qui les attendent devant le portail de leur maison pour leur arracher quelques mots, ça ne leur plaît pas, mais alors pas du tout, et je les comprends très bien. Ils n'ont pas été trop sollicités, heureusement. La personne qui a le plus souffert de tous ces bouleversements, c'est bien sûr Annick.

*

Je sais qu'elle a eu beaucoup de mal à négocier ce tournant dans notre vie, et qu'elle ne s'est toujours pas habituée à cette lumière dans laquelle je baigne aujourd'hui, même si elle a fini par s'en accommoder. D'une certaine manière, on lui a enlevé son mari. On l'a dépossédée de ce Sébastien Chabal qu'elle ne partageait avec personne d'autre que nos deux filles, et qui est soudain entré dans le quotidien de millions de gens. Des parfaits inconnus avec lesquels elle a dû le partager, sans que personne lui demande son avis. Elle-même s'est retrouvée en première ligne, considérée par certains comme une « femme de people » et donc, à ce titre, susceptible de figurer en bonne place dans des magazines qu'elle juge inintéressants et qu'il ne lui viendrait même pas à l'idée de feuilleter chez le coiffeur. Je n'oublierai jamais sa réaction à la découverte d'une photographie d'elle dans je ne sais plus quel canard. La photo avait été prise pendant un match. Elle était venue me voir jouer et avait pris place dans les tribunes, sans se douter un seul instant qu'un photographe la surveillait depuis son téléobjectif, guettant l'expression de son visage pour lui dérober son image sans qu'elle en sache rien.

Quand la photo est parue, elle est devenue livide. Elle était furieuse, à juste titre. Sur le cliché, on pouvait la voir en train de crier, la bouche grande ouverte, le visage déformé comme il l'est toujours dans ce genre de circonstance quand on se laisse aller à exprimer ses émotions, qu'il s'agisse de la joie, de la peur ou de la tristesse. Non seulement c'est une photo volée mais, en plus, elle donne une vision caricaturale de la personne. Il ne reste plus qu'à l'accompagner d'une légende qui déforme la réalité, et il est très facile de faire croire n'importe quoi à n'importe qui. Je trouve ce procédé insupportable. Que je sois photographié sous toutes les coutures pendant un match, c'est normal. Mais que l'on s'en prenne à mes proches sans qu'ils soient au courant, c'est inacceptable. Annick, comme beaucoup d'entre nous, n'est pas toujours à l'aise avec sa propre image. Le simple fait de la photographier pendant une réunion de famille demande parfois des trésors de patience et de persévérance avant qu'elle n'accepte de poser devant l'objectif. Alors, la prendre par surprise puis publier la photo dans un magazine qui va être vu par des milliers de lecteurs, n'en parlons pas. Elle a réagi de manière épidermique, comme si on lui donnait un coup de poing dans l'estomac. Elle a trouvé le procédé déloyal, injuste et cruel.

Et s'il n'y avait que les professionnels de la photo… Mais il lui faut aussi compter avec Monsieur Tout-le-monde, tout content de brandir son appareil numérique ou, encore plus simple, son téléphone portable pour obtenir sa petite photo de Chabal. Quand on me demande gentiment s'il est possible de me photographier, je suis toujours d'accord. De toute façon, il est plus rapide de poser avec le sourire que de refuser et d'expliquer pourquoi je ne veux pas, alors, autant accepter… Mais ce qui m'énerve au plus haut point, c'est le type qui s'imagine en terrain conquis, comme s'il avait tous les droits, comme si le fait d'être connu nous obligeait à céder à tous ses caprices. Ceux-là, Annick ne les supporte pas – et moi non plus, d'ailleurs. Ils se plantent devant nous comme de gros malpolis qu'ils sont, ils me hèlent avec un sourire béat – « Chabal, eh, Chabal ! » – et je suis censé prendre la pose pour leur faire plaisir. Ils ne se préoccupent pas de savoir si j'en ai envie, si j'ai le temps ou si je suis occupé à autre chose, non. Tout ce qui les intéresse, c'est leur petite photo. Pas un regard pour ma femme et les filles si nous sommes ensemble, pas un « Bonjour », pas un « S'il vous plaît », pas un « Merci », rien du tout. Tout leur est dû. Annick déteste ça. Les gens n'ont pas un regard pour elle et les filles, comme si elles étaient soudain devenues transparentes, comme si elles n'existaient plus. Le pire, c'est ce type qui, un jour, est carrément entré dans la cour de notre maison et lui a demandé :

— Ça ne vous dérangerait pas de me prendre en photo avec Chabal ?

Au moins, celui-là avait demandé la permission. Mais ce qui a exaspéré Annick, c'est qu'il dise « Chabal », pas « Sébastien » ou « M. Chabal », comme si j'étais un objet, une chose quelconque dénuée d'humanité. Évidemment, elle l'a envoyé sur les roses. Une autre fois, alors que nous étions en train de nous balader à Disneyland, j'ai accepté une séance d'autographes improvisée. Les choses ont failli mal tourner sans que je m'en aperçoive, car j'étais occupé à signer les bouts de papier qu'on me tendait. Mais ensuite, Annick m'a raconté qu'elle avait été bousculée et que certains avaient manqué de renverser la poussette de la petite. C'est ce genre de comportement que je ne supporte pas.

*

La notoriété n'autorise pas tous les excès, dans un sens comme dans l'autre. J'estime que la célébrité ne justifie pas que l'on se comporte en diva, comme si tout nous était dû. De la même manière, le public n'a pas tous les droits, et un personnage public n'est pas un jouet à sa disposition. Un sportif ou un chanteur, parce qu'il est connu, n'est pas censé se plier à tous les désirs de ses admirateurs ou des chasseurs d'autographes. Ses proches doivent encore moins subir les conséquences de son statut. C'est moi qui suis sous la lumière des projecteurs, c'est donc à moi, et à personne d'autre, d'en assumer les aléas. La presse people n'est pas seule en cause. Les journalistes de la presse généraliste comme ceux de la presse sportive peuvent faire beaucoup de mal par leurs articles ou leurs déclarations. Tout au long de ma carrière, certains ont écrit des commentaires très durs à mon sujet. Parfois, cela pouvait être justifié. Mais il m'est aussi arrivé de lire ou d'entendre de véritables saloperies, des propos méchants et purement gratuits. À mes débuts, quand j'étais jeune, j'ai pu en être blessé. J'avoue que cela m'a parfois fait mal. Aujourd'hui, c'est terminé. J'ai fini par ne plus y prêter attention. Avec l'âge, avec le bénéfice de l'expérience et de la maturité, je suis devenu blindé, le plus souvent indifférent à ce que l'on dit de moi. J'ai aussi compris comment certains fonctionnent : tout ce qui les intéresse, c'est de vendre du papier. Ils sont comme ce personnage du western de John Ford, *L'Homme qui tua Liberty Valance.* Si la légende est plus belle que la réalité, ils préfèrent imprimer la légende... Je me demande même parfois s'ils croient à tout ce qu'ils racontent, mais cela n'a aucune importance. Depuis, j'ai appris à prendre du recul, à ne pas trop m'impliquer dans ce petit jeu et à garder la tête froide. Et j'ai réglé le problème d'une manière radicale : je ne lis plus la presse sportive, que ce soit *L'Équipe* ou *Midi Olympique.* Pendant un stage, il arrive toujours un moment où l'un de ces deux canards nous arrive entre les mains. Pour peu que je n'aie rien à faire, je vais peut-être y jeter un coup d'œil, mais cela ne va pas plus loin. Si j'ouvre *L'Équipe*, c'est pour connaître les résultats des autres sports que le rugby. Et le *Midol*, comme on surnomme *Midi olympique*, ne m'apprend pas grand-chose. Quand on vit au quotidien dans le milieu du rugby, on n'a pas besoin de ces journaux pour s'informer. Les infos, en général, nous les connaissons bien avant eux parce que nos tuyaux sont le plus souvent bien meilleurs que ceux de leurs journalistes ! J'ai appris à vivre sans la presse, et je ne m'en porte pas plus mal.

*

De manière générale, j'ai appris à me méfier des médias. Ce qui ne m'empêche pas de me faire avoir, parfois, en dépit de mes réticences et de toutes mes précautions. En 2007, j'ai participé à l'émission télévisée de Laurent Ruquier, *On n'est pas couché*. J'avais commis l'erreur d'accepter son invitation et de me présenter sur le plateau sans savoir à quoi ressemblait l'émission. Je ne l'avais jamais regardée, mais la personne qui me conseillait à l'époque m'avait assuré que ce serait bon pour mon image, alors j'ai dit oui. Et je me suis fait piéger dans les grandes largeurs, ce soir-là… L'humoriste maison, Jonathan Lambert, s'était fait passer pour un de mes anciens camarades d'école, comme il le fait à chaque émission. Il avait pris un malin plaisir à rappeler aux téléspectateurs qu'en classe de troisième, avec les copains, nous nous amusions à chanter la chanson de Chantal Goya, « ce matin/un lapin/a tué un chasseur »... Évidemment, Laurent Ruquier s'est gentiment moqué de moi. Il a trouvé que j'étais un peu attardé pour chanter du Chantal Goya en troisième... J'ai expliqué que c'était une sorte de défi que nous nous lancions avec les potes de collège. Je sentais le traquenard venir, et je me demandais ce que Ruquier me réservait. Je ne m'attendais pas à ce qu'il me tende un micro en me demandant de me lever et de chanter la chanson pour de bon... Mais je ne me suis pas défilé ! J'avoue que je n'étais pas très à l'aise, avec le micro dans la main droite et la main gauche glissée dans la poche de mon jean. J'avais l'air d'un collégien timide et emprunté qui monte sur scène pour la fête de fin d'année. Quand Jonathan Lambert m'a demandé de mimer les gestes de la chanson et de me balancer sur les côtés, je me suis vraiment demandé ce que j'étais venu faire dans cette galère... Je ne m'attendais pas non plus à voir la vraie Chantal Goya arriver sur le plateau, au moment du refrain, pour entonner sa chanson avec un grand sourire aux lèvres. Au début, j'ai trouvé la plaisanterie assez moyenne, je dois dire. Je n'en menais pas large. Je préfère me trouver au cœur d'une mêlée plutôt que devant des caméras de télévision, surtout si l'on me demande de pousser la chansonnette. Mais une fois que je me suis pris au jeu, je ne pouvais plus reculer. J'ai même fini par y trouver un certain plaisir. C'était un moment de pur délire et de grand n'importe quoi, mais je me suis bien marré quand même.

Mais cela ne m'a pas incité à me lancer dans une carrière de chanteur pour autant, il ne faut pas exagérer… Même si j'ai accepté, cette fois en connaissance de cause, de participer aux Enfoirés deux ans plus tard, à Bercy. C'était en mars 2009. Nous avons interprété *Le Blues du businessman*, une chanson de la comédie musicale de Michel Berger et Luc Plamondon, *Starmania*. Je sortais d'une lampe d'Aladin en portant sur mes épaules une jeune fille déguisée en… Chabal, avant de monter sur la scène pour rejoindre Liane Foly, Mimi Mathy et les autres invités. Je me souviens que je m'étais préparé très sérieusement à la maison, m'exerçant comme un malade pour être prêt le jour du spectacle, à tel point qu'Annick et Lily-Rose finissaient par se boucher les oreilles. Elles n'en pouvaient plus de m'entendre répéter, en boucle, « J'aurais voulu être un artiiiiste » à longueur de journées ! Je sais, je chante faux, mais elles auraient tout de même pu m'encourager un peu plus, je trouve… Mais dès que je me suis retrouvé sur scène, j'étais heureux. Heureux de participer aux Enfoirés pour cette belle cause des Restos du Cœur, heureux aussi de « faire le chanteur » une nouvelle fois. Je me demande si je ne finirais pas par y prendre goût, à force…

*

Par la suite, j'ai connu d'autres expériences sympas avec des émissions de télévision. Comme ce jour où j'ai participé à celle d'Omar et Fred, sur

Canal+. Ces deux-là, je les adore. Je ne me précipite pas tous les soirs pour regarder leur *Service après-vente des émissions*, mais si je tombe dessus par hasard, je m'installe devant la télé et je me marre tranquillement. Ils m'ont appelé pour me dire qu'ils préparaient un vidéoclip sur la Coupe du monde de football et qu'ils avaient envie de me faire participer. Ils se moquaient des « footeux » mais ce n'était pas bien méchant, et chacun pouvait de toute manière l'interpréter comme il le voulait. Ils m'ont demandé de passer une heure avec eux pour faire quelques photos et imaginer ce qui nous passait par la tête. Il n'y avait aucun programme précis, aucune obligation, juste l'envie de passer un bon moment à faire les idiots et à s'amuser. J'étais au maquillage quand je les ai vus arriver pour se présenter.

— Bonjour, C'est Omar. Bonjour, c'est Fred.

— Enchanté, moi, c'est Sébastien.

Et voilà, les présentations étaient faites. C'était décontracté, juste deux types normaux qui serrent la main d'un autre type normal, et basta. Il n'y avait pas tous ces salamalecs, toutes ces manières et ces batailles d'ego qui sont parfois la marque des gens de télévision. Ensuite, ils ont enfilé leurs déguisements de Doudou et de François le Français, ils ont lancé la musique et là, ils ont commencé à délirer. On ne pouvait plus les arrêter ! Je les regardais faire, ils sont devenus complètement débiles et moi, du coup, j'ai fait comme eux : je suis devenu complètement débile à mon tour. Nous avons passé une heure à hurler, à faire des grimaces dans tous les sens, à nous marrer comme des gamins… Un bon souvenir, vraiment.

Mais je n'ai pas donné mon accord à toutes les propositions que j'ai reçues. Il m'est souvent arrivé de refuser. Pour des raisons, d'ailleurs, qui n'ont rien à voir avec telle émission ou tel animateur. J'ai dit non à Michel Drucker, par exemple, alors que j'aime beaucoup *Vivement Dimanche* et que je l'apprécie énormément. Mais c'est Rama Yade, ministre des Sports à l'époque, qui m'avait invité. Je n'avais pas envie de m'afficher à côté d'une personnalité politique, quel que soit son engagement. Ma décision n'a pas été bien comprise, mais tant pis. C'est une ligne de conduite que je me suis fixée dès le début. Je tiens par-dessus tout à préserver mon indépendance et je ne veux surtout pas être récupéré par un camp en présence, qu'il s'agisse de la droite ou de la gauche. Mes idées ne regardent que moi, je n'ai pas envie de les afficher au grand jour ni de laisser penser que j'apporte mon soutien à une famille politique.

Et puis, je n'oublie pas que je reste avant tout un sportif professionnel. Ma place naturelle est sur les terrains de rugby, pas sur les plateaux de télévision. Je ne tiens pas à me disperser. M'amuser de temps en temps, connaître des expériences originales, rencontrer des gens que je ne pensais pas rencontrer un jour, pourquoi pas ? Il est toujours enrichissant de se confronter à des univers nouveaux et de vivre des moments qui sortent de l'ordinaire. Mais je dois savoir garder le cap, me concentrer sur mon objectif prioritaire – le rugby – et ne pas m'en éloigner. À la fin de ma carrière, je serai jugé sur mon vécu de rugbyman, sur les titres que j'aurai gagnés et sur mon parcours professionnel. Pas sur telle émission de télé ou sur ma marionnette aux *Guignols*... Il faut garder la tête froide et ne pas céder aux tentations de la médiatisation. Ma notoriété vient du sport, elle ne vient pas de la télévision. Même si aujourd'hui, avec la médiatisation accrue des sportifs de toutes disciplines, les deux se nourrissent l'une l'autre. Au risque de déboucher, parfois, sur une regrettable confusion des genres.

*

La notoriété peut aussi entraîner des conséquences amusantes et pour le moins inattendues. Un jour, l'intendante de l'équipe de France, Danièle Ballini, me téléphone pour m'annoncer un truc ahurissant. Elle m'apprend que les responsables du musée Grévin, à Paris, ont pensé à moi pour enrichir leur collection de figures de cire. Sur le moment, j'ai cru à une aimable plaisanterie. Mais comme je connais bien Danièle, je me suis vite rendu à l'évidence : non, ce n'est pas une blague, oui, on me propose vraiment d'entrer au musée et de rejoindre quelques-unes des plus célèbres figures de l'histoire de France. Celle-là, je ne m'y attendais pas ! Selon Danièle, une dame du musée a cherché à me joindre, sans succès, avant de s'adresser à elle. Si j'avais eu cette brave dame au téléphone, j'aurais écourté la conversation, croyant à un canular, ce qui aurait été dommage. Le musée Grévin, pour moi, c'est un endroit réservé aux personnalités qui ont marqué leur temps. Des gens importants, des femmes et des hommes politiques, des savants, des comédiens de renom, des chanteurs célèbres… Mais pas un Sébastien Chabal, en tout cas. Jamais l'idée d'entrer à Grévin ne me serait venue à l'esprit, même si d'autres sportifs contemporains y sont entrés avant moi. Zidane est à Grévin, par exemple. Oui, mais Zidane, c'est Zidane… Il a gagné la Coupe du monde, c'est un footballeur de génie et il restera dans l'histoire de son sport. Tandis que moi, pour l'instant, je ne peux pas me prévaloir d'un palmarès comparable au sien. Mais on ne refuse pas une telle proposition. C'est à la fois un grand honneur et une forme de reconnaissance. Et puis, il faut bien reconnaître que c'est amusant. Quand j'ai appris la nouvelle à ma famille et à mes copains, ils ont tous trouvé ça original. Je ne suis pas sûr que Lily-Rose ait bien compris en quoi cela consiste, mais ça l'a beaucoup amusée de voir pour de vrai une statue de son papa, comme si elle avait croisé un autre moi-même. Une occasion pareille, ça ne se rate pas. Je me souviens du jour de ma première visite : le responsable m'avait emmené dans la salle où ma statue allait être placée. Je me suis installé pile à l'emplacement qui m'était destiné. Je me suis amusé à ne pas bouger, comme si j'étais moi-même ma propre statue, avec l'idée de faire une petite blague aux visiteurs. C'était un jour ouvert au public, et j'entendais les conversations des gens qui se demandaient s'ils avaient affaire à Chabal ou à sa réplique de cire… Jusqu'au moment où j'ai bougé et où quelqu'un a dit « Oh ! t'as vu, c'est lui, c'est carrément le vrai Chabal ! » J'ai bien aimé toutes les étapes de fabrication de la statue. Un atelier s'occupe de la couleur de la peau, un autre du moulage des différentes parties du corps, un troisième des yeux, un quatrième des cheveux et de la barbe… Le spécialiste des yeux en possède toute une collection dans laquelle il pioche la paire la plus ressemblante, c'est assez curieux. Et les spécialistes du moulage m'ont enfermé les bras dans une espèce de pâte bizarre, comme du Malabar. On m'a pris en photo sous toutes les coutures et sous tous les angles. On m'a même passé au scanner pour ne rien laisser au hasard. J'en ai profité pour découvrir les coulisses du musée, et cela m'a d'autant plus intéressé que je n'étais encore jamais allé au musée Grévin. Mais je n'ai pas vocation à y passer toute ma vie : l'idée, c'est d'y rester tant que je suis dans l'actualité. Et ensuite, quand j'aurai pris ma retraite, d'ici deux ou trois ans, je serai remplacé par un autre sportif en activité. C'est marrant et, en même temps, c'est étrange. L'idée de regarder en face sa propre statue provoque une sensation curieuse, comme si l'on faisait soudain partie du patrimoine. Chaque fois que je suis en face de moi – enfin, de ma réplique de cire –, j'ai l'impression d'être entré dans les livres d'histoire et de faire partie du passé. Pourtant, je suis encore bien vivant.

Et j'ai l'intention de le rester encore pas mal de temps !

*

Chaque année, l'hebdomadaire *L'Équipe Magazine* commande un sondage à l'institut TNS-Sofres pour savoir quels sont les sportifs préférés des Français. En 2009, je suis arrivé en tête. J'en ai été très heureux et même, je peux le dire, plutôt fier. Pour moi, la reconnaissance populaire est essentielle, même si j'attache aussi beaucoup d'importance à la reconnaissance de mes pairs. J'avais succédé à un autre Sébastien : Sébastien Loeb, le pilote de rallye. L'année suivante, il a retrouvé sa place de premier mais je suis quand même arrivé en deuxième position, devant le tennisman Gaël Monfils. Je n'ai pas été déçu de cette deuxième place, au contraire : elle confirmait tout le bien que les gens pensent de moi. Ce genre de classement dépend aussi des performances de l'équipe. À l'automne 2010, le XV tricolore a connu une période difficile et a perdu plusieurs test-matchs importants, ce qui affecte forcément la perception du public. En même temps, je sais que l'essentiel n'est pas dans un classement individuel, aussi flatteur soit-il, mais dans la performance collective. Je suis toujours touché de constater que les Français m'apprécient, mais la réussite de l'équipe de France ou de mon club constitue une priorité. Entre une belle performance en Coupe du monde ou dans le Top 14 et un rang flatteur dans le classement des sportifs préférés des Français, mon choix est vite fait. Si, en prime, je suis distingué en tant qu'individu, tant mieux. Mais ce n'est jamais ma préoccupation première. À la différence d'un joueur de tennis ou d'un coureur cycliste, je pratique un sport collectif. Sans mes coéquipiers, je ne suis rien. Ce qui compte avant tout à mes yeux, c'est la victoire du groupe. Le reste n'est que littérature.

11.

Derrière le mythe

J'adore cette photo.

Je trouve qu'elle dégage quelque chose de fort, quelque chose de sauvage, un sentiment de puissance. De la sérénité, aussi. Une espèce de tranquillité rassurante, comme si j'étais apaisé, comme si j'avais trouvé un équilibre intérieur. Je la trouve belle, tout simplement.

Parfois, une publicité peut être juste. Loin des images convenues du bonheur factice que la pub nous impose trop souvent, il arrive qu'elle exprime un sentiment vrai et sincère. De la beauté, en un mot. Une forme d'harmonie émane de cette image. La position de mes mains, qui enveloppent le ballon pour mieux le protéger, comme si je tenais un enfant dans mes bras, renforce cette impression. J'ai l'air intouchable, presque invincible, avec un regard à la fois serein et pas commode. Et cette touche de noir, celui du ballon et celui de ma chemise, mais aussi celui de mes cheveux, ajoute une petite tonalité chic à l'ensemble.

Oui, vraiment, j'adore cette photo. C'est une pub pour un parfum de Caron, *Pour un Homme.* Caron est une maison prestigieuse qui a choisi, en 2008, de faire son retour sur la scène publicitaire. *Pour un Homme* est un parfum qui a une histoire, puisqu'il a été créé en 1934. Quand les représentants de la marque m'ont proposé de jouer les mannequins pour eux, je n'ai pas hésité une seule seconde. C'était juste après la Coupe du monde 2007. *A priori*, on pourrait s'étonner de leur choix. Caron, comme tous les grands parfumeurs, incarne une certaine élégance à la française, le goût du luxe et le sens du raffinement. On ne l'associe pas, d'emblée, à l'univers du rugby que l'on imagine à des années-lumière. Quelqu'un, chez Caron, avait vu une série de photos qu'un Italien très talentueux, Giampaolo Vimercati, avait réalisées pour un magazine américain, *Vanity Fair.* Giampaolo travaille à la fois sur la mode et sur la photo de sport. Il adore mélanger les deux ambiances et il m'avait photographié dans différentes attitudes, en tenue de ville et en tenue de week-end, assis dans une tribune ou en train de courir sur un terrain. Il m'avait transformé en une véritable gravure de mode, une sorte de jeune homme sauvage et raffiné auquel je n'étais pas habitué, mais j'avais trouvé l'expérience amusante et le résultat très séduisant. C'est ce mélange des deux, ce contraste entre mon côté « brut de décoffrage » et l'élégance des images, qui a séduit les gens de Caron. *Pour un Homme* est une fragrance à la fois sensuelle et virile, il leur fallait donc quelqu'un pour incarner cette ambivalence. Ils cherchaient une personnalité qui casse les codes de l'univers du luxe, quitte à surprendre et à déranger. Ils avaient aussi envie de moderniser leur image, qu'ils jugeaient un peu trop vieillotte. C'est pour toutes ces raisons qu'ils ont fait appel à mes services.

Je me suis dit que j'avais tout à gagner dans cette histoire. Je ne parle pas de l'aspect financier, même si le contrat était de ceux que je ne pouvais pas refuser. Non, je veux parler du prestige, de l'image, de toute cette dimension impalpable qui fait partie, désormais, de la vie d'un rugbyman de haut niveau. Aujourd'hui, pour un sportif professionnel, l'image est très importante. Le temps n'est plus où les joueurs de foot ou de rugby se contentaient de faire leur boulot sur le terrain avant de retourner, une fois le match terminé, à leur anonymat quotidien. Depuis la victoire des footballeurs en finale de la Coupe du monde, en 1998, les sportifs sont devenus des gens en vue, des « people », des figures de magazines. Tous les sports sont loin d'avoir profité de cet engouement, mais les rugbymen commencent depuis quelques années à s'aligner sur les footballeurs, même si les différences de rémunération restent fortes. Nos carrières sont courtes. Une blessure, un coup dur, et notre parcours peut s'arrêter du jour au lendemain. Nous ne savons pas toujours de quoi sera fait l'après-rugby, et nous avons tout intérêt à préparer l'avenir. La publicité est devenue un élément de rémunération comme un autre, au même titre que les revenus versés par les clubs, et cela ne me pose aucun problème.

*

De manière générale, je n'ai pas de problème par rapport à l'argent. Cela ne veut pas dire que j'en parle avec n'importe qui pour autant. Même mes parents n'ont aucune idée de ce que je gagne. Ils savent que je vis très bien, ils sont heureux pour moi mais ils n'ont jamais cherché à en savoir plus à ce sujet. Si je reste discret, c'est par pudeur. J'estime que les riches qui étalent leur fortune frisent l'indécence. Je gagne bien ma vie, je suis tranquille pour les années qui suivront ma retraite sportive, je suis rassuré de pouvoir mettre mes proches à l'abri du besoin, mais je sais aussi que beaucoup de gens ont du mal à joindre les deux bouts. Il serait malvenu de ma part de crier sur les toits le montant de mes revenus.

De toute façon, l'argent n'a jamais été ma priorité. Je n'ai pas joué au rugby pour devenir riche. Et j'étais loin de me douter, quand j'ai démarré ma carrière, que je gagnerais un jour de telles sommes. Quand j'ai signé mon tout premier contrat professionnel en 1999, j'étais bien content de rapporter tous les mois dix mille francs à la maison, soit l'équivalent de mille cinq cents euros. J'avais droit, en plus de mon salaire, à un petit appartement pour me loger. Avec dix mille francs, je vivais bien, je mettais un peu d'argent de côté et je ne pensais pas une seconde à jouer plus pour gagner plus. La saison suivante, quand je suis devenu international, mon salaire a doublé et le club me fournissait une voiture en prime. Évidemment, quand on regarde les salaires du rugby actuel, ces sommes peuvent paraître dérisoires. Mais j'étais très heureux de gagner ce que je gagnais et je vivais de manière tout à fait confortable.

Aujourd'hui, les choses ont changé sans que je l'aie voulu. Mon salaire annuel se monte à 360 000 euros, et je suis en plus rémunéré par mes différents contrats publicitaires. Mes revenus annuels sont supérieurs au million d'euros. C'est une somme énorme, je le sais bien, même si je reste loin de certains joueurs de foot. Je sais aussi que je suis le rugbyman le mieux payé du Top 14. Je paie donc beaucoup d'impôts, ce que je trouve tout à fait normal. Même si, parfois, je préférerais donner directement de l'argent à des gens de mon entourage qui en ont besoin. Au-delà de mon cas personnel, je ne suis pas choqué par les salaires des sportifs. Certaines sommes peuvent paraître aberrantes, mais les clubs et les annonceurs qui les déboursent en ont les moyens. Ils y trouvent leur intérêt, le joueur aussi et tout le monde est content. En revanche, je trouve injuste que certains sportifs de haut niveau qui n'ont pas la chance de pratiquer un sport médiatisé ne touchent que des clopinettes. Un footballeur, un rugbyman ou un tennisman moyen gagnera toujours beaucoup plus qu'un athlète de premier plan, ce qui est injuste. L'argent que je gagne me sert surtout à préparer l'avenir. Et comme dit mon grand-père : « Il faut faire plein de petits tas. » D'ici deux ou trois ans sonnera l'heure de la retraite. Ma carrière sportive sera terminée. Au moins, j'aurai un toit sur la tête et de quoi voir venir pendant quelques années, ce qui me permettra de réfléchir à ma nouvelle vie en toute sérénité.

*

Mais au moment de signer un contrat publicitaire, il faut faire attention. Il ne faut pas se tromper dans nos choix, ne pas poser pour n'importe qui ou n'importe quoi, ne pas brader son image dans une stratégie à courte vue qui risque de se retourner contre nous. Ce qui n'est pas toujours facile. Un sportif, s'il n'est pas bien conseillé, peut être tenté d'aller au plus pressé, de dire oui à toutes les demandes qui lui sont adressées sans s'interroger sur leurs conséquences. Et puis, dès que vous commencez à être un peu connu, vous pouvez être certain de voir débarquer des gens très bien intentionnés qui vous promettent monts et merveilles si vous leur faites confiance. Toute la difficulté est là : pour faire les bons choix, il faut s'entourer des bonnes personnes, prendre le temps de réfléchir et d'examiner attentivement une proposition. Ce qui n'est pas forcément compatible avec les impératifs quotidiens des entraînements, des matchs à répétition et des déplacements.

Moi aussi, comme beaucoup d'autres, je me suis déjà fait avoir. Un jour, un conseiller financier – ou qui se prétendait conseiller financier – m'a téléphoné pour me proposer une affaire dans l'immobilier. Une belle affaire, bien sûr. Je n'avais à m'occuper de rien, je n'avais qu'à lui accorder ma confiance. Je la lui ai tellement accordée qu'il m'a roulé dans les grandes largeurs. J'étais encore à Bourgoin, je commençais tout juste à gagner un peu d'argent et ce type m'a appelé pour me suggérer d'acquérir un appartement en défiscalisation. À l'écouter, c'était une véritable aubaine, l'occasion rêvée à ne pas laisser passer. Et moi, j'ai dit oui. Sans même prendre le temps d'aller sur place pour vérifier si le bien en valait la peine, sans même vérifier que l'opération était si intéressante qu'il me le promettait. Et quand j'ai voulu revendre cet appartement parce que je n'avais pas le temps de m'en occuper, je me suis aperçu qu'il avait perdu la moitié de sa valeur ! Pourtant, l'immobilier flambait et les prix avaient doublé, mais j'ai dû être le seul en France à ne pas en profiter. Non seulement je n'ai pas réalisé un centime d'économies, mais j'ai dû perdre en plus 30 000 euros dans cette stupide histoire. Quoique le plus stupide, quand j'y repense, c'était sans doute moi. Je n'en ai même pas voulu au type. Je n'ai qu'à m'en prendre à moi-même et à personne d'autre. C'était un escroc, un bandit et tout ce que l'on voudra, mais j'aurais dû me renseigner un minimum sur cet appartement avant de signer. Depuis, je fais attention, et je n'accorde plus ma confiance aussi facilement qu'avant.

*

Quand les médias ont commencé à s'intéresser à mon cas, après la Coupe du monde 2007, je me suis retrouvé assailli de propositions en tout genre. Je croyais que le soufflet allait retomber mais c'est le contraire qui s'est produit. Tout le monde me demandait. Les annonceurs rêvaient de Chabal pour vendre leurs produits et les publicitaires leur recommandaient du Chabal pour leur faire plaisir et les caresser dans le sens du poil. En ce qui me concerne, je cherchais juste à corriger l'image de brute que certains journalistes prenaient un malin plaisir à donner de moi à cette époque. Chacun y trouvait son intérêt. Mais je n'avais ni la disponibilité, ni la compétence, ni l'envie de passer mon temps à faire le tri parmi ces demandes. Toutes ces histoires de communication risquaient de me perturber dans mon quotidien de rugbyman, et je n'avais pas envie qu'elles nuisent à ma carrière.

Pour ne pas avoir à m'en occuper, mais aussi pour ne pas me faire rouler, j'ai décidé de faire appel aux services d'une personne qualifiée pour s'occuper de ma communication. Une jeune femme, dont c'était le métier, et que j'avais chargée de me trouver des contrats en les négociant au mieux. J'attendais d'elle un vrai travail de conseil et de négociation. Je lui ai fait entièrement confiance, à elle aussi. L'argent, la paperasse, les aspects juridiques, les discussions à n'en plus finir avec des avocats ou des gens de la pub, tout cela me barbe. Je ne me voyais pas assis à une table pendant des heures, en train d'éplucher telle ou telle clause, de mégoter sur un pourcentage ou de négocier des détails. À chacun son métier, à chacun sa spécialité. Je lui ai tout confié, c'était à elle de jouer.

Au bout d'un moment, je me suis rendu compte que notre association ne fonctionnait pas. Elle a vite été débordée. Elle était censée me rapporter des contrats mais elle se contentait de dire oui à tous les journalistes qui voulaient parler de Chabal. Dans ces conditions, elle ne servait à rien. En plus, je lui avais proposé de facturer directement puis de me reverser ce qui me revenait après avoir prélevé sa commission. Je ne voulais surtout pas devoir mettre mon nez dans les factures. Mais je reconnais que cette marque de confiance, si elle était très élégante de ma part, frôlait tout de même la naïveté... Je lui ai demandé à plusieurs reprises de faire son travail, de se consacrer à ce pour quoi je la payais et de me rapporter des contrats. Mais au bout de deux ans, comme elle ne remplissait pas son rôle, j'ai mis fin à notre association. Malheureusement pour moi, je n'avais pas vraiment fait attention à certaines clauses du contrat qu'elle avait rédigées en sa faveur, et la séparation ne s'est pas déroulée à l'amiable comme je l'aurais souhaité. Aujourd'hui, l'affaire est devant la justice et j'attends de connaître la décision des tribunaux. Mais je crois que cet épisode m'aura servi de leçon.

Je n'étais pas non plus satisfait de certains contrats de publicité qu'elle m'a conduit à signer.

Elle disait *amen* à tout ce qu'on lui proposait, sans s'interroger sur la conformité d'une pub avec mon image publique. Là encore, je dois avouer que je suis en partie responsable de cette situation. Si je m'étais montré un peu plus attentif, si j'avais pris le temps de bien réfléchir aux conséquences de tel ou tel contrat, cela m'aurait évité quelques déconvenues. On ne peut pas tout déléguer : à un moment, il faut reprendre les choses en main sous peine de partir dans tous les sens. J'étais devenu une sorte d'homme-sandwich, un visage interchangeable qui passait d'une affiche à l'autre, une vulgaire tête de gondole qui incarnait un produit après l'autre, sans la moindre cohérence. Tout cela n'avait plus aucun sens, et je pense que le public ne comprenait pas quel jeu j'étais en train de jouer. Moi non plus, à vrai dire. Je finissais par m'y perdre. À force d'occuper le terrain publicitaire, j'ai fini par brouiller mon image publique. Quand je n'allais pas purement et simplement à contre-courant de ce que j'étais censé incarner.

Je pense à cette publicité sur Internet pour Poweo, le fournisseur d'électricité. Celle-là, j'aurais vraiment pu m'en passer. L'agence m'avait transformé en un personnage de dessin animé qui mettait les doigts dans une prise de courant pour y puiser sa force physique. Bel exemple pour les enfants ! Si les mômes commençaient à m'imiter, je risquais d'être à l'origine d'accidents domestiques pour le moins fâcheux… Je me suis fait incendier par les internautes qui se sont emparés de l'affaire, les protestations se sont multipliées et Poweo a fini, au bout d'une semaine, par retirer le spot des écrans de télé. Je crois que cette histoire m'a fait réfléchir. J'ai décidé de lever le pied et de moins me montrer. Je me suis rendu compte que l'on me voyait trop, trop souvent, et pas toujours là où j'aurais dû me trouver.

*

C'est aussi à ce moment-là que mes relations avec la presse se sont dégradées. Les journalistes en ont eu marre de cette « Chabalmania » naissante. Ils ont eu envie de se payer Chabal. C'était la conséquence d'une exposition médiatique brutale et excessive, qui a donné envie à certains de prendre le contre-pied radical de la tendance du moment et de me faire descendre aussi vite que j'avais grimpé. C'est de bonne guerre, après tout, même s'il est toujours agaçant de se retrouver en ligne de mire sans avoir rien fait pour mériter un tel sort, simplement parce que quelques-uns ont décidé de se faire mousser sur votre dos et de profiter de votre célébrité. Mais j'ai ainsi appris à connaître la presse, à comprendre son mode de fonctionnement et sa tendance à s'aligner sur ce qu'écrit la concurrence, quitte à surenchérir pour crier plus fort que le voisin. Et je me dis que cette expérience ne m'aura pas été inutile.

Depuis, j'ai tout remis à plat. J'ai d'abord changé d'agent pour faire appel à un ancien journaliste –

au moins, je ne suis pas rancunier ! Un spécialiste de la communication qui connaît par cœur les us et coutumes du petit monde des médias. Un véritable professionnel qui ne me propose pas tout et n'importe quoi, qui sait faire le tri avant de me soumettre des idées, et avec lequel je discute plusieurs fois par semaine des différents projets qu'il reçoit. Je continue à faire de la publicité, mais avec discernement. Mieux vaut se montrer rarement et à bon escient plutôt que d'envahir les écrans et les pages des magazines. Et puis, certaines pubs sont vraiment marrantes. J'ai bien aimé celle à laquelle j'ai participé pour les pansements Urgo. La marque voulait montrer que ses nouveaux pansements résistaient à tout, comme moi. Pour beaucoup de gens, je suis en effet censé être indestructible. Cette campagne m'a donné l'occasion de me mettre en scène pour casser mon image de brute et pour montrer que je pouvais être vulnérable, moi aussi, et utiliser des pansements comme tout le monde. Sur l'une des photos, je pose dans un vestiaire, en tenue de rugbyman, avec une ravissante jeune fille qui place ses mains sur mes épaules. Sur une autre image de la série, je suis habillé en costume, cheveux gominés et tirés en arrière, très *smart*, à genoux devant cette jeune personne. Je me suis aussi fait photographier en escarpins, monté sur des talons aiguilles, ce qui était une manière radicale de jouer avec mon image en faisant preuve d'humour et de second degré. Je trouve que ce jeu autour des idées de force et de fragilité était vraiment intéressant.

*

Cela dit, je ne serais pas prêt à faire n'importe quoi. Une célèbre marque de rasoirs m'a un jour proposé de me raser. Pas de supprimer ma barbe mais juste de la nettoyer un peu, histoire d'éclaircir mon visage. Alors là, pas question. Ma barbe fait partie de ma personnalité. C'est aussi mon outil de travail, sur un terrain comme sur le plateau d'un photographe de pub. Sans ma barbe, je ne serais plus Sébastien Chabal. Je serais quelqu'un d'autre, un étranger à moi-même, et j'aurais l'impression désagréable d'être dépouillé de mon identité au même titre que si je me coupais les cheveux.

Une autre fois, le représentant de mon équipementier Puma m'a proposé une action de communication pour célébrer la Saint-Valentin. Il était question de tourner un petit film de quelques minutes qui serait diffusé sur Internet. D'après le scénario élaboré par les têtes pensantes de l'agence de pub, j'étais censé me trouver allongé en peignoir sur un lit, dans une chambre à coucher, en train de me faire masser par une jeune femme. Puis le petit copain de la fille rentrait à la maison et découvrait la scène – plutôt contrarié, ce que l'on peut comprendre. La tension commençait à monter, mais elle le calmait en lui expliquant que j'avais bien droit à un petit moment de détente avant mon match contre l'Irlande, trois jours plus tard… Mon interlocuteur était emballé. Moi, beaucoup moins. Je ne me voyais pas à moitié à poil sur un plateau de tournage en compagnie d'une femme qui me caresse, et je m'imaginais encore moins me présentant dans cette situation plutôt intime devant des milliers d'internautes. Le représentant de Puma guettait ma réaction. Elle n'a pas tardé : c'était non. Il a été déçu, il a vaguement insisté mais il a bien compris que c'était inutile.

Nous nous sommes rabattus sur une autre idée, qui s'est révélée bien plus sympathique et sans doute plus efficace : celle de l'ours en peluche. C'était tout bête mais franchement plus romantique. On voyait deux amoureux assis l'un en face de l'autre sur un canapé, avec un feu de cheminée en arrière-plan, et l'homme qui offre à sa compagne un ourson à mon effigie pour fêter la Saint-Valentin. La ressemblance est hallucinante, et ce petit film a donné naissance à un bouche à oreille auquel personne ne s'attendait. Il faut dire que le texte qui défile ensuite est plutôt marrant, avec des phrases comme « L'ourson Chabal n'est pas à mettre entre toutes les mains, évitez de l'offrir aux âmes faibles et sensibles », « Ne pas regarder l'ourson Chabal droit dans les yeux » ou « La nuit, l'ourson Chabal vous regardera dormir ». Et à la fin du spot, tandis que les deux amoureux s'enlacent sur le canapé, la caméra zoome sur moi pendant que je dis : « Bonjour, c'est Sébastien Chabal. Pour la Saint-Valentin, dites Je t'aime, comme si c'était la dernière fois. » Voilà, c'était tout. Pas besoin de scène sulfureuse, de corps dénudés ou de situation scabreuse. Je préfère de loin ce genre de pub, à la fois élégante et originale. J'y vois même une forme de sensualité discrète, alors que l'autre idée était nettement plus racoleuse.

*

Je ne sais pas pourquoi, mais les publicitaires français cherchent toujours à donner une touche d'érotisme plus ou moins bidon et souvent à côté de la plaque à leurs films. Je me demande pour quelle raison l'agence avait pensé à cette scène de massage. Ils ont dû se dire que j'étais une sorte de *sex-symbol* ou quelque chose dans ce goût-là. Ils ne sont pas les seuls, d'après ce que l'on m'a dit. C'est fou, le nombre de gens qui voient en moi un symbole sexuel. Il faudrait que l'on m'explique, j'aimerais bien comprendre… Parce que moi, je ne me suis jamais pris pour un *sex-symbol* ! Même Annick me taquine avec ça. Quand elle me dit que les autres femmes se retournent sur moi dans la rue, je lui réponds qu'elle est bien la seule à s'en apercevoir. Moi, je ne vois jamais rien. Je ne fais même pas attention aux autres quand je suis avec elle. Je suis régulièrement arrêté quand je sors par des gens qui me demandent un autographe ou une photo, qui veulent me dire un petit mot sympa ou m'encourager avant un match. Des hommes, des femmes, des gamins avec des étoiles plein les yeux, des mères de famille avec poussette, des jeunes tout intimidés, des moins jeunes qui aiment le rugby et me glissent un commentaire technique à propos de mon dernier match… Je ne me demande pas, quand une nana m'aborde, si elle a en tête de me draguer ou si elle me trouve sexy. Je ne me pose même pas la question. À mes yeux, c'est juste quelqu'un qui ne s'attend pas croiser un type vu à la télé et qui veut garder un petit souvenir de ce moment privilégié, rien d'autre. Et je suis content de faire plaisir, sans me demander s'il y a une arrière-pensée dans cette brève rencontre. Je reçois un nombre incalculable de lettres mais ce ne sont pas des déclarations d'amour, plutôt des messages de sympathie et d'encouragement.

Annick me dit que je ne me rends pas compte de l'attirance que je produis sur les autres femmes. Non, en effet, je ne m'en rends pas compte. Quand je repense à ce qu'étaient mes relations avec les filles, moi qui ai toujours été timide et maladroit, j'ai du mal à me voir en *sex-symbol* ! Je veux bien croire que mon physique leur plaît, mais je suppose que c'est le cas de la plupart des rugbymen. Le côté baraqué, solide, costaud, rassurant, le type large d'épaules prêt à protéger la frêle jeune fille, le mélange de force et de sécurité, voilà ce qui doit les attirer. Et puis, je n'ai jamais eu d'idole quand j'étais petit. Je n'ai jamais rêvé de rencontrer un sportif, un chanteur ou un acteur pour lui demander un autographe. Cela me paraît même incongru. Je suppose que j'ai donc du mal à comprendre ce phénomène, même si j'ai fini par m'y habituer, depuis le temps. Quant à la beauté… Je ne me trouve pas beau. Je ne me trouve pas laid non plus mais je ne me pose pas ce genre de question, voilà tout. La beauté reste une notion très relative qui ne signifie pas grand-chose en tant que telle. Je crois que la notoriété fausse la perspective. La célébrité vous rend beau dans les yeux des autres. Quand vous passez à la télé, quand on vous voit en photo dans les magazines, quand vous posez sur des affiches de pub, vous devenez beau, malgré vous. Si je n'étais pas le Sébastien Chabal que tout le monde connaît, mais juste un anonyme qui ne joue pas au rugby, je ne pense pas que l'on me trouverait beau, même si je portais la même barbe et la même chevelure. Tout un imaginaire se met en place, un mécanisme inconscient vous transforme dans le regard des gens et fait de vous une personne différente. C'est un phénomène étrange mais auquel personne n'échappe, pas plus celui qui est regardé que celui qui regarde. Une relation nouvelle s'instaure entre le public et nous, une relation que nous ne maîtrisons pas et qui nous transforme à notre insu, nous obligeant à garder les pieds sur terre et la tête sur les épaules. Heureusement, les copains du rugby et mon entourage sont là pour m'éviter de prendre la grosse tête…

*

Comme le dit un vieil adage, on n'est jamais aussi bien servi que par soi-même. J'ai donc décidé de prendre en charge une partie de ma communication. Toutes les semaines, je signe une chronique dans *Le Journal du Dimanche.* Je parle de rugby, bien sûr, mais pas seulement. Je parle aussi de la vie qui va, au gré de mes humeurs et de mon inspiration du moment. Et je suis devenu un fervent utilisateur de Twitter.

C'est un formidable moyen de communication directe. Je n'ai plus besoin de passer par le filtre d'une interview et par l'intermédiaire d'un journaliste pour exprimer un point de vue sur mon métier. Il m'est même arrivé d'utiliser Twitter pour informer le public de ma blessure, sans en référer à l'entraîneur ni au chargé de communication de l'équipe de France. C'était au début de l'année 2010, lors d'un rassemblement à Marcoussis avant un match contre l'Écosse. Nous devions jouer le mercredi suivant mais j'ai été obligé de déclarer forfait. La blessure idiote, provoquée par un test sur une machine de musculation et qui m'a coûté deux à trois semaines d'arrêt. Je n'avais plus rien d'autre à faire que de préparer mes bagages, sauter dans un taxi et rentrer à la maison, déçu de ne pas pouvoir rester avec les copains. Dans ce genre de situation, on se sent un peu perdu. On a envie de partager sa déception avec quelqu'un pour ne pas ressasser sa frustration et gamberger tout seul dans son coin. À peine arrivé chez moi, je me suis connecté à Internet et j'ai commencé à pianoter sur le clavier. Quelques mots m'ont suffi pour dire ce que j'avais à dire :

« Et m… Je suis forfait pour l'Écosse. Une lombalgie qui dure un peu. Retour à la maison et repos. Quelle galère ! »

Voilà, pas besoin d'en faire plus. En 113 caractères, le message était passé. Avec Twitter, on n'a droit qu'à 140 signes : il faut aller à l'essentiel. Moi qui ne suis pas du genre bavard, cela me convient parfaitement... En quelques lettres, toute la planète rugby était au courant de ma blessure. S'il avait fallu avertir la presse et attendre la sortie de l'information dans un journal ou même à la radio, cela aurait pris plus de temps. Comme ça, tous ceux qui suivent ma carrière et s'intéressent à mon parcours étaient informés avant tout le monde. Twitter, c'est aussi un moyen de récompenser les gens qui vous sont fidèles, ce qui me semble important.

*

Mais ce « twit » a déclenché une petite polémique, une de celles dont la presse française est volontiers friande. Certains se sont interrogés : a-t-on le droit de tout dire sur Twitter ? Peut-on tout exprimer, pour tout le monde et n'importe qui, à n'importe quel moment ? Le journal *L'Équipe* a consacré une demi-page à cet événement qui, à mes yeux, n'en était pas un. Pierre-Michel Bonnot a même écrit que ma puissance allait manquer à l'équipe de France. Ça m'a bien fait rire : c'est le même Bonnot qui, quelque mois plus tôt après un match à Twickenham, estimait que ma place n'était pas en deuxième ni en troisième ligne, ni même sur le banc de touche, mais plutôt au dos d'un abribus, sur une affiche publicitaire. Tout d'un coup, j'étais donc devenu indispensable ?

En réalité, derrière ces grandes interrogations existentielles, on me reprochait à mots couverts d'être passé par-dessus la communication officielle de l'équipe de France. Personne n'avait fait ça avant moi. Avant l'arrivée d'Internet et des réseaux sociaux, un joueur ne s'occupait pas de délivrer lui-même des messages au public ou à la presse. Ce n'était d'ailleurs pas son rôle. Il attendait que l'attaché de presse de l'équipe rédige un communiqué officiel ou décroche son téléphone pour informer les journalistes, en fonction de ce qui avait été décidé par les responsables de l'équipe. Aujourd'hui, avec Twitter et Facebook, chacun est libre de dire ce qui lui chante. Mais je n'ai jamais songé à prendre de vitesse la communication des Tricolores. Quand j'ai quitté Marcoussis, personne ne m'a imposé le silence. Tout le monde était informé de ma blessure. On ne m'a pas demandé de ne rien dire en attendant une éventuelle information officielle.

J'avoue avoir été surpris par cette polémique. Avec mon club, le Racing, la situation est plus simple : chaque joueur est libre de communiquer ou pas. C'est à lui de prendre la décision. Nous sommes de grands garçons, nous gérons nous-mêmes notre carrière, et les dirigeants du club ont compris que les temps avaient changé avec Internet. L'affaire – enfin, c'est un bien grand mot – n'en est pas restée là. Les dirigeants des Tricolores ont décidé d'interdire aux joueurs de s'exprimer à titre personnel. Jo Maso, le manager général, a été très clair à ce sujet : seule l'équipe de France aurait le droit de communiquer, et cet interdit serait désormais inscrit en toutes lettres dans la charte que doivent signer les joueurs.

*

Toute cette agitation m'a quand même paru bien dérisoire. Je trouve qu'il faut vivre avec son temps. Aujourd'hui, avec les portables et Internet, tout le monde est informé de tout en temps réel. Pourquoi les sportifs devraient-ils rester à l'écart de l'évolution technologique et culturelle ? Quand je suis en stage à Marcoussis avec l'équipe de France, je ne m'exprime pas sur Twitter. Je fais partie d'un groupe et je respecte les choix de communication du *staff*. Il ne me viendrait pas à l'idée d'aller balancer des infos sur la composition de l'équipe pour le prochain match ou sur l'état de forme de tel ou tel joueur. Mais en dehors de Marcoussis, quand je suis rentré chez moi, je ne me sens plus lié par cette obligation de réserve, à plus forte raison si je suis concerné. J'estime que j'ai le droit d'informer qui bon me semble de mon état de forme du moment, de mes blessures, de ma sélection ou de ma non-sélection.

À propos de cet épisode, un internaute a bien résumé le sentiment général : « J'en reviens pas du pataquès qu'on fait à propos du compte twitter de @sebchabal. Quelle bande de bouffons ! »

Moi non plus, je n'en suis pas revenu. Mais j'ai bien l'intention de continuer à « twitter » tant que cela m'amusera. Twitter est à l'image de ma philosophie de l'existence : vivre pleinement chaque instant, me faire plaisir et dire ce que je pense sans me prendre la tête. Profiter de la vie, en somme, comme je l'ai toujours fait jusqu'à présent. Et comme j'ai l'intention de continuer à le faire le plus longtemps possible.

12.

Le rugby à l'improviste

Je crois que le pauvre journaliste n'a pas encore compris ce qui vient de lui arriver. En une fraction de seconde, il s'est retrouvé projeté au sol devant la caméra. Pourtant, j'y suis allé doucement, sans forcer, pour ne pas trop l'abîmer. Mais il faut croire qu'il ne faisait pas le poids. Par chance, il était équipé d'un bouclier et d'un casque. Sinon, je ne sais pas s'il serait encore là pour raconter l'histoire... Une histoire plutôt marrante, je trouve. La scène se déroule au stade de La-Croix-de-Berny, à Antony, là où je m'entraîne avec le Racing. Julien Ménielle, un journaliste du site Internet du quotidien *20 minutes*, a proposé à mon agent de m'interviewer d'une manière pour le moins originale. Il appelle ça « l'interview-plaquage ». Le principe est tout bête : il me pose une question complètement débile – une question de journaliste, en somme ! – et je lui réponds en le plaquant. Ma première réaction a consisté à refuser : trop dangereux. Si le type se blesse, c'est moi qui suis responsable. C'est un jeu idiot dans lequel ni lui ni moi n'avons rien à gagner. Mais il a tellement insisté que j'ai fini par donner mon accord. J'ai encore été trop gentil, comme d'habitude.

Bref, voilà comment je me retrouve ce jour-là face à un type taillé en forme de biscotte vue de profil, qui risque d'être dégoûté à tout jamais du rugby et des interviews. D'autant plus qu'il m'encourage à me lâcher complètement, ce que j'ai bien l'intention de faire. Je me demande s'il ne va pas payer pour tout ce que ses confrères ont écrit à mon sujet depuis le début de ma carrière… Tout à l'heure, quand je lui aurai montré à quoi ressemble un plaquage, il sera peut-être un martyr du journalisme, une victime expiatoire, un malheureux sacrifié sur l'autel de la presse par un bourreau nommé Sébastien Chabal. Mais assez de sentiment, il est temps de commencer. Action !

— Vous répondez de la manière que vous voulez, faites-vous plaisir ! insiste Julien Ménielle avant de poser sa première question.

Et il m'encourage, en plus. Compte sur moi, mon coco ! Je ne vais pas me gêner. Après tout, pourquoi pas ? Ma devise est simple : dans la vie, il faut savoir rire quand l'occasion se présente. Et là, je sens que nous allons avoir l'occasion de rigoler un peu – enfin, surtout moi.

— *May I ask you a question in english*, ou avez-vous vraiment trop honte de votre accent ?

Ça commence bien. Il me prend de front. Il donne dans la provocation. Courageux, le gars.

J'aime ça. Il ne va pas être déçu du voyage. Je vérifie juste la règle du jeu :

— Je fais comme je veux ?

— Comme vous voulez !

Bon… Manifestement, il veut des sensations fortes. Il a envie de se fabriquer des souvenirs pour sa retraite, histoire de raconter un jour à ses petits-enfants qu'il s'est fait plaquer par Sébastien Chabal. Je lui tends les protections que j'ai apportées, il enfile le bouclier, il met le casque sur sa tête et il s'installe là où je lui dis de s'installer, en face de moi. On dirait un mouton prêt à entrer à l'abattoir. Il me ferait presque de la peine, tiens. Je m'assure qu'il est toujours partant :

— T'es prêt ?

Le type hésite un peu, puis il hoche la tête avant de lâcher un « non » timide. Je crois qu'il commence à se rendre compte de la grosse bêtise qu'il est en train de commettre. Mais il est trop tard pour reculer, mon ami. Il faut aller jusqu'au bout. Avec sa carrure d'allumette, son casque et son bouclier, on dirait un soldat romain prêt à se faire dérouiller par les Gaulois dans les aventures d'Astérix. Il se dirige vers moi et je commence à prendre mon élan – pas trop vite, tout de même, je n'ai pas envie de le percuter en pleine course et de mettre un terme prématuré à sa carrière de journaliste. Je le saisis juste en dessous des genoux et je l'attrape tout doucement, comme si j'enseignais la technique du plaquage à des apprentis rugbymen. Ça ne fait ni une ni deux : il mord la poussière, ou plutôt l'herbe du stade, sans même comprendre ce qui vient de lui arriver. Mais l'expérience semble lui avoir plu puisqu'il décide de remettre ça, avec une deuxième question légèrement provocatrice qui m'agace un tantinet.

— Avant l'été, on vous annonçait au Stade français et vous avez signé au Métro Racing. Qu'est-ce qui vous a fait peur, c'est le calendrier ou les maillots ?

Ce garçon doit être masochiste. Ou inconscient, au choix. Ou peut-être les deux. Je laisse échapper un petit sourire, l'air de dire : « Toi, mon pote, tu ne sais pas ce qui t'attend. » Et hop, rebelote. Dix secondes plus tard, il se retrouve par terre. Cette fois, charitable, je le relève moi-même. Je crois qu'il me fait pitié. Allez, en piste pour la question suivante :

— Sébastien, j'ai entendu dire quelque chose : vous n'avez pas le droit de vous couper les cheveux ni de vous raser la barbe si vous voulez continuer à être sélectionné en équipe de France. La question que tout le monde se pose, c'est : est-ce que c'est vrai ?

Je ne réponds rien. Je lui redonne sa feuille de bloc-notes. Lui se contente d'un timide « Je retourne là-bas ? » avant de reprendre sa place. Pas de doute, j'ai affaire à un véritable suicidaire. Un kamikaze de la presse adepte des expériences ultimes. Et, une nouvelle fois, le voilà allongé dans l'herbe.

— Ça va toujours ?

Le malheureux lève le bras, comme un boxeur sonné qui réclame grâce et implore l'arbitre. Mais il revient à la charge, jamais rassasié. Question suivante ?

— Parfois, on a l'impression que vos adversaires en rajoutent un peu. Le rugby, c'est comme le catch, c'est pas mal de cinéma ?

Je fronce les sourcils, l'air renfrogné. Du cinéma, le rugby ? Qu'est-ce que c'est que ce gugusse ? Je vais lui montrer si le rugby n'est rien d'autre que du cinoche ! Je lui dis juste : « On y retourne. » Je suis bien décidé à lui faire ravaler ses insinuations. Cette fois, je le soulève carrément du sol, je le prends dans mes bras et je le mets à l'horizontale, comme j'aurais pu le faire pour jouer avec un gamin, et je me laisse retomber lourdement par terre en l'écrasant de tout mon poids. Je crois qu'il a sa dose. Il reste allongé sur l'herbe, je me demande s'il va réussir à se relever. Je me retourne vers lui pour m'inquiéter de son état de santé.

— Rien de cassé ? Respire !

C'est incroyable, mais il en veut encore. Pas de doute, ce type est fou. J'ai affaire à un grand malade, un fatigué de la vie qui m'a choisi pour mettre fin à ses jours. Je finis par me demander s'il n'est pas aussi solide que moi en dépit de son apparence de cure-dent.

— Dernière question : les plaquages, les plaquages… Finalement, ce n'est pas si compliqué que ça, les plaquages, si ?

Là, il dépasse les bornes. Il remet en cause mon savoir-faire professionnel. Je repense à la réplique de Bernard Blier dans *Les Tontons flingueurs*, quand il dit : « Quand on m'en fait trop, j'correctionne plus… J'dynamite… J'disperse… Et j'ventile ». Moi aussi, je vais dynamiter, disperser et ventiler. Et puis, non, j'ai une meilleure idée : nous allons inverser les rôles.

— Si tu veux, maintenant nous allons faire quelque chose qui n'est pas prévu : tu vas me plaquer.

Alors là, c'est le summum. Le paroxysme du n'importe quoi. L'apothéose de cette séance d'interview complètement délirante. Le type se met en position, il effectue quelques mouvements de bras pour s'échauffer et tape dans ses mains comme pour se donner du courage avant de s'élancer, tête baissée. Alors qu'il n'est qu'à quelques mètres de moi, je pousse un cri de bête, un vrai hurlement de sauvage, du pur Chabal en version originale. Et voilà mon journaliste-kamikaze qui fait demi-tour et qui prend ses jambes à son cou avant de traverser tout le terrain. J'ai eu du mal, mais j'ai fini par en venir à bout…

À la fin, un bandeau apparaît à l'écran, sur lequel est écrit : « Aucun journaliste n'a été blessé pendant cette séquence. » Puis la caméra me filme en gros plan, je dis « sauf un » et je quitte le terrain avec le journaliste sur l'épaule, avant de le laisser tomber par terre au bout de quelques mètres comme s'il n'était qu'un vulgaire sac de sport…

*

Ce jour-là, nous nous sommes bien marrés. Je dois reconnaître que Julien Ménielle a fait preuve d'un courage certain lors de cette interview fantaisiste. Bien sûr, j'ai fait attention à ne pas le blesser. J'ai pris toutes les précautions nécessaires pour le plaquer en douceur. Mais malgré toute ma vigilance, un accident était toujours possible. La différence de poids et de masse musculaire entre nous est telle qu'il me suffisait presque de l'effleurer pour le faire décoller du sol. Et une mauvaise chute à cause d'une position inappropriée aurait pu le blesser. Nous nous sommes d'ailleurs revus un an plus tard pour organiser une nouvelle séance vidéo afin d'expliquer différents gestes techniques du rugby. Mais, cette fois, nous nous sommes montrés plus sérieux, et la volonté pédagogique l'a emporté sur l'esprit « déconnant » de notre première rencontre. Julien n'a pas passé son temps le nez par terre à compter ses bleus, comme lors de notre première rencontre. Il n'avait peut-être pas envie de rejouer les cow-boys, ce que je peux très bien comprendre ! Après tout, on ne sait jamais quelles peuvent être les conséquences d'un plaquage, même « pour rire ».

Il ne faut pas hésiter à l'écrire : le rugby est un sport dangereux. Il reste un sport de contact susceptible d'entraîner une blessure. Les commotions cérébrales, avec ou sans perte de connaissance, font trop souvent partie de la réalité du terrain. Il n'est pas indispensable de se prendre un méchant coup de tête, comme cela arrive parfois, pour se retrouver « sonné » pendant un match. Un plaquage mal effectué peut lui aussi avoir de lourdes conséquences. Je me suis toujours senti à l'aise dans cet exercice. J'aime plaquer, c'est l'un des gestes fondamentaux du rugby et j'éprouve toujours autant de plaisir à le pratiquer. C'est une action de jeu qui peut être très belle. Il existe une certaine forme de grâce dans le plaquage, à condition qu'il soit réalisé correctement. Il n'y a pas de méchanceté, aucune volonté de « détruire » l'adversaire ou même de lui faire mal. C'est un geste défensif, comme le tacle au foot. Et, tout comme un tacle, il peut être effectué avec plus ou moins de talent. Dès mes débuts de rugbyman, j'ai compris que j'aimais plaquer. Mais je me dis parfois que je n'aimerais pas me trouver à la place du type que je viens de projeter au sol !

Si mon jeu a été reconnu, c'est d'abord grâce à ma pratique du plaquage, plus que par mes percées au cœur de la défense adverse. J'ai toujours eu la réputation d'un joueur qui plaque dur, même si ce n'est pas pour faire mal. Simplement, je ne laisse aucune chance à l'adversaire. À l'entraînement, les copains n'en menaient pas large quand ils se retrouvaient en face de moi. Quand on se prend 115 kilos lancés à pleine vitesse, cela peut faire très, très mal, vraiment. J'en sais quelque chose. Moi aussi, il m'est arrivé d'être complètement « groggy » à la suite d'un choc que j'avais mal anticipé. C'était contre Alessandro Stoica, qui jouait à l'époque à Narbonne. Je suis arrivé « plein fer » contre lui. Je ne pensais qu'à une chose, le bloquer et l'empêcher de passer. Dans ce genre de situation, c'est mon unique objectif. Je ne cherche jamais à faire mal à l'adversaire. Mais là, pas de chance, il était

« gainé », c'est-à-dire que ses muscles étaient entièrement tendus vers le choc qui s'annonçait. Lui était prêt au contact, pas moi. Le résultat a été immédiat : je me suis tout bonnement assommé dès la première minute du match. Extinction des feux, fermez le ban, il n'y a rien à voir. Comme si la nuit tombait tout d'un coup sur ma pauvre tête, rien que pour moi. J'étais mal… Je me suis réveillé à la mi-temps, dans les vestiaires, en me demandant ce que je faisais là et ce qu'il s'était passé ! Oui, il faut le dire et le répéter : le rugby est un sport à risques qui oblige à une préparation physique irréprochable.

*

Je pourrais écrire : un jeu à risques. Car le rugby, pour moi, reste avant tout un jeu que je pratique pour m'amuser. Même si je ne pense qu'à gagner dès que j'entre sur un terrain. Je suis comme ça : un compétiteur né, un assoiffé de la victoire, un obsédé de la « gagne ». Que je joue aux cartes, à la pétanque ou à un jeu de société avec des mômes, je ne conçois pas de perdre. Cela me met dans un état de fureur et de frustration qui fait rire mon entourage. J'ai grandi en regardant mes parents jouer aux cartes. On peut dire que je suis un mauvais perdant, et je suis capable de me mettre à brailler parce que j'ai perdu, ou si mon partenaire n'est pas à la hauteur de ce que j'attends de lui. Il faut dire que j'ai été à bonne école : quand j'étais gamin, j'ai vu mon père et mon grand-père, d'authentiques mauvais joueurs qui ne supportaient pas la défaite, se mettre dans des états pas possibles parce qu'ils avaient perdu une partie. Aujourd'hui, je joue à tout. Au Scrabble, au tarot, à la coinche, qui est une variante de la belote, mais aussi au poker ou à la bourre, un jeu de cartes d'origine occitane. J'aime aussi les consoles vidéo et je suis d'ailleurs en train de m'y remettre en ce moment. Je joue sur Internet et par téléphone. Bref, je joue dès que j'en ai l'occasion.

Je joue pour gagner, c'est vrai, mais je joue d'abord et avant tout pour me faire plaisir. Même si le rugby n'a jamais été une passion pour moi parce que je l'ai découvert assez tard, j'aime profondément ce sport. Je n'ai peut-être pas grandi en rêvant de devenir rugbyman quand je serais adulte, comme certains copains de club ou de l'équipe de France, mais je me rends tous les matins à l'entraînement avec un vrai bonheur. Le rugby, ce n'est pas un « travail » au sens strict du mot. Pour moi, la notion de travail implique une idée de souffrance, une idée de contrainte et d'obligation. Travailler, c'est difficile, c'est se faire mal, c'est supporter la pression d'une hiérarchie, c'est s'embêter à répéter chaque jour les mêmes gestes. Les gens qui vivent autour de moi et qui sont en dehors de l'univers du rugby travaillent. Mes parents, mes copains, les membres de ma famille travaillent. Moi, je suis un privilégié : je m'amuse. Dans mon esprit, jouer au rugby ou à n'importe quel autre sport professionnel, ce n'est pas « travailler ». Bien sûr, on se doit d'être présent tous les matins sur le terrain pour s'entraîner, on se prend des coups, on se ruine la santé sur des appareils de musculation pour prendre du poids, on se met minable pour progresser encore et encore, on se défonce pour être retenu le dimanche et conserver sa place en sélection si on a la chance de jouer pour l'équipe de France. Mais de là à dire que c'est un travail, il y a une marge que je me garderai bien de franchir. J'ai déjà du mal à réaliser que c'est un métier. Je trouve incroyable que l'on me paie tous les mois pour enfiler un maillot, je suis toujours épaté en me disant que j'en vis, et que j'en vis même très confortablement. Quand on a passé quelques années en usine, à se lever tôt le matin et à travailler dur – là, il s'agit bien d'un vrai travail – dans un atelier, assommé par le fracas des machines, on mesure pleinement la chance que l'on a de gagner sa vie grâce au sport.

*

Il m'a fallu du temps pour arriver là où je suis aujourd'hui. Du temps, de la patience, de la volonté et beaucoup d'efforts. Je ne suis pas né avec une cuillère d'argent dans la bouche, mais je ne suis pas né non plus avec un ballon ovale dans les mains. Il m'a fallu apprendre les gestes du rugby, les répéter encore et encore comme un pianiste qui fait ses gammes pour parvenir enfin à saisir tout ce qui donne sa beauté et sa noblesse à ce jeu. Mon côté dilettante, ma tendance à me laisser vivre, mon manque d'ambition à mes débuts m'ont pénalisé. J'ai pris du retard, et je n'en serais peut-être pas là si je m'étais plus investi quand j'ai commencé à jouer. En même temps, je sais que les regrets ne servent à rien, et personne ne peut dire quelle direction aurait pris sa vie si l'on avait effectué d'autres choix. Mes premiers pas de rugbyman ont été plutôt timides. Si quelqu'un m'avait dit, quand j'étais gamin, que je ferais plus tard du rugby mon métier, j'aurais sans nul doute ouvert de grands yeux en me demandant si mon interlocuteur avait bien toute sa raison.

La première fois que je suis entré sur un terrain, je devais avoir neuf ans. Ce n'est pas moi qui avais demandé à jouer. Le rugby, ça ne m'intéressait pas le moins du monde. Chez nous, l'ambiance n'était pas du tout sportive. Mes parents ne pratiquaient aucun sport. Cela ne les intéressait pas, même en tant que simples spectateurs. Ils ne regardaient jamais le foot ou le rugby à la télé, ni même le Tour de France. Ils ne lisaient pas *L'Équipe* et l'actualité sportive ne s'invitait jamais dans les conversations familiales. Moi, je me consacrais à d'autres activités beaucoup plus importantes, comme les dessins animés à la télé ou les jeux vidéo, et j'étais très heureux comme ça. Pourquoi m'embêter à faire du sport ? En fait, c'est ma grande sœur Christel qui, un jour, est rentrée de l'école en disant qu'elle avait envie d'essayer le rugby. Persuadée de bien faire, ma mère nous a inscrits tous les deux. Elle nous disait que cela nous ferait du bien, que ce serait l'occasion de nous défouler et d'occuper les mercredis après-midi plutôt que de rester planté devant la télé. Mais l'expérience ne m'a pas plu du tout. J'ai trouvé ce jeu sans intérêt. On me demandait de courir alors que je détestais ça. J'avais l'impression d'être enfermé dans un cadre trop strict et je ne prenais aucun plaisir à recevoir des coups et à me traîner dans la boue. Le rugby, merci bien ! Ce sport n'était pas fait pour moi, ou alors je n'étais pas fait pour lui. En tout cas, je ne voyais pas l'intérêt de poursuivre l'expérience. Au bout de quatre ou cinq mois, j'ai rendu l'équipement et je suis rentré à la maison. Je ne suis revenu au rugby que plusieurs années après. Et encore, ce n'était pas pour de bonnes raisons. Je veux dire que ce n'est pas le rugby en tant que tel qui me motivait. C'était plutôt la perspective de m'éclater avec les copains, de rigoler tous ensemble sur et en dehors du terrain, pendant et après les matchs. C'est mon copain Stéphane Périou qui a insisté pour que je m'inscrive au club de Beauvallon avec lui. Jouer au rugby, c'était toujours mieux que de traîner notre ennui et de perdre nos journees à glander. Mais, très vite, j'ai pris goût à ce jeu. J'ai découvert tout le bonheur qu'il procure et je suis devenu, sur le tard, un véritable amoureux du ballon ovale. Même si je n'avais pas connu le parcours classique du gamin qui démarre chez les poussins et qui gravit tous les échelons, saison après saison, j'ai pu rattraper une partie de mon retard et combler certaines de mes lacunes.

Avec le recul, j'ai parfois le sentiment d'être arrivé dans le rugby à l'improviste, par la petite porte et un peu par hasard. Maintenant, ce genre de parcours est plutôt rare et je pense qu'il le sera de plus en plus. Les jeunes qui évoluent au plus haut niveau ont tous démarré quand ils étaient gamins. Ils ont été poussins, puis minimes, puis cadets et enfin juniors. Ils ont tous un « vécu » de rugbyman derrière eux au moment de se lancer dans le monde professionnel. Ils ont baigné dans le rugby depuis qu'ils sont tout petits. Une trajectoire comme la mienne aurait peu de chances de se reproduire. Quand je repense à celui que j'étais lorsque je suis arrivé à Bourgoin, à dix-neuf ans, cela me laisse songeur... Quand je croise des gamins de dix-neuf ans, je suis impressionné par leur physique et par leur maturité. Ce sont de vraies machines, même s'ils ne sont pas tout à fait formés. Et je ne parle pas seulement de leurs caractéristiques physiques, mais aussi de leur jeu et de leur capacité à intégrer une équipe professionnelle. Si j'avais dix-neuf ans aujourd'hui et si je débarquais dans un club avec l'expérience qui était la mienne à mes débuts, j'en baverais. En 1998 ou 1999, il était encore possible pour quelqu'un comme moi, qui manquait d'épaisseur physique et de pratique du jeu, d'intégrer l'équipe première d'un club. Je crois que cela ne serait pas le cas en 2011. L'écart qui me séparait des joueurs de l'équipe première était important, certes, mais pas infranchissable. À l'heure actuelle, je ne pourrais pas combler ce fossé qui existerait entre eux et moi parce que le rugby a changé d'une manière incroyable en quelques années. Le jeu est devenu beaucoup plus rapide et beaucoup plus physique qu'il ne l'était à mon époque – j'ai l'impression de ressembler à un ancien combattant en écrivant cela, mais c'est vrai. Les exigences ne sont plus du tout les mêmes. Si le Chabal d'il y a une petite quinzaine d'années débarquait aujourd'hui dans le Top 14, il se ferait exploser *illico* ! L'année qui précédait mon arrivée à Bourgoin, les joueurs de l'équipe première s'entraînaient encore trois fois par semaine. Le professionnalisme était une histoire récente. Les gars vivaient sur les habitudes et les acquis du rugby d'antan. C'était le rugby « cassoulet », dans lequel on cherchait surtout à s'amuser et à prendre du bon temps entre copains. Désormais, c'est terminé. L'esprit de sérieux s'est emparé du rugby. Un professionnel s'entraîne tous les jours, lendemain de match ou pas. Il doit s'astreindre à un régime alimentaire strict, pratiquer régulièrement la musculation, surveiller son corps et l'évolution de son poids, sans parler des contraintes qui pèsent sur sa vie privée pendant la semaine. C'est regrettable, mais il n'y a plus de place pour les dilettantes ni pour les profils hors norme. Je me dis parfois que j'ai eu de la chance de pouvoir suivre la trajectoire que j'ai connue depuis mes débuts.

*

J'ai peut-être eu de la chance, mais je paie encore mon arrivée tardive dans le rugby. Je ne vais pas refaire l'histoire, cela ne sert strictement à rien, mais il est certain que si j'avais commencé à jouer sérieusement dès l'entrée dans l'adolescence et si j'avais accédé plus tôt au rugby de haut niveau, je n'aurais pas accumulé toutes ces lacunes que je m'emploie encore à combler aujourd'hui.

On m'a longtemps reproché de manquer de « caisse », cette capacité physique à soutenir un effort durable et à tenir un match entier à un rythme soutenu. Ce fameux « manque de caisse » n'a rien à voir avec un défaut de travail ou une réticence à faire des efforts pendant l'entraînement. C'est une donnée propre à chacun, une caractéristique du métabolisme de chaque individu.

À mes débuts, il me fallait plusieurs jours pour récupérer. Depuis, j'ai travaillé pour surmonter ce handicap. J'ai beaucoup donné pour me plier aux exigences de mon métier. Je me suis amélioré en matière de préparation athlétique et de concentration, notamment lors des entraînements. Maintenant, j'enchaîne chaque semaine les matchs en club et avec l'équipe de France. Je ne m'écroule plus comme avant au coup de sifflet final, vidé et à bout de forces. Et puis, j'ai mis du temps à me débarrasser de mon penchant pour le dilettantisme, mais je crois que j'y suis parvenu. Je ne mène plus cette vie de patachon après les matchs depuis que je me suis rendu compte qu'elle m'empêchait de récupérer en vue du match suivant. Mon séjour en Angleterre m'a fait beaucoup de bien. Vivre loin de chez moi, loin des copains que j'étais sûr de croiser à Bourgoin dès que je mettais le pied en ville, m'a permis d'être à l'abri des tentations. Le niveau d'exigence n'était pas le même à Sale, et j'avais intérêt à suivre le rythme sous peine de décrocher très vite.

Aujourd'hui, je suis capable de tenir un match de la première à la dernière seconde. Mais je ne serai jamais une bête de course capable de galoper comme un dératé pendant quatre-vingts minutes. Et cela ne m'empêche pas de connaître, de temps en temps, quelques moments faibles. Ce n'est plus ma capacité de résistance qui est en cause, mais plutôt une tendance naturelle, chez moi, à ne pas forcer le rythme. C'est vrai, j'ai l'habitude d'aller doucement par moments, de ralentir et de me laisser aller. Il m'arrive d'avoir des sortes d'absences, sans m'en rendre compte, comme si je décidais inconsciemment de lever le pied et de me réserver pour une autre occasion. C'est sans doute le résultat d'une habitude qui remonte à mes débuts dans le rugby : prendre un peu de recul, ne pas tout donner, en garder sous la semelle. Il m'arrive aussi d'être fatigué pendant un match, en particulier quand le calendrier est chargé, et de ralentir un peu pour ne pas terminer complètement « cramé ». Michel Couturas a dit de moi, un jour, que j'ai longtemps « joué au rugby à mi-temps », une formule que je trouve juste et assez jolie. Une manière de dire que je ne me livrais pas complètement, comme si un match ne durait que quarante minutes au lieu des quatre-vingts réglementaires. Mais là, c'est terminé. Je ne crois pas qu'il dirait encore ça maintenant, car je fais preuve d'une constance et d'une régularité qui m'ont longtemps fait défaut.

D'ailleurs, c'est en grande partie grâce à Michel que j'ai progressé dans mon jeu et dans mon approche du rugby. C'est lui qui m'a dégrossi, en quelque sorte. Il m'a permis de mieux comprendre le rugby. Il m'a fait découvrir le plaisir de jouer avec les copains, tous ensemble. Il m'a fait prendre conscience de l'importance du travail tactique et de la maîtrise technique. Quand je suis arrivé à Bourgoin, j'étais quand même « brut de fonderie ». Michel a beaucoup parlé avec moi, il m'a expliqué le rugby, il m'a aidé à m'affiner et il a changé le regard que je portais sur ce sport. Je n'avais pas de don particulier quand j'ai démarré. Je savais plaquer, d'accord, mais j'étais incapable de faire une passe correcte des deux côtés. Je ressemblais à ces footballeurs qui ont un bon pied droit mais qui ne se servent jamais de leur pied gauche. Je possédais quelques qualités, notamment sur le plan physique. À la différence de certains joueurs qui savent s'économiser et moduler leur effort, je me suis toujours donné à fond. Là où d'autres jouent à cent pour cent, ce qui n'est déjà pas si mal, j'ai plutôt tendance à me donner à cent cinquante pour cent de mes possibilités physiques sur une action, quitte à lever le pied sur l'action suivante pour récupérer avant de repartir. Là encore, j'ai progressé et je crois que je gère mieux mes efforts sur la durée d'un match.

Malgré tout, j'étais un joueur incomplet. Je manquais de constance et j'étais loin de pratiquer tous les gestes techniques qu'un bon rugbyman se doit de maîtriser. En un mot, il y avait vraiment du boulot avec moi quand j'ai débarqué ! Pendant mes quatre ou cinq premières années, je n'ai pas vraiment cherché à combler mon retard. Je travaillais à l'entraînement, mais sans forcer. Je le regrette parfois, car j'aurais sans doute un bien meilleur niveau si je m'étais plus impliqué à une époque où j'étais encore largement perfectible. Mais après tout, qui peut dire que je n'aurais pas connu une tout autre progression de carrière si j'avais débuté plus jeune ? Au moment de dresser le bilan, d'ici trois ou quatre ans, je ne retiendrai que les moments forts que j'aurai connus grâce au rugby. Le reste ne m'intéresse pas. Les « et si », les « peut-être que », les « si j'avais su » ou les « j'aurais dû » ne font pas partie de mon vocabulaire. J'ai eu la chance et le bonheur de vivre quelques saisons formidables, intenses et passionnantes pendant ma carrière, et c'est ce qui m'importe le plus. Et comme j'ai aussi vécu une vie normale sans sacrifier mes années de jeunesse, ce qui est malheureusement trop souvent le cas chez les sportifs de haut niveau, je n'ai vraiment aucune raison de nourrir des regrets.

13.

Docteur Chabal et mister Sébastien

Je déteste me faire remarquer.

Moins on me voit, mieux je me porte. Je ne rêve que d'une chose, me fondre dans la masse pour me faire oublier et mener une petite vie peinarde, à l'abri des regards et de la foule. Je sais, mon mode de vie actuel est à l'opposé de mes désirs profonds… La discrétion, la solitude et la tranquillité sont des mots que j'ai dû rayer de mon vocabulaire. Pour l'instant, en tout cas. Mais rien n'est définitif, et j'espère bien en retrouver le sens un jour.

C'est vrai, j'aimerais mieux que l'on ne me reconnaisse pas dans la rue, même si ce n'est pas toujours désagréable à vivre, il faut bien l'avouer. Je suis sincère quand j'écris cela. Ce n'est pas une coquetterie de star, de celles qui se baladent avec des lunettes noires sur le visage pour qu'on ne les remarque pas, ce qui est une manière hypocrite d'attirer encore plus l'attention sur elles. C'est sans doute paradoxal, c'est pourtant la vérité. Mais aujourd'hui, pour moi, c'est compliqué. Entre ma barbe, mes longs cheveux et ma notoriété de rugbyman, il m'est difficile de passer inaperçu.

Certains diront que j'exagère. Ils prétendront que c'est une posture de ma part, que j'ai tout fait pour devenir célèbre et que j'ai même ouvert un site Internet pour faire parler de moi. Eh bien, ils se trompent. La célébrité m'est tombée dessus. Je ne m'y attendais pas, je n'ai rien fait pour la provoquer, je ne l'ai jamais désirée. Ce n'est rien d'autre qu'une sorte d'accident de parcours. Je n'étais pas préparé et je n'ai pas eu le temps de réfléchir à la meilleure manière de la vivre. Je l'ai prise comme elle est venue, en m'efforçant de ne pas changer, de conserver la même attitude dans la vie et avec les autres. J'ai dû y faire face tout comme je fais face à une attaque adverse sur un terrain, en m'adaptant comme je le peux, en trouvant la solution sans savoir *a priori* comment je vais m'en sortir.

Mais derrière le Chabal que tout le monde connaît – ou croit connaître – se cache un autre homme. Derrière Chabal, il y a Sébastien. Derrière l'homme public, celui que l'on voit à la télé et dans les magazines, celui qui est interviewé par les journalistes et à qui l'on demande son avis sur tout, se dissimule l'homme privé. Un gars de la campagne qui vit malgré lui à la ville, qui se distingue juste par des cheveux et une barbe plus longs que la moyenne. Un Monsieur Tout-le-monde, en somme, qui ne s'est jamais laissé duper par la notoriété ni par l'argent. Ce Chabal, c'est le vrai. L'autre n'est qu'un leurre, une apparence, presque un personnage de fiction. Une figure de circonstance que l'on donne en pâture aux médias pour qu'ils aient quelque chose à se mettre sous la dent, une idole fabriquée pour plaire aux foules et les faire rêver. Pourtant, je l'aime bien, ce Chabal public. Il me fait marrer avec sa dégaine de guerrier sans pitié sorti d'un film d'*heroic fantasy*. Je l'imagine sur un champ de bataille, quelques siècles plus tôt, avec l'épée et le bouclier à la place du ballon de rugby…

Mais ce n'est qu'un personnage, justement. Dans la vraie vie de tous les jours, il n'existe pas. Quand je rentre chez moi, après un match, je ne suis plus le même. J'oublie « l'autre » Chabal, comme un comédien se débarrasse de son rôle une fois qu'il a quitté le plateau de tournage d'un film. Cet autre Chabal se démène pendant quatre-vingts minutes, roule des yeux de fou et fait craquer ses muscles pour impressionner l'adversaire, déboule sur le terrain comme un bulldozer sans conducteur avant de répondre aux questions des journalistes et de faire le beau devant les caméras. Ensuite, changement de décor et changement de costume. Retour à la vie normale. Une vie cool, tranquille, presque pépère, avec Annick et les filles, avec les potes et la famille. Ce Chabal-là, on ne le voit pas. Il ne se cache pas, mais il profite de ses quelques moments de calme et de repos pour vivre, tout simplement. On ne l'entend pas non plus. Ce Chabal-là ne cause pas, ou alors pas beaucoup. C'est un « taiseux ». Pas un misanthrope mais presque un sauvage qui se réfugie sous sa carapace, à l'abri des autres, là où personne ne peut l'atteindre.

*

Ce côté taiseux me vient de ma famille, et en particulier de mon père. Chez les Chabal, on ne parle pas beaucoup. En tout cas, on ne parle pas de sujets intimes. On ne dévoile pas ses sentiments, on ne s'étend pas sur ce que l'on ressent au plus profond de soi, on n'exhibe pas ses états d'âme. On ne pleure pas, non plus. Cela ne se fait pas, voilà tout. C'est comme ça, et pourquoi faire autrement ? J'ai grandi dans cette atmosphère de pudeur poussée à l'extrême. Elle m'a façonné, elle a fait celui que je suis aujourd'hui, avec ce mélange de retenue et de timidité, ce colosse qui renvoie de lui-même l'image d'un type indestructible, peut-être pour mieux masquer une sensibilité parfois difficile à imaginer. Quand je me rappelle mon enfance, je n'ai pas souvenir de longues conversations à table avec mes parents. Aujourd'hui, mon père a changé. Depuis l'accident qui a failli lui être fatal, en 2007, il s'est ouvert aux autres. Il parle plus facilement qu'avant, il discute volontiers comme s'il voulait rattraper le temps perdu, comme s'il était conscient des jours qui défilent et de la nécessité d'en profiter en partageant avec ses proches. Mais pendant toutes ces années que j'ai passées à ses côtés, il pouvait rester longtemps sans décocher un seul mot. Forcément, il m'a influencé. J'ai pris chez lui ce goût du silence, mais aussi cette difficulté à parler de soi. Une fois que l'on s'est habitué à ne pas se livrer, il n'est pas facile de revenir en arrière. On n'échange pas, on ne discute pas beaucoup, on ne s'épanche jamais et c'est très bien comme ça. On finit par s'habituer à ce mode de relations sans se poser de questions. C'est une manière de se protéger, c'est peut-être aussi un moyen d'éviter les conflits qui peuvent toujours se déclarer au sein d'une famille.

Même s'il a fait des progrès, mon père n'a pas changé sur un point : il déteste que l'on vienne l'ennuyer. Le téléphone l'horripile et il ne faut pas compter sur lui pour décrocher, sauf s'il connaît le numéro de la personne qui l'appelle. En dehors de sa femme et de ses enfants, il ne répond pas. Et encore, si c'est moi qui téléphone, il risque de ne pas répondre non plus car il ne se souvient jamais de mon numéro… Il ne faut pas compter sur lui pour ouvrir la porte de la maison quand la sonnette se fait entendre. Encore un trait de caractère dont j'ai hérité. L'autre jour, quelqu'un est venu sonner à la maison. J'ai regardé par la fenêtre et j'ai vu un type que je ne connaissais pas. Il insistait, il a continué à martyriser le bouton de la sonnette pendant je ne sais combien de temps, mais je n'ai pas bougé. Si Annick avait été là, elle lui aurait ouvert. Elle est nettement plus sociable que je ne le suis. Mais moi, dans un cas comme celui-ci, je ne bouge pas. Je me dis qu'il s'agit sûrement d'un « casquant », pour rester poli. Alors, tant pis pour lui. Avec le téléphone, c'est pareil. Je ressemble à mon père. C'est bien simple, je déteste téléphoner. Je trouve ça terriblement impersonnel. Je suis toujours étonné par ces gens qui adorent passer des heures au bout du fil pour se raconter leurs vies. Si j'ai quelque chose à dire à quelqu'un, je préfère voir la personne pour lui parler et partager un vrai moment d'intimité avec elle.

*

Ce mode de fonctionnement propre aux Chabal n'est pas toujours facile à vivre pour les autres. Il peut même les dérouter, parfois. Avec mes copains, je n'ai jamais eu de problème. Ils savent que je n'aime pas téléphoner, ils ont depuis longtemps compris que je peux rester des semaines, voire des mois, sans leur donner de nouvelles et sans que cela change rien à notre amitié. Ils font avec, et je les remercie de leur patience et de leur compréhension. Avec Annick, cela n'a pas toujours été aussi simple. Au début, quand elle ne me connaissait pas bien, elle a eu du mal à s'habituer à mes silences. Elle aurait aimé que je lui parle plus, que je manifeste d'une manière plus explicite ce que j'éprouvais pour elle, que je me montre plus attentionné à son égard. J'ai dû forcer ma nature pour répondre à ses attentes. Petit à petit, j'y suis arrivé, mais il m'a fallu du temps, beaucoup de temps. Sans le savoir, elle me demandait ni plus ni moins qu'un véritable changement culturel, une sorte de révolution intérieure, un renoncement aux habitudes acquises depuis l'enfance.

Au début de notre relation, j'ai continué à fonctionner en « mode Chabal ». Nous nous sommes rencontrés en mars et, en juin, je m'envolais pour l'Afrique du Sud avec l'équipe de France. Notre tournée a duré un mois. Pendant ces quatre semaines, je ne l'ai pas appelée. Je ne lui ai pas donné de mes nouvelles d'une manière ou d'une autre. Pas un coup de fil, pas une lettre, rien du tout. Le silence complet, alors que nous venions de passer trois mois ensemble. Pendant ces trois mois, je venais régulièrement chez elle, notre relation s'installait tranquillement, nous étions heureux l'un avec l'autre, tout se passait bien. Et tout d'un coup, le silence absolu de ma part… Un silence typiquement « chabalien » qui l'a profondément déstabilisée, ce que je comprends avec le recul. Mais pour moi, c'était normal : je n'avais pas besoin de lui dire que j'étais bien avec elle, je le ressentais et cela me suffisait. Je détestais téléphoner et, de toute façon, je n'avais rien de spécial à dire. Nos journées étaient banales, rythmées par les matchs et les entraînements, et il ne se passait pas grand-chose qui vaille la peine d'être raconté. Annick s'est sentie perdue. Elle s'est beaucoup interrogée sur notre relation et sur mes véritables sentiments. Aujourd'hui, je ne me comporterais pas de la même manière. Je lui téléphonerais souvent, comme je le fais à chaque fois que je pars en déplacement. Peut-être pas tous les soirs, car je n'ai pas toujours quelque chose d'intéressant à lui raconter. La vie d'un rugbyman en tournée est le plus souvent monotone et prévisible.

Et je déteste les blancs au téléphone, ces silences interminables dont on ne sait pas comment sortir. Dans ce genre de situation, je sens une espèce de malaise qui monte en moi, comme les jours où je me faisais interroger au tableau alors que je séchais complètement parce que je n'avais pas appris ma leçon…

Désormais, j'appelle régulièrement. Et puis, aujourd'hui, il y a Lily-Rose, notre fille. Elle a tout changé. Si moi je n'ai pas toujours quelque chose à dire, elle a toujours quelque chose à me raconter. Sa journée à l'école, sa vie avec ses copines de classe, ses relations avec la maîtresse, ses petits moments de bonheur… C'est important pour elle de les partager avec moi, et c'est important pour moi de maintenir le contact avec notre fille, malgré la distance. Je tiens à ce qu'elle sache que je suis à ses côtés par la pensée, même si je me trouve à des milliers de kilomètres. Aujourd'hui, j'ai évolué. J'ai appris à dire ce que je ressens, à exprimer à ma femme ce qu'elle représente pour moi. Je suis devenu plus câlin, plus proche d'elle, plus complice. Même si je reste pudique, elle le sait. Et elle sait aussi qu'elle n'y changera rien. Cette pudeur a toujours fait partie de ma personnalité. Tout comme je suis gêné dès que l'on me demande d'extérioriser ce que je ressens, je suis gêné avec la nudité. Aujourd'hui encore, il ne me viendrait pas à l'idée de poser nu. Je ne suis pas complexé par mon corps, mais j'estime que je n'ai pas à l'exhiber, voilà tout. Par rapport à ma femme, par rapport à ma fille et à ma famille, je me sentirais mal à l'aise si je devais me montrer nu en public, pour une publicité ou sur un calendrier, même pour une cause avec laquelle je me sens en accord. Maintenant, je ne suis plus tout à fait le même. Je me suis ouvert aux autres. Je suis capable de poser des mots sur mes sentiments, de traduire par le verbe ce que j'éprouve, de partager avec Annick ce que je gardais jusque-là enfoui au plus profond de moi. D'une certaine manière, j'ai grandi et j'en suis très heureux.

*

Malheureusement, s'il y a un domaine dans lequel je n'ai accompli aucun progrès, mais vraiment aucun, c'est celui de la vie pratique. Pour moi, l'enfer est synonyme de paperasse. Je déteste ça. Comme tout le monde, bien sûr. Mais chez moi, cette phobie des corvées administratives prend des proportions énormes. Je préfère, et de loin, recevoir des coups dans une mêlée plutôt que de m'asseoir à une table pour remplir une déclaration d'impôts ou un formulaire administratif. J'ai toujours été comme ça. Je suis le client idéal pour les sociétés de recouvrement : avec moi, elles doivent faire des affaires en or ! Et ce n'est pas une question de moyens financiers. Je ne me dis pas : bah, ce n'est pas grave, même si je dois payer une majoration pour retard, j'ai les moyens. Une majoration de dix pour cent sur une grosse somme, ce n'est pas la même chose qu'avec une petite somme. Déjà, à

Bourgoin, j'étais négligent et je laissais traîner. Je me comportais comme Gaston Lagaffe, le personnage de bande dessinée qui empile sur son bureau le courrier en retard. Moi, j'empilais les factures et les relances les unes sur les autres. Il m'est déjà arrivé de laisser une facture impayée pendant un an… Je suis le champion de la procrastination. Je remets systématiquement à demain, et même à après-demain, ce que je devrais faire le jour même – ou plutôt l'avant-veille, compte tenu de mes retards réguliers. Je ne remercierai jamais assez l'inventeur du prélèvement automatique. À croire qu'il a imaginé cette formule rien que pour moi ! La différence avec mes années à Bourgoin, c'est que je suis désormais assisté par un expert-comptable. Le pauvre… Parfois, je le plains. Je me dis : Sébastien, tu exagères. Il est hypersérieux, il me rappelle à l'ordre régulièrement, il me harcèle tant qu'il le peut, mais rien n'y fait. Je laisse traîner, j'y pense et puis j'oublie, je me promets de m'y mettre sérieusement le lendemain, mais je retombe sans cesse dans mes travers. Je ne sais pas si c'est de la flemme, du dilettantisme ou de l'inconscience. Peut-être les trois à la fois… Quand j'étais jeune, ma mère s'occupait de mes papiers. Aujourd'hui, Annick s'en charge. Je sais, je sais, je suis un assisté… C'est le cas de bon nombre de sportifs professionnels, habitués à ce que d'autres veillent sur leurs intérêts et les déchargent des corvées de la vie quotidienne. Mais j'ai l'impression qu'en ce qui me concerne, tous les records sont battus ! Je ne m'en vante pas, pas plus que je ne l'assume. J'aimerais vraiment changer et me prendre en main afin de régler en temps et en heure toutes ces questions administratives, mais je me dis parfois que c'est au-dessus de mes forces. Pourtant, je ne renonce pas. Je me suis même installé un bureau avec un classeur vertical. Et puis, je reconnais que j'ai la chance de pouvoir me reposer sur mon expert-comptable et sur mon agent, deux personnes en qui je peux vraiment avoir confiance.

*

Je reconnais aussi bien volontiers que toutes ces obligations administratives, ces retards à répétition et ces relances régulières ne m'ont jamais angoissé. De toute manière, je ne suis pas un angoissé de nature. Je prends la vie comme elle vient, sans trop m'en faire et sans m'inquiéter. Mes parents m'ont élevé comme ça. Ils n'ont jamais eu peur du lendemain, ils ne se sont jamais inquiétés pour nous, ils ne nous ont jamais appris à avoir peur. Le plus important, à leurs yeux, c'était d'aller à l'école et d'en sortir avec une formation solide entre les mains. Pour la suite, ils ne se faisaient aucun souci. Je crois que l'attitude des parents est essentielle pour un enfant. C'est elle qui détermine sa capacité à faire face aux petits pépins de l'existence, à affronter les obstacles et à rebondir après une difficulté. Si les parents sont bien dans leur tête, les enfants ont toutes les chances de l'être à leur tour. Quand les parents font confiance à leurs enfants, ils leur apprennent, sans que cela ait besoin de passer par les mots, à avoir confiance en eux. Mes parents m'ont élevé de cette manière et je les en remercie : aujourd'hui, le mot « angoisse » ne fait pas partie de mon vocabulaire. J'avoue ne pas savoir ce qu'il signifie exactement, et rien ne me paraît de nature à provoquer ce genre de sentiment. Je crois que je n'arrive même pas à concevoir que l'on puisse l'éprouver. C'est sans doute une force, car cela vous protège des coups durs et des contrariétés. Pourtant, moi aussi, j'ai traversé des mauvaises passes, mais cela ne m'a jamais déstabilisé au point de m'angoisser. Mais cette absence d'angoisse peut aussi être une faiblesse, aussi paradoxal que cela puisse paraître. Tout simplement parce que je ne suis pas le mieux placé pour aider mes proches s'ils sont confrontés à ce genre de difficulté. Quand Annick a un petit coup de mou, quand elle s'inquiète sans m'en parler pour Lily-Rose, je risque de ne pas m'en apercevoir. Comme elle ne veut pas m'embêter avec ses tourments, elle les garde pour elle plutôt que de me les confier, ce qui n'est pas la meilleure chose à faire. Et comme je ne suis pas psychologue pour deux sous, je ne me rends compte de rien. En même temps, je me demande si ce n'est pas préférable. Je suis tellement maladroit, parfois, au moment de chercher des mots de réconfort, que je risquerais d'aboutir au résultat inverse de celui que je cherche.

Si je ne me pose pas de grandes questions, de celles qui peuvent parfois vous conduire à bouleverser votre vie de fond en comble, c'est sans doute aussi parce que je n'ai jamais été confronté à un événement tragique. Ce qui est arrivé à mon père m'a bouleversé, mais tout s'est heureusement bien terminé. Je tiendrais probablement un autre discours si je vivais un drame personnel, s'il arrivait quelque chose de grave à Annick ou à Lily-Rose. Je pense que tout peut être surmonté, à l'exception, peut-être, d'un accident qui vient frapper un de nos proches, surtout un enfant. C'est le genre de catastrophe qui peut tout chambouler dans notre existence, au point de nous rendre fou et de nous précipiter au fond d'un grand trou noir. Là, je ne verrais pas les choses de la même façon, j'imagine. Mais je préfère ne pas y penser. Je continue d'avancer en profitant le plus possible de tout ce que m'offre la vie, confiant en l'avenir et prêt à accueillir toutes les bonnes choses qu'il me réserve.

*

Je n'ai pas besoin de m'appuyer sur des béquilles existentielles pour me sentir bien. Et, de même que l'angoisse ne m'atteint pas, la religion m'indiffère. Je n'ai jamais ressenti le besoin de croire. La croyance religieuse ne fait pas partie de mon paysage mental, peut-être parce que l'idée de la mort ne m'effraie pas. Je n'ai pourtant pas grandi dans un environnement familial d'où la religion était absente. Du côté de ma mère, tout le monde était très croyant. Quand j'étais en vacances chez eux, mes grands-parents maternels m'emmenaient à la messe tous les dimanches. Je me souviens très bien de mon arrière-grand-père, qui faisait l'aumône à la sortie de l'église avec son béret en guise de corbeille pour recevoir les pièces de monnaie. Il est mort très tard, à quatre-vingt-dix ans, mais son grand âge ne l'empêchait pas d'aller à Lourdes deux fois par an et de pousser les invalides dans leur fauteuil roulant. Il m'arrivait d'aller lui rendre visite en compagnie de ma cousine. Quand on entrait dans sa maison, on avait l'impression de mettre les pieds dans une boutique de souvenirs pieux. Les pièces étaient toutes petites mais elles étaient littéralement tapissées de cartes postales de la Vierge et de Jésus, comme si les murs avaient été recouverts d'images pieuses à la place du papier peint. Pour les enfants que nous étions, c'était vraiment impressionnant ! Mes parents ont suivi le catéchisme et ma mère est croyante, alors que mon père se montre plutôt indifférent, mais ils ne m'ont jamais bourré le crâne avec toutes ces histoires et tout le monde s'en porte très bien. Ce qui ne va pas nous empêcher de faire baptiser Lily-Rose pour faire plaisir à ma mère… J'ignore si je suis athée ou simplement agnostique, je ne sais pas si je réfute l'existence de Dieu ou si je laisse la porte ouverte à sa possibilité, et peu m'importe. Je ne crois pas à l'enfer, je ne crois pas non plus au paradis. Ou alors à un autre paradis. Le mien se situerait plutôt du côté de la Drôme, dans la grande maison que nous avons achetée avec Annick. Elle correspond parfaitement à ma vision du bonheur sur terre. De l'espace, du soleil, des enfants, la famille à portée de la main et les copains qui débarquent pour boire un verre, manger autour d'une bonne table ou refaire le monde dans de grands éclats de rire. La voilà, l'idée que je me fais du paradis. Et je ne suis pas sûr qu'il en existe un plus beau que celui-là...

*

L'amitié, justement, voilà une valeur essentielle à mes yeux, dans le sport comme dans ma vie. Je la situe sur le même plan que la générosité, l'humilité, l'honnêteté et la simplicité, ces valeurs cardinales du rugby que je m'efforce de cultiver jour après jour. Des amis, je n'en ai pas beaucoup. Je parle des vrais amis, de ceux qui me restent fidèles et auxquels je reste moi aussi fidèle, par-delà les aléas de la vie et les années qui défilent. Je ne parle pas des rencontres de circonstance qui ne durent que le temps d'une relation professionnelle, ou de toutes ces fréquentations superficielles qui deviennent toujours plus nombreuses au fur et à mesure que la célébrité augmente. J'ai toujours été méfiant, et je crois que ma notoriété n'a fait que renforcer cette méfiance naturelle. Je ne confonds pas amis, copains et simples relations. De toute façon, je n'ai jamais cherché à collectionner les copains. Je n'ai jamais couru après la quantité, je n'ai jamais cherché à être entouré, je ne fais pas partie de ces gens qui ont besoin de calmer leurs angoisses en devenant le centre d'une petite cour de flatteurs et de profiteurs. Je vis très bien tout seul, avec mes proches et une poignée de vrais copains. Je les connais bien, eux aussi me connaissent bien, nous avons déjà eu l'occasion de tout nous dire et d'ouvrir notre cœur, sans pudeur ni retenue, quand nous étions jeunes et que nous n'étions pas encore installés dans une vie familiale. Je sais qu'ils seraient là pour moi en cas de coup dur, tout comme je n'hésiterais pas à tout laisser tomber pour venir les aider s'ils traversaient une mauvaise passe. Aujourd'hui, je les vois moins. Je n'aime pas téléphoner, ils le savent, mais cela ne change rien à la qualité ni à l'intensité de notre relation. Une relation qui varie selon chacun, d'ailleurs. Elle ne sera pas le même avec un vieux copain comme Stéphane Périou, que je fréquente depuis l'adolescence, et quelqu'un comme Lionel Nallet, par exemple. Stéphane, je l'ai connu au collège. Il venait du village voisin, j'ai démarré le rugby avec lui et je n'ai jamais cessé de le voir alors que nos vies respectives ont emprunté des trajectoires différentes. Il travaille à la SNCF, où il s'occupe de l'entretien des voieries et des ouvrages d'art. Pour le titiller un peu, je lui dis qu'il organise des grèves à la SNCF, ce qui l'agace au plus haut point ! Quand je jouais à Bourgoin, il vivait à Valence. Je redescendais régulièrement à Valence tandis que lui venait me voir jouer le dimanche et passait le week-end à la maison. Il faisait le voyage jusqu'à Sale quand je jouais en Angleterre. Nous avons fait tellement de bêtises quand nous étions jeunes que cette amitié ne peut pas disparaître. Avec Lionel, c'est différent. Notre amitié est une amitié d'adultes car nous nous sommes connus plus tard. Je partage aussi beaucoup de choses avec lui, mais d'une autre manière. Nous jouons au Racing et en équipe de France tous les deux, nous sommes toujours fourrés ensemble, nous nous voyons presque tous les jours de la semaine mais nous n'entrons pas trop dans le domaine de l'intime. Peut-être n'avons-nous pas envie de connaître certains aspects trop personnels de nos vies respectives. Mais si l'un de nous était en difficulté, l'autre n'hésiterait pas une seconde à voler à son secours. Au fond, l'amitié n'est rien d'autre qu'une forme d'engagement. Une promesse d'assistance mutuelle, comme un pacte solennel par lequel chacun s'engagerait à tout laisser tomber pour venir en aide à son copain sans lui poser de questions. J'aime cette idée-là, cette idée d'un serment de dévouement sans conditions malgré le temps qui passe et la vie qui nous entraîne dans des directions différentes.

*

Au-delà des relations personnelles, l'engagement est une notion à laquelle j'accorde une grande importance. Je ne parle pas de l'engagement politique car, sur ce terrain, j'avoue ne pas être quelqu'un d'engagé. Je crois que je me méfie de la politique. Je suis très loin de cet univers, j'ai parfois du mal à me situer d'un côté ou de l'autre et je n'ai pas envie de choisir mon camp. Je n'ai pas envie non plus de voir mon image utilisée à des fins personnelles par un homme ou une femme politique, comme cela est trop souvent le cas. Quand on demande à un sportif de s'impliquer, ce n'est pas parce qu'il professe des idées originales qui méritent d'être exposées. Ce n'est rien d'autre qu'une volonté de récupération qui s'apparente à de la manipulation. Les citoyens sont assez grands pour savoir sur quel candidat porter leurs suffrages, ils n'ont pas besoin de la caution d'un sportif pour se décider. Arrêtons de prendre les gens pour des idiots... Certains ont choisi de se lancer dans la politique après leur carrière, c'est un choix que je respecte pleinement, mais je ne m'orienterai pas dans cette direction quand je mettrai un terme à mon parcours de rugbyman. Je ne vois aucun inconvénient à utiliser mon image pour promouvoir un produit. Tout le monde sait qu'il ne s'agit que de publicité et cela ne prête pas à conséquence. Mais la politique touche aux idées de chacun, et je n'ai pas envie de les étaler sur la place publique.

En revanche, j'aimerais aller plus loin pour défendre certaines causes qui me tiennent à cœur. Pour l'instant, je ne dispose pas du temps indispensable pour m'investir comme je l'aimerais. Les contraintes de l'action militante, quelle qu'elle soit, sont malheureusement incompatibles avec les impératifs d'une carrière de sportif de haut niveau. Entre les entraînements quotidiens, les matchs hebdomadaires et les rencontres internationales, il ne me reste plus beaucoup de temps, et je réserve ces quelques heures disponibles à ma famille, aux amis et à la détente. Mais ensuite, pourquoi pas ? Je ne suis pas d'un naturel à me révolter, à prôner la révolution ou à critiquer systématiquement, mais certaines choses me restent en travers de la gorge. Tout comme je ne supporte pas de voir ces images de violence trop souvent racoleuses que nous inflige la télévision, je ne supporte pas la misère croissante qui fait partie de notre quotidien. Je trouve que notre société actuelle a tendance à oublier l'idée de partage, une idée à laquelle j'ai toujours été sensible depuis que je suis gamin. Je crois que nous pourrions faire preuve de plus de générosité vis-à-vis des autres sans rien attendre en retour. Donner, partager, tendre la main à celui qui souffre, c'est essentiel. Ce n'est pas une question de religion ou d'appartenance à tel ou tel camp politique, mais un simple devoir d'humanité. Si ma notoriété et mon image peuvent contribuer à servir une cause qui me semble juste, je suis prêt à m'investir.

C'est ce que j'ai l'intention de faire à travers le soutien que j'apporte à l'association Peace and Sport, l'Association pour la paix par le sport fondée par Joël Bouzou et placée sous le haut patronage du prince Albert de Monaco. Le constat de départ est tout simple : le sport est capable de rapprocher les gens malgré tout ce qui peut les opposer, qu'il s'agisse de leurs différences d'origine, de milieu social, de convictions politiques ou religieuses. Dès lors, pourquoi ne pas utiliser ce formidable outil universel pour agir en faveur de la paix dans le monde ? Nous sommes cinquante-deux athlètes, venus de tous les pays, à nous être engagés aux côtés de l'association. Je suis donc un « champion de la paix » au même titre que d'autres sportifs, retraités ou non, comme Sergey Bubka, Hicham el Guerrouj, Sébastien Loeb, Cathy Freeman, Christian Karembeu ou un autre rugbyman français, Serge Betsen. J'ai donné mon accord pour mener des actions sur le terrain le jour où je mettrai les crampons au placard. Celles-ci sont nombreuses et variées, depuis le soutien à des manifestations sportives symboliques à la réinsertion de jeunes par le sport, en passant par des programmes d'urgence dans des pays frappés par des catastrophes naturelles ou humaines. Avec Peace and Sport, je sais que je peux agir avec efficacité au service de populations démunies. Je ne sais pas encore comment se traduira ma participation à l'association, mais je sais d'ores et déjà avec certitude que je m'impliquerai de manière utile en apportant mon savoir-faire dans mon domaine de compétence, le sport. La meilleure manière d'être efficace et de faire avancer les choses, c'est encore de s'investir dans ce que l'on sait faire. Je crois plus à une présence sur le terrain qu'aux grandes déclarations d'intention et aux belles idées qui ne sont pas toujours suivies d'effets, d'où ma volonté de privilégier un engagement concret plutôt que l'action politique. La politique est un métier à part entière et une affaire de professionnels. Je n'y connais rien et je n'ai rien à apporter dans ce domaine. Je me sens plus à l'aise, plus légitime et plus efficace dans des opérations de proximité dont je peux apprécier le résultat à court ou moyen terme. C'est pour cette raison que je me suis rendu à l'hôpital Raymond-Poincaré, à Garches, en compagnie de mon copain Lionel Nallet. Nous sommes allés rendre visite à des enfants victimes du cancer et de maladies graves pour discuter avec eux et tenter de leur apporter un peu de réconfort. Ce n'est pas une démarche évidente, certaines situations sont vraiment difficiles à vivre, mais il me semble que je suis plus utile dans un hôpital aux côtés d'enfants que sur une liste électorale ou sur l'affiche d'un homme politique en campagne.

*

Et dès qu'il s'agit de gamins, je suis partant ! J'adore les mômes, les mômes m'adorent eux aussi et le courant passe toujours bien entre nous. Je ne sais pas pourquoi, peut-être parce que je conserve un beau souvenir de mon enfance et que j'éprouve une certaine nostalgie de cette période de ma vie. Cette nostalgie m'incite sans doute à me mettre à leur écoute plus facilement que ne le font la plupart des adultes, comme si je me plaçais à hauteur d'enfance. Je crois aussi que mon apparence physique les fascine et les impressionne en même temps. Pour eux, je dois être une sorte de personnage de film, un croisement entre le Père Noël et le Père Fouettard, un mélange bizarre entre le méchant ogre des contes de fées et le gentil Hagrid des aventures de Harry Potter. Ils me regardent toujours avec un sentiment d'effroi mêlé de sympathie, comme si je ressemblais à ces monstres gentils que l'on voit dans certains dessins animés. Je trouve ça drôle et touchant. La plupart d'entre eux m'ont découvert en regardant la télévision et s'imaginent sans doute que je n'existe pas vraiment. Comme si je sortais tout droit de l'écran pour débarquer sans prévenir dans leur vie, d'où leur stupeur vaguement craintive. Ils ont envie de me parler, ils hésitent à me toucher pour vérifier que j'existe pour de bon, mais ils se demandent tout de même si je ne vais pas me mettre à pousser un hurlement qui va les terroriser et les clouer sur place. Je me souviens d'un gamin qui était venu vers moi, un jour, à Disneyland. Il m'avait attrapé par le bras en disant à son père : « T'as vu, papa, dans le monde de Mickey, il y a Chabal ! »

Il n'arrivait pas à croire que j'existais dans la vraie vie, en dehors de la télévision… Les plus marrants, ce sont les tout-petits. Eux, ils ne me disent rien mais ils me regardent avec de grands yeux étonnés sans parvenir à détacher leur regard. On sent bien qu'à l'intérieur de leur petite tête, ça bouillonne sacrément. On sent qu'ils ont envie de s'approcher mais qu'ils hésitent, malgré la présence rassurante de leurs parents à côté d'eux. Pour eux aussi, je dois incarner une double personnalité, à la fois attirante et inquiétante. Une personnalité écartelée entre le Chabal de la télé, auquel tout le monde est habitué et que chacun croit connaître, et le Sébastien de la vraie vie de tous les jours, celui que l'on découvre à chaque fois qu'on le croise. Docteur Chabal et mister Sébastien, en quelque sorte…

14.

L'esprit de famille

Ce jour-là, mon père a failli mourir.

C'était il y a quatre ans. J'ai bien cru que tout était fini. Il est tombé dans le coma après avoir fait une mauvaise chute. L'accident bête auquel personne ne s'attend. L'accident injuste et insupportable, comme tous les accidents, qui vient bouleverser la vie jusque-là paisible d'une famille ordinaire. Les médecins ont diagnostiqué un accident vasculaire cérébral provoqué par une hémorragie interne. On nous a dit que des œdèmes s'étaient formés dans son cerveau. Nous ne savions pas grand-chose, et les médecins eux-mêmes nous donnaient l'impression de ne pas savoir comment la situation allait évoluer. Nous étions suspendus aux avis et aux hypothèses du corps médical, ne pouvant rien faire d'autre qu'attendre en espérant une issue favorable. Pendant quatre jours, nous avons vécu dans l'incertitude. Dans une telle situation, c'est sans doute ce qu'il y a de plus pénible à supporter. Ce mélange d'angoisse et d'espoir, cette balance permanente entre découragement et regain de confiance, comme si nous étions à bord d'un bateau pris dans une tempête sans savoir si nous allions nous échouer sur un récif ou si nous avions une chance de regagner la rive sains et saufs. À l'hôpital, personne n'était capable de nous dire s'il allait en réchapper. C'était du 50/50. Soit on l'enterrait dans la semaine, soit il reprenait conscience. Reprendre conscience, certes, mais dans quel état ? Quand j'ai appris ce qu'il venait de lui arriver, j'ai tout de suite pensé au père d'Annick. Lui aussi, quelques années plus tôt, avait été victime d'un AVC. Il s'en est sorti, mais il ne ressemblait plus à celui qu'il était avant. Il n'a pas retrouvé la plénitude de ses moyens. Il était détruit à jamais, réduit à un état de quasi-légume, abîmé pour toujours à cause d'une saloperie d'artère bouchée. Mon père pouvait connaître le même sort. C'est ce que m'a dit le chirurgien qui s'occupait de lui. Ma mère et ma sœur et mon frère étaient effondrés. C'est à moi que s'adressait le chirurgien. Je me suis tout d'un coup senti dans la peau du patriarche de la famille, comme s'il m'appartenait de prendre la décision – alors que nous l'avons prise tous ensemble, bien sûr. Il m'a expliqué que nous allions devoir choisir entre l'attente passive et la décision de procéder à une opération, qui consistait à lui percer un trou dans le crâne et à drainer les œdèmes. Dans le premier cas, mon père avait peu de chances de s'en sortir, et aucune de redevenir celui qu'il était avant l'accident. Dans le second cas, c'était du quitte ou double. Soit l'opération réussissait, soit elle risquait d'entraîner sa mort.

J'avoue que le choc a été rude. Jusqu'à présent, je n'avais jamais été confronté à la mort ou à la maladie. La vie m'avait toujours épargné. Je me contentais de prendre du bon temps, de faire ce qui me plaisait et de regarder les années passer, sans jamais me poser de questions ni penser au lendemain. Les seuls pépins de santé que j'avais croisés sur mon chemin n'étaient que des bobos sans importance, des blessures sans gravité ou des douleurs bénignes. Et là, tout d'un coup, je devais regarder la maladie en face. Quand j'ouvrais les yeux, le matin, l'ombre de la mort de mon père planait tout autour de moi, menaçante, sournoise et presque palpable. Que faire ? Attendre et laisser la situation se dégrader, ou agir pour tenter de forcer le destin ? En réalité, la réponse était toute trouvée. Je n'ai pas eu besoin de réfléchir longtemps : l'opération s'imposait comme une évidence. De toute manière, son issue ne pouvait pas être pire que de voir mon père entre la vie et la mort, inconscient et si loin de nous, peut-être définitivement parti pour ailleurs même si son cœur battait encore. Alors, nous avons pris la décision d'opérer. Et là, miracle de la science, bien qu'elle n'ait rien de miraculeuse, ça a marché. Les médecins ont réussi à sauver mon père.

Non seulement ils l'ont sauvé, non seulement ils nous l'ont rendu vivant et hors de danger mais, en prime, ils nous l'ont rendu encore meilleur qu'il n'était avant son accident. Pourtant, dans les semaines qui ont suivi son séjour à l'hôpital, il a traversé un petit passage à vide. Il n'avait plus goût à rien, comme si la vie n'avait plus le même sel qu'avant, comme s'il n'arrivait pas à retrouver ce bonheur d'exister qui a toujours été le sien. Les médecins nous avaient prévenus. Ils nous avaient bien dit qu'il risquait de plonger dans cette sorte d'état dépressif, que nous devions nous montrer patients et surtout très présents, prêts à l'entourer de tous nos soins et à lui témoigner tout notre amour, sans attendre en retour un résultat immédiat comme une récompense de notre sollicitude. Alors, sans trop en faire, sans l'assommer à coups de phrases ronflantes ou de beaux sentiments qui l'auraient à coup sûr exaspéré, nous nous sommes contentés d'être là, autour de lui et surtout avec lui. Et puis, tout doucement, de manière progressive, presque imperceptible, il a retrouvé l'envie de vivre et de rigoler, l'envie d'être avec nous et de reprendre sa place au sein de la famille. Avant l'accident, j'avais un père taciturne, « taiseux » et à moitié sauvage. Un vrai Chabal, en somme. Après l'accident, il n'était plus le même. Je me suis demandé s'ils ne nous l'avaient pas échangé contre un autre, à l'hôpital ! J'avais presque envie de remercier le sort pour ce qui venait d'arriver. Il avait failli y rester, il était passé à deux doigts de la mort et j'étais en train de me dire que cette histoire avait peut-être eu du bon, ce qui était tout de même un comble. Je le trouvais plus ouvert, plus enclin à parler de lui, plus tourné vers les autres... Différent, en un mot. L'ours avait perdu de sa superbe. Il s'était débarrassé de sa carapace pour revêtir une nouvelle peau, moins rugueuse et plus douce. Et c'était une bonne chose, au fond. Depuis, les contours de notre relation ont évolué. Nous discutons beaucoup plus, nous échangeons plus volontiers, nous nous confions plus facilement. Mon père occupe désormais une autre place au sein de la famille. Il se montre moins replié sur lui-même, comme s'il avait décidé de profiter à fond de ces années qui lui restent en étant encore plus proche de sa femme et de ses enfants. Moi aussi, cette expérience m'a changé. Elle m'a sans doute fait grandir, comme si j'avais mûri de quelques années en l'espace de quelques semaines. Comme si j'avais pris conscience, surtout, de la nécessité de profiter à fond des moments passés avec ceux qui me sont chers. Ce genre de phrase relève sans doute de l'évidence pour certains, convaincus qu'il n'est pas nécessaire de l'écrire noir sur blanc. Mais sentir la mort vous frôler vous donne une conscience encore plus aiguë de la fragilité de l'existence. Et, pour ma part, elle n'a fait que rendre encore plus fort mon amour de la vie.

*

L'accident de mon père n'a pas été ma seule confrontation avec la maladie et la menace de la mort.

L'une de mes cousines, avec laquelle j'avais l'habitude de passer mes vacances chez mes grands-parents, est tombée dans le coma après une chute dans un escalier. Pour toute la famille, son accident a constitué un choc terrible. Les médecins sont incapables de prévoir l'issue de son coma. Peut-être se réveillera-t-elle un jour. Mais, si c'est le cas, elle souffrira sans doute de lésions irréversibles. Elle risque de passer sa vie entière clouée dans un fauteuil roulant, sans autre avenir qu'une situation de dépendance absolue vis-à-vis de son entourage. Je suis allé la voir à l'hôpital. Je n'en avais aucune envie, mais j'ai fini par céder à la pression familiale. C'est une jeune fille dont on aimerait dire qu'elle a encore toute la vie devant elle, mais peut-on encore employer le mot « vie » dans ce genre de circonstance ? Peut-être attendait-on de moi que j'essaie, à mon tour, de participer à cette tentative de réveil en lui parlant, afin de réactiver des souvenirs en elle pour stimuler sa mémoire. Je ne partage pas cette vision des choses. À mon sens, c'est la vie elle-même qui doit reprendre le dessus. Il ne sert à rien de forcer la nature en cherchant à tout prix à déclencher je ne sais quel réflexe dans le cerveau.

Cet épisode m'a fait réfléchir. J'en suis arrivé à une conclusion évidente à mes yeux : si je devais un jour me retrouver dans cet état, si j'étais moi aussi plongé dans un coma irréversible ou si je devais revenir à la vie sans retrouver les moyens qui étaient les miens, il serait préférable de tout arrêter. J'espère qu'Annick prendrait la décision de ne pas prolonger mon existence dans de telles conditions. C'est ce que j'attends d'elle, et je ferais la même chose si elle était confrontée à cette situation. Je ne tiens pas à ce que l'on me maintienne en vie de manière artificielle. La vie pour la vie n'est pas une fin en soi, et elle ne m'intéresse pas si je ne suis pas capable d'en profiter pleinement. Je sais, ce débat est loin d'être tranché en France, à la différence d'autres pays. J'espère que la législation évoluera un jour et que les politiques auront le courage de prendre ce dossier à bras-le-corps. C'est une question délicate qui heurte des convictions morales et religieuses, ce que je comprends très bien. Mais je pense qu'une véritable discussion devrait s'instaurer à ce sujet, en prenant le temps d'y réfléchir sans se laisser emporter par des calculs politiques. Certaines souffrances sont intolérables et il faut avoir le courage d'y mettre fin.

*

Il n'y a pas si loin de la mort à l'enfance, aussi étrange que cette affirmation puisse paraître.

La perspective de la fin de l'existence nous ramène parfois au souvenir de nos premières années. L'accident de mon père et le risque de le voir disparaître m'ont entraîné dans un voyage dans le temps plein de nostalgie, à l'époque heureuse de mon enfance ardéchoise. Et pourtant, je ne suis pas un Ardéchois, à la différence de mon père. Lui est né et a grandi en Ardèche, où sa famille était installée. C'est un vrai « natif », un enfant du pays, un gamin du coin, fier de revendiquer ses origines et son attachement à sa terre de naissance. Moi, je n'y ai jamais vécu mais j'y ai passé beaucoup de temps en vacances, dans la maison de mes grands-parents. L'Ardèche, c'est le lieu de mes souvenirs d'enfance, ceux qui vous marquent à tout jamais et vous façonnent de manière indélébile. Je pourrais presque dire que je suis un Ardéchois, même si je suis né dans la Drôme, le département voisin. Je sais que les deux départements se disputent parfois mon appartenance, ce que je trouve plutôt amusant. Alors, pour ne vexer personne, il suffit de dire que je suis à la fois drômois et ardéchois. Un Drômois nourri de l'esprit de l'Ardèche ou un Ardéchois grandi dans la Drôme, comme l'on voudra. Tout cela n'a pas grande importance. Je me sens attaché à l'un et à l'autre. Mais, c'est vrai, l'Ardèche occupe une place à part dans mon cœur. Prononcer ce simple mot suffit à faire remonter des images en pagaille, celles de jeux avec les copains jusqu'à la tombée de la nuit, de courses folles et de virées à vélo. L'Ardèche, c'est un autre mot pour dire « liberté ». Quand on est gamin et que l'on a la chance de grandir à la campagne, sans entraves ni contraintes, on engrange des souvenirs pour la vie...

Mes parents sont originaires de Gluiras, dans la vallée de l'Eyrieux. Un petit village perdu que seuls les Ardéchois connaissent. Une vraie terre de paysans, rude et ingrate pour celui qui ne la comprend pas, mais qui façonne le paysage mental des gens qui vivent ici. Quand je suis né, ils habitaient Saint-Laurent-du-Pape, puis ils se sont installés trois ans après à Beaumont-lès-Valence. Mon père était conducteur de camions dans les travaux publics. Il avait d'abord appris la mécanique auprès de mon grand-père, qui tenait un garage. Ce grand-père, je ne l'ai quasiment pas connu puisqu'il est décédé quand j'avais trois ou quatre ans. Le seul souvenir que je conserve de lui, c'est celui d'un homme malade, assis sur un *rocking-chair* et qui me prenait sur ses genoux. À Beaumont, mes parents avaient acheté une maison dans l'un des premiers lotissements du village, qui comptait quelque deux mille habitants à l'époque. C'était encore la vraie campagne. Tous ceux qui se sont installés dans ce lotissement avaient l'âge de mes parents. Ils ont eu des enfants à peu près en même temps. Pour moi, c'était génial : j'avais une dizaine de copains avec lesquels je jouais tout le temps dehors. Il n'y avait pas de voitures, à part celles des habitants, et nous pouvions jouer au foot sans personne pour nous embêter ou tendre une corde entre deux arbres pour disputer des parties de tennis. Quand nous ne tapions pas dans le ballon devant les maisons, nous partions faire du vélo dans la campagne, construire des cabanes ou explorer les grottes situées alentour – enfin, nous n'osions pas nous aventurer trop loin à l'intérieur de ces grottes, mais cela suffisait à faire s'emballer notre imagination. Je ne disais même pas à mes parents à quel endroit nous partions jouer. C'était vraiment la liberté absolue… Je me souviens, je devais avoir quatorze ans, je prenais la voiture de mes parents pour aller me balader sur les petits chemins de campagne. La première fois que ma mère a vu la voiture sortir du garage, elle s'est demandé ce qu'il se passait. Quand elle m'a aperçu, tranquillement installé au volant, elle s'est mise à crier. Mais cela n'a servi à rien et ne m'a pas empêché de partir avec la voiture. Ni de recommencer les jours suivants, car je n'avais pas le sentiment de faire une bêtise… Pour les vacances, je partais à Gluiras chez mes grands-parents maternels, où je retrouvais une autre tribu de copains. Chez eux, tout était permis. C'est là que j'ai appris ce que signifient la simplicité, le travail, l'honnêteté et le respect de la parole donnée. Là-bas, on pratique la « pache », cette poignée de mains qui suffit pour sceller un engagement mutuel et qui engage la parole mieux que ne pourrait le faire un contrat passé devant notaire. C'est là aussi que j'ai acquis ce goût d'une vie simple qui ne m'a jamais quitté.

*

Je me souviens des trajets en camion pour accompagner mon grand-père Élie, sur des routes à moitié déglinguées qui s'enfonçaient à travers les collines ardéchoises. Je n'étais pas toujours rassuré, surtout quand je le voyais perdu dans ses pensées, en train de regarder je ne sais quoi, tout sauf la route sinueuse qui déroulait ses virages devant nous. Il connaissait le trajet par cœur, et j'avais parfois l'impression que le camion roulait tout seul. Mon grand-père s'amusait à inventer des histoires ou des petites chansons sans queue ni tête. On rigolait beaucoup pendant ces journées passées à sillonner la campagne. J'étais à la fois terrifié à l'idée de verser dans le ravin et excité par cette sensation de liberté nouvelle qui m'accompagnait pendant toutes les vacances. Le mélange de la chaleur de l'été, de l'odeur du bétail et des cahots de la route me donnait mal au cœur. Au bout d'un moment, l'envie de vomir me prenait, mais je tenais bon pour montrer à mon grand-père que j'étais un « grand », moi aussi, et que je méritais de venir avec lui. Je le revois encore, le béret vissé sur sa tête couverte de cheveux blancs, vêtu de cette blouse qu'il ne quittait jamais. Nous faisions le tour des fermes de la région pour acheter les bêtes qu'il allait ensuite revendre à l'abattoir ou sur les marchés. À chacune de ses visites, les paysans lui offraient un coup à boire. J'avais parfois droit, moi aussi, en dépit de mon jeune âge, à une petite goutte versée dans un verre noir de crasse… Il prenait son travail de maquignon très à cœur. Ce petit homme était un redoutable négociateur, capable de discuter le prix d'une vache pendant des heures, quitte à faire semblant de lâcher l'affaire et de s'en aller avant de revenir vers son interlocuteur pour mieux conclure. Il n'avait pas son pareil pour embrouiller son monde. Il adorait jouer, et c'est sans doute à lui que je dois ma passion des cartes et du jeu. J'ouvrais de grands yeux étonnés en le voyant sortir des liasses de billets de sa poche. Je devais avoir six ou sept ans, peut-être huit, et je le prenais pour le roi du monde, au moins. En Ardèche, un sou est un sou. Je crois que c'est là, pendant ces journées passées en compagnie de mon grand-père, que j'ai appris à respecter l'argent et la valeur du travail. Après avoir acheté la bête, nous repartions pour la revendre, cent ou deux cents kilomètres plus loin. Pour mon grand-père, ce n'était rien d'autre qu'une routine quotidienne. Pour le gamin que j'étais, c'était bien plus que ça Je me levais en pleine nuit, vers trois heures du matin, avant de récupérer des miettes de sommeil sur la route, installé comme je le pouvais sur la banquette inconfortable du camion. Je vivais une véritable aventure que je raconterais aux copains en rentrant à la maison, une aventure bien plus passionnante qu'un film regardé à la télé. Et puis, pardessus tout, je ressentais un intense sentiment de liberté que je n'ai jamais vraiment retrouvé par la suite, mais dont je conserve à tout jamais le souvenir gravé dans un coin de ma mémoire.

*

Je suis très attaché à une notion qui est, selon moi, au cœur de la relation entre parents et enfants : celle de la transmission. Les parents sont là pour transmettre des valeurs à leurs enfants. Quand je parle de valeurs, je ne parle évidemment pas de politique. Dans ce domaine, c'est à chacun de se faire sa propre opinion, et je ne chercherai jamais à imposer mes idées à nos filles. Non, je pense à ces grands principes qui vont bien au-delà de la politique et qui expriment une certaine conception de l'existence et de la vie en société. Moi, j'ai envie de leur transmettre les belles idées que m'ont transmises mes parents. La générosité, l'honnêteté, le respect de la différence, la simplicité... Toutes ces valeurs que l'on retrouve dans le rugby comme dans la vie de tous les jours et qui ont toujours modelé ma personnalité comme mes relations avec les autres. J'aimerais aussi leur communiquer ma joie de vivre, ma bonne humeur et mon insouciance, que je n'ai pas perdues en devenant adulte. Et puis, il y a bien sûr le plus important : l'amour des parents pour leurs enfants. Sans lui, un gamin est mal parti dans la vie. Je crois que le pire, pour un enfant, c'est de grandir avec le manque d'amour ou, ce qui peut être tout aussi destructeur, avec l'impression de manquer d'amour. Un enfant a vite fait de s'imaginer que ses parents ne l'aiment pas. Ce doit être un sentiment terrible, pour un gamin.

Chez les Chabal, les mots n'ont jamais tenu une grande place. Mes parents ne passaient pas leur temps à nous dire et à nous répéter qu'ils nous aimaient. Ce n'était pas trop le genre de la maison. Et pourtant, je n'ai jamais douté de leur amour. Simplement, ils le manifestaient autrement que par les mots. Il leur suffisait d'un regard, d'un geste ou d'une attitude pour l'exprimer. Je n'ai jamais été en manque, en dépit de leur pudeur et de leur silence. Mais maintenant que je suis devenu père à mon tour, je me rends compte de l'importance des mots. Les mots sont une preuve d'amour et permettent de le faire exister au grand jour. Ils lui donnent sa consistance et sa réalité matérielle, comme si l'on pouvait le toucher du doigt. Je n'aimerais pas me demander un jour si ma fille doute de l'amour que je lui porte. Donc, je lui dis « je t'aime » le plus souvent possible. Je ne me force pas, ce n'est pas une obsession, je ne m'impose pas un certain nombre de « je t'aime » par jour ou par semaine, ce serait ridicule... Mais je le lui dis régulièrement. Pour moi, c'est quelque chose de naturel. Je n'ai pas à me forcer, ce qui me surprendrait presque, moi qui n'ai jamais été à l'aise dès qu'il s'agit d'exprimer ses sentiments. Mais avec Lily-Rose, les mots viennent tout seuls. Et j'aime aussi l'entendre me dire la même chose. C'est très important pour moi de l'entendre m'affirmer qu'elle m'aime. À la réflexion, peut-être aurais-je aimé que mes parents me le disent, eux aussi, même si je n'ai jamais souffert de leur silence. En tout cas, c'est grâce à Lily-Rose que j'ai compris pour la première fois l'importance des mots et du langage. Et, depuis, je ne me prive pas de l'utiliser dès que j'en ai l'occasion. C'est-à-dire tous les jours où je suis avec elle... Avec Maud, la fille d'Annick, je me trouve dans une situation différente puisque je ne suis pas son papa. Elle a déjà un père qu'elle voit régulièrement et qui s'occupe très bien d'elle. Je crois qu'il est même un peu « papa-poule » sur les bords, ce que je comprends très bien puisque j'ai tendance à l'être, moi aussi. Je ne suis pas son père ni même son deuxième père, même si elle a longtemps vécu à la maison au quotidien. Ma relation avec elle n'est pas du tout la même que ma relation avec Lily-Rose, et je n'ai jamais cherché à me comporter de la même manière. Ce qui ne m'a pas empêché de la traiter comme ma fille et de lui dire ce que j'avais à lui dire, voire de l'engueuler si le besoin s'en faisait sentir. Je l'ai vue grandir, elle a vécu avec nous pendant dix ans et elle a passé plus de temps à mes côtés qu'avec son papa, qu'elle ne voyait que le week-end. En fait, je considère que j'ai deux filles. Et j'aime Maud autant que j'aime Lily-Rose, bien que je ne me sois jamais autorisé à lui parler de la même manière, encore et toujours à cause de ma fichue pudeur. Je pense que je me suis comporté avec elle de la même manière que mes parents se comportaient avec moi. Je ne lui ai jamais fait part de mes sentiments, je me suis toujours montré pudique et réservé, sans être distant pour autant. Peut-être parce que je n'étais pas son père et que je tenais à conserver une certaine forme de retenue avec elle. Peut-être aussi parce que je n'ai commencé à changer qu'à la naissance de Lily-Rose. Comme si le fait de devenir père pour de bon et d'occuper pleinement cette place avait décoincé quelque chose en moi, comme si je m'étais enfin autorisé à dépasser mes blocages et à laisser de côté cette retenue dont j'avais toujours fait preuve depuis l'enfance. Annick ne m'a pas demandé de jouer un rôle de père vis-à-vis d'elle, et je ne l'ai pas souhaité non plus. Maud a toujours eu une vie à elle en dehors de la maison. Elle ne porte pas mon nom et elle ne disait pas à ses copines d'école qu'elle vivait une partie du temps avec Sébastien Chabal. Seules certaines d'entre elles étaient au courant parce qu'elles m'ont croisé en venant la voir. Je trouve que notre mode de fonctionnement est très sain. Chacun est à sa place, les rôles des uns et des autres sont clairement définis et nous avons réussi à instaurer des relations très claires entre nous. Je ne sais pas si je suis un bon papa, ce n'est pas à moi de le dire. Tout ce que je sais, c'est que j'ai pris ma place de père et que je l'assume pleinement. Et pour moi, c'est le plus important.

Les grands-parents aussi ont un rôle essentiel à jouer. Même s'ils ne s'occupent pas de leurs petits-enfants au quotidien, ils sont les garants de l'histoire familiale et de sa mémoire. Quand je pars à la chasse aux champignons avec Lily-Rose, je retourne quelques années en arrière, à l'époque où ma grand-mère m'emmenait avec elle à la cueillette des champignons dans les forêts de l'Ardèche, autour de Gluiras. Au retour, elle cuisinait une fricassée de cèpes. J'adorais ça. Après avoir préparé l'omelette, elle gardait précieusement les vieux champignons plutôt que de les jeter. C'était tout un rituel. Elle les coupait en fines lamelles, puis elle les faisait sécher dans son champ sur une planche de tôle ou sur un grillage. Ensuite, nous allions les vendre au marché de Sainte-Eulalie. L'Ardèche a toujours été une vraie mine d'or pour les champignons. Je me souviens que chacun gardait jalousement le secret de ses meilleurs coins, ceux où l'on était sûr de dénicher des girolles ou des trompettes-de-la-mort. Quand je me balade en forêt avec Lily-Rose pour cueillir des morilles, je me revois à son âge chez mes grands-parents. Je retrouve le parfum des bois et le bruit des feuilles qui craquent sous nos pieds. Je retombe en enfance et j'adore ça... Certains sportifs pratiquent le golf quand ils ont besoin de déconnecter. Moi, pour me couper de la réalité, je vais plutôt marcher dans la nature avec ma fille du côté de Rambouillet. Pour oublier tous les petits soucis de la vie, je n'ai rien trouvé de mieux. Je n'ai qu'un seul regret, celui de ne pas l'avoir emmenée au stade plus souvent. Si j'avais été à sa place, avec un papa joueur de rugby ou de foot, j'aurais adoré l'accompagner, m'installer dans les tribunes et le regarder jouer. Malheureusement, Lily-Rose est encore trop petite. Elle ne comprend pas grand-chose à ce qu'il se passe sur un terrain. Elle sait que je joue au rugby, elle sait que je suis connu, mais ça ne va pas plus loin. Quand elle était toute petite et que je jouais encore à Sale, elle m'encourageait à sa manière avant mon départ en me disant *« Return victorious ! »* Elle ne se rendait pas vraiment compte de ce que je faisais, elle se disait peut-être que je partais jouer avec mes copains comme elle pouvait s'amuser avec ses copines d'école, mais elle me soutenait à sa manière. Elle était ma première supportrice et j'avais besoin de sa petite phrase d'encouragement, comme ces rituels de superstition dont certains joueurs ne peuvent se passer avant une rencontre. Depuis, elle a grandi. Elle résume le rugby à sa manière, avec ses mots d'enfant. Quand on lui demande ce que je fais dans la vie, elle répond que je suis célèbre. Célèbre, pour elle, signifie que « Papa, tout le monde l'aime et tout le monde le connaît ». Et quand on lui suggère de donner sa définition du rugby, elle explique que « des fois on court, il y a un truc où on doit passer le ballon par-dessus et on gagne des buts. Et d'autres fois, ils font la tour Eiffel et le dernier a le ballon, et après ils se battent », ce qui est une vision assez poétique de la réalité de notre sport ! La tour Eiffel, dans ses yeux d'enfant, c'est la touche… Je trouve ça très émouvant. J'espère simplement qu'elle pourra venir plus souvent d'ici la fin de ma carrière pour qu'elle garde en tête quelques souvenirs de son papa rugbyman.

*

J'ai toujours souhaité préserver le plus longtemps possible cet esprit de famille, et j'ai toujours pensé qu'une grande maison reste le moyen idéal d'assurer sa transmission. Annick et moi, nous avions depuis longtemps envie de vivre dans une maison. Je devrais dire : dans *notre* maison. Un lieu à nous, choisi par nos soins et décoré selon notre goût. Nous ne cherchions pas forcément à faire construire. Tout ce que nous voulions, c'était nous installer dans un endroit qui nous ressemble, où nous pourrions nous poser de manière définitive après ma carrière. Pour nous, il n'avait jamais été question de rester en région parisienne. Pourtant, je sais que nous serons là encore quelques années à l'issue de mon engagement avec le Racing, car j'aurai besoin de me rendre à Paris pour des raisons professionnelles. Nous sommes installés près de la capitale tout en restant à l'écart de son agitation. Il me suffit d'une demi-heure de voiture pour aller à mes rendez-vous, et d'une autre demi-heure pour retrouver le calme de notre jardin de banlieue. C'est la situation idéale... Et puis Annick a retrouvé cette vie sociale qu'elle avait perdue quand nous vivions à Sale. Quant à Lily-Rose, elle s'est fait des copines à l'école, elle s'est habituée à son nouveau cadre de vie, et cela ne serait pas une bonne idée de la faire déménager une nouvelle fois.

Mais je sais aussi que nous retournerons souvent dans notre maison. Pour moi, c'est indispensable. J'ai besoin de revenir à mes racines, loin de la grande ville et de son enfermement. Je n'aime pas la ville, quelle qu'elle soit, et Annick non plus. Je n'ai rien contre Paris en particulier, je trouve même que c'est une ville magnifique. Et j'aurai au moins profité de mes années parisiennes pour découvrir des musées et des monuments que je ne connaissais qu'à travers les livres ou des reportages. Avant de venir jouer au Racing, je n'avais jamais mis les pieds au Louvre, par exemple. Rien que pour la découverte de ce musée, qui a été un véritable enchantement pour les yeux et pour l'esprit, ce séjour parisien m'aura été très profitable. Mais il n'y a rien à faire, je n'aime pas l'idée de vivre en ville. J'ai besoin d'espace, j'ai besoin d'horizon, j'ai besoin de me sentir libre. Dans une ville, je ne me sens pas libre. J'étouffe, j'ai l'impression de me cogner aux murs des immeubles, j'éprouve un sentiment oppressant d'enfermement, comme si j'étais en prison. Et je ne partage pas cette angoisse commune à de nombreux citadins qui ne s'imaginent pas loin des cinémas ou des magasins. Certains se sentent rassurés à l'idée de savoir que leur médecin est installé à quelques minutes à pied de chez eux ou que le plus proche hôpital est accessible en un coup de voiture. Ils ont besoin d'avoir du monde autour d'eux quand ils mettent le nez dehors. Une présence humaine les rassure, même si les autres restent la plupart du temps indifférents à leur sort. J'imagine que c'est un moyen de lutter contre l'angoisse de la solitude et de l'abandon. Moi, cela ne m'a jamais gêné. Je ne me sens pas plus rassuré parce que je croise de parfaits inconnus en sortant de chez moi. Au contraire, j'aspire plutôt à l'anonymat. Je revendique l'indifférence de ceux qui m'entourent car j'y vois le plus sûr moyen de préserver ma tranquillité.

Je suppose que cette aspiration n'est rien d'autre que le fruit de mes années ardéchoises. Je crois bien qu'elles m'ont marqué à vie. Elles m'ont donné le goût de la nature, mais elles m'ont aussi transmis le virus de la liberté, et je crois que la liberté ne s'accorde pas avec la foule. Je ne supporte plus l'idée de vivre dans un immeuble, avec tous ces gens empilés les uns sur les autres qui se moquent éperdument du sort de leurs voisins dont ils ne savent rien. La vie en ville devrait inciter à la solidarité, elle ne fait que renforcer l'égoïsme naturel de l'être humain et favoriser le repli sur soi. Il me faut de l'espace, il me faut des montagnes et des collines, des animaux et des arbres, et ce silence qui n'en est pas un, chargé de tous ces petits bruits de la nature qui font tout le charme de la vie campagnarde. Non, décidément, je suis fait pour vivre au calme, à l'abri du bruit et du stress. Pas forcément comme un ours solitaire, mais un peu tout de même, il faut bien l'avouer… On ne se refait pas, et mon tempérament s'accommode mieux d'une vie à l'écart du tumulte du monde, loin des exigences de la notoriété et des contraintes d'une vie de sportif professionnel. Et je présume que cela ne va pas s'arranger avec les années !

*

Annick partage cette vision de l'existence. L'acquisition d'une maison fait partie depuis toujours d'un authentique projet de vie commune. Nous avions déjà vécu dans une maison quand je jouais à Bourgoin puis en Angleterre, mais ce n'était pas vraiment « chez nous ». À chaque fois, ce n'était qu'une étape, un passage, une résidence provisoire que nous n'avons jamais aménagée à notre goût et que nous n'avons jamais vraiment « habitée », au sens où l'on parle de lieux habités par l'esprit de leurs propriétaires. Il ne restait plus qu'à trouver un endroit qui nous plaise et nous convienne, ce qui a fini par arriver par le plus grand des hasards, comme c'est souvent le cas dans la vie. Le choix était restreint : nous avions envie de retrouver nos racines mais Annick ne voulait pas pour autant s'installer du côté de Bourgoin. De mon côté, je rêvais de revenir sur les lieux de mon enfance. Nous avons fini par trouver ce que nous cherchions dans la Drôme, à quelques kilomètres de Valence. C'était une belle journée d'été, nous nous étions arrêtés sur le bord de la route pour ramasser des abricots et des pêches, comme je le faisais quand j'étais môme. Ce jour-là, nous cherchions sans vraiment chercher. Nous avions parcouru les petites annonces avant d'arrêter notre choix sur deux ou trois maisons et de les visiter par curiosité, comme ça, sans y croire. Un véritable coup de foudre nous est tombé dessus à l'instant même où nous avons poussé la grille. Nous avons découvert une vieille bâtisse en pierre, avec une allée d'ifs et un petit porche, qui semblait avoir été construite rien que pour nous. C'est une propriété isolée, perdue en pleine campagne. Le plus proche voisin habite à un kilomètre de là. Elle coïncide parfaitement avec l'idée que nous nous faisions de la maison idéale. Une fois l'enthousiasme passé, notre première réaction a été de nous dire que l'intérieur devait sûrement tomber en ruine, histoire de calmer notre ardeur et de ne pas être trop déçus. Mais l'intérieur était à la hauteur de l'extérieur, et il ne nous a pas fallu longtemps pour nous décider. En vingt-quatre heures, le temps de me mettre d'accord avec la banque sur les modalités du crédit, nous sommes devenus acquéreurs de la maison de nos rêves. Je pourrais écrire : de la maison de notre vie.

Cette maison possède une histoire. D'après les documents que nous ont transmis les anciens propriétaires, ses origines remontent au XVIIIe siècle. Mais le plus important, à mes yeux, ce n'est pas son passé. C'est plutôt son avenir et l'histoire qui reste à écrire. Car si nous l'avons achetée, c'est non seulement pour l'habiter mais aussi pour en faire une véritable maison de famille, pour toute notre famille. Et d'abord pour nos filles, bien sûr. J'en reviens à cette belle idée de transmission que j'évoquais tout à l'heure. Maud va bientôt prendre son indépendance, mais j'espère qu'elle aura tout de même le temps d'en profiter et qu'elle invitera des copains pour les vacances ou les week-ends. Quant à Lily-Rose, elle aura eu la chance, tout comme moi, de passer une bonne partie de sa jeunesse à la campagne, près de la nature et de ces animaux qu'elle adore. Elle aura aussi eu la chance de vivre près de ses grands-parents paternels. Nous avons en effet proposé à mes parents de venir vivre avec nous le jour où nous nous installerons ici. Je dis bien « avec nous » et pas « chez nous ». Cette maison, même si elle appartient à Annick et moi, c'est aussi la leur. Lors de notre rendez-vous à l'agence immobilière, nous avions expliqué que nous cherchions un site assez vaste pour héberger plusieurs personnes, et même plusieurs générations. Pour Annick comme pour moi, cela relevait de l'évidence. C'est même Annick qui me l'avait suggéré. D'origine italienne, elle a été très proche de sa grand-mère quand elle était petite, elle aussi, et elle conserve la nostalgie de ces moments privilégiés passés en sa compagnie. Elle est très attachée à l'idée de partage et à la notion de famille. Et puis, je n'ai jamais eu envie d'utiliser l'argent gagné avec le rugby pour céder à la tentation de la frime et à la dictature de l'apparence. Je ne roule pas dans une voiture de luxe, je ne porte pas de vêtements dessinés par des grands couturiers, je n'arbore pas à mon poignet une montre hors de prix. Ce n'est pas mon style, ce n'est pas non plus celui d'Annick. Elle a toujours éprouvé une certaine culpabilité en songeant à l'argent que j'ai gagné grâce à mon métier. Acquérir une maison familiale, ce n'est pas la même chose que de tout claquer en dépenses futiles pour céder à l'air du temps ou à des caprices de star.

Il y a de cela quelques années, nous avions dit à mes parents qu'ils seraient les bienvenus dans notre maison le jour où nous l'aurions trouvée. Aujourd'hui, cette prédiction est devenue réalité. Je sais qu'ils n'auraient jamais accepté que je leur achète leur propre maison. Ils auraient eu le sentiment de « profiter » – je mets le mot entre guillemets – de mon argent et cela leur aurait déplu. Tandis que là, ce n'est pas du tout la même chose. Ils seront chez eux. Ils seront autonomes et je frapperai à leur porte avant d'entrer. Quand nous le leur avons proposé, ma mère a eu du mal à trouver les mots pour exprimer ce qu'elle ressentait. Elle m'a dit, à propos d'Annick, qu'elle avait le sentiment que je l'avais choisie parce que je savais qu'avec elle, nous pourrions tous nous entendre et que nous formerions une famille encore plus belle... Je trouve naturel que les enfants s'occupent de leurs parents âgés. Ils nous ont élevés, ils ont pris soin de nous, ils nous ont permis de devenir ce que nous sommes, c'est ensuite à nous de leur rendre tout ce qu'ils nous ont donné. J'aimerais que mes parents vieillissent à nos côtés, et j'aimerais aussi que les filles prennent le relais et poursuivent l'histoire de cette maison avec leurs propres enfants. J'ai même proposé à mon frère Florent d'occuper l'appartement attenant à la maison. Avec mon frère, nous nous sommes redécouverts. Il a sept ans de moins que moi. Quand j'ai quitté la maison pour aller passer mon bac pro, il n'avait que huit ou neuf ans. À mes yeux, il n'était encore qu'un gamin. Nous ne partagions pas grand-chose tous les deux. Nous n'avions pas les mêmes centres d'intérêts, nous ne jouions pas beaucoup ensemble et nous vivions chacun dans son monde, à des années-lumière l'un de l'autre. J'ai grandi avec ma sœur Christel et nous avons partagé la même enfance, mais je n'ai rien vécu pendant très longtemps avec Florent. Je sais que la vie n'a pas toujours été facile pour lui. Il lui a fallu du temps pour trouver sa voie et pour se trouver lui-même. À cause d'un accident – il a perdu un œil en démontant une carabine –, il a dû renoncer à des métiers qu'il aurait aimé pratiquer. Il a arrêté l'école très jeune, puis il s'est longtemps égaré sans savoir dans quelle direction aller. Je me souviens, quand je venais voir mes parents, il m'arrivait souvent de le trouver encore au lit à une heure avancée de la journée, ce qui avait le don de m'exaspérer. Il vivait la nuit, il multipliait les conneries de jeunesse alors qu'il en avait passé l'âge, et je n'arrêtais pas de lui rentrer dedans. Comme ce jour où je lui avais passé un savon parce qu'il était parti acheter du shit à Amsterdam. Je rêvais de l'aider, j'étais souvent sur son dos mais je ne savais pas forcément par quel bout le prendre. Je sais qu'il n'était pas évident pour lui d'avoir un grand frère célèbre qui réussissait dans son métier et qui projetait comme une ombre au-dessus de lui. Il lui fallait s'affirmer par rapport à moi, ce qui n'est jamais simple. Aujourd'hui, tout a changé. Depuis deux ou trois ans, nous sommes très proches l'un de l'autre. C'est un « taiseux », lui aussi. Nous n'avons pas besoin de beaucoup nous parler pour nous comprendre. Il suffit de pas grand-chose : un regard, un silence complice, un petit geste anodin pour n'importe qui d'autre mais qui en dit long pour chacun de nous. Il travaille, il s'est trouvé une copine, il s'est enfin installé dans la vie, et je suis heureux de construire avec lui une vraie relation fraternelle qui nous enrichit beaucoup l'un et l'autre.

*

Il est amusant de constater à quel point notre manière de concevoir la vie peut évoluer. Il y a encore une dizaine d'années, lorsque je démarrais dans le rugby, jamais l'idée d'habiter avec mes parents ne me serait venue à l'esprit. Au contraire, je ne pensais qu'à une chose : prendre mon indépendance, vivre seul et mettre de la distance entre ma famille et moi. La perspective de m'installer avec mon père et ma mère dans une grande maison m'aurait semblé être une aberration. Aujourd'hui, les choses ont changé. En fait, c'est surtout moi qui ai changé. Je suis parti vivre ma vie, j'ai rencontré Annick, je suis devenu père et je n'ai pas trop mal réussi dans mon métier. J'arrive bientôt au bout de mon parcours professionnel et je me suis réalisé sur le plan personnel. Il est temps maintenant de penser à la prochaine étape. Et cette prochaine étape, je ne l'imagine pas autrement qu'ici, dans notre maison, avec toute la famille autour de nous. J'ai envie de construire quelque chose qui dure, quelque chose qui aille bien au-delà de ma personne. J'avais besoin d'apporter ma pierre à l'histoire familiale et de laisser une trace de mon passage. Cette maison, tout comme ce que j'ai reçu de mes parents, je la transmettrai à mon tour aux générations qui viennent derrière moi, à la manière d'un passage de témoin. C'est un geste comparable à celui qui consiste à passer le ballon à un coéquipier pendant un match de rugby après l'avoir reçu des mains d'un autre. Il permet de se situer dans la continuité d'une action collective, comme le maillon d'une chaîne de vie qui ne s'arrêterait jamais. Transmettre cette maison, ce sera en quelque sorte ma dernière passe…

15.

Bleu horizon

Je me souviendrai toujours de mes débuts en équipe de France.

C'était en mars 2000, pour un match du Tournoi des Cinq Nations contre l'Écosse. Je ressemblais à un petit écolier lâché dans une cour de collège, égaré parmi des plus grands et des plus forts que lui. J'avais l'impression d'être là en spectateur, serrant la main à des joueurs que j'avais vus à la télé et à d'autres dont je ne connaissais même pas le nom. Intimidé, je les appelais « Monsieur », ne sachant trop quel comportement adopter. En fait, j'étais perdu. Personne ne m'avait donné les clés de ce monde dont j'ignorais tout. C'était à moi de me débrouiller, comme un grand que je n'étais pas encore. J'en garde le souvenir d'un instant étrange, presque irréel. L'idée de jouer un jour pour la sélection de mon pays ne m'avait jamais traversé l'esprit. C'est arrivé comme ça, sans que je ne m'y attende et sans que j'aie le temps de me poser des questions. Michel Couturas avait parlé de moi à Bernard

Laporte, qui venait d'être nommé sélectionneur un an plus tôt. Bernard était venu me voir jouer à plusieurs reprises pour se faire une idée. Il avait décidé de me donner ma chance, comme il le faisait avec d'autres jeunes joueurs.

Cette première sélection, je n'en avais jamais rêvé, à la différence de certains de mes coéquipiers qui imaginaient leur avenir en bleu. Elle ne m'a pas fait bondir de joie. Je ne dirais pas qu'elle m'a laissé indifférent, mais pas loin. Je n'arrivais pas à me dire que je m'apprêtais à vivre un jour exceptionnel. Le rugby n'était pour moi qu'un jeu, pas tout à fait un métier et encore moins l'aboutissement d'une passion d'enfance. Alors, l'équipe de France… Je ne pensais même pas qu'elle n'était pas pour moi et que je n'avais aucune chance : je n'y songeais pas, tout simplement. Mais tout autour de moi, les gens étaient contents. Il me semblait que je me devais de l'être aussi. Tout le monde me disait que c'était formidable, que j'avais une chance incroyable, que je m'apprêtais à vivre l'un des plus beaux jours de ma carrière et qu'il fallait que j'en sois conscient. On ne me laissait pas le choix : j'avais l'obligation morale d'être heureux de ce qu'il m'arrivait. Je me suis tout de même demandé pour quelle raison Bernard Laporte faisait appel à moi. Je n'avais pas le sentiment de voler ma sélection mais plutôt celui d'être là par erreur. Je m'attendais à ce que quelqu'un, tout d'un coup, s'aperçoive de l'incongruité de ma convocation et me demande gentiment de rentrer à la maison… Mais il ne s'est rien passé de tel et, lors du rassemblement d'avant-match, j'ai découvert mes futurs coéquipiers. C'est là que j'ai fait connaissance avec Émile Ntamack, qui appartient aujourd'hui à l'encadrement de la sélection et qui travaille aux côtés de Marc Lièvremont. Les présentations se sont plutôt bien passées. Dans le rugby, les gens se comportent simplement. Chacun laisse son ego au vestiaire, et c'est vraiment le groupe qui prime par rapport aux individualités. Les « anciens » se sont un peu occupés de moi, comme le veut la tradition. Ils m'ont aidé à m'intégrer et ont tout fait pour me mettre à l'aise.

Quant au match lui-même, je n'en garde pas un souvenir très précis. Je me souviens que je suis sorti à la cinquantième minute, à moitié K.-O., après avoir fait ce que j'avais à faire. J'avais tenu mon rôle sans avoir accompli une performance exceptionnelle. Je ne me posais pas beaucoup de questions. On m'avait convoqué pour jouer, j'avais rempli ce que je considérais comme une mission en m'appliquant le plus possible, et voilà. J'avais fêté ma première sélection. Pour la suite, on verrait bien. Je crois que mon futur en bleu – et mon futur tout court – ne me préoccupait pas plus que ça. J'étais encore très insouciant comme on peut l'être à vingt-deux ans, et mon avenir aurait encore le temps de s'écrire.

*

Aujourd'hui, quand j'y repense, je me dis que c'était trop tôt. Je n'étais pas prêt. Il me restait tout à apprendre du métier de rugbyman. Je ne jouais que depuis six ans, j'avais signé à Bourgoin deux ans plus tôt mais je n'évoluais en équipe première que depuis une saison. Avec une dizaine de matchs en championnat, je me considérais comme un débutant. Ma condition physique restait insuffisante, ma technique était incertaine et ma maturité loin d'être acquise. Je n'ai rejoué en bleu que plus d'un an après, à l'occasion d'une tournée d'été en Afrique du Sud, sans pour autant me considérer comme un membre à part entière du Club France. D'ailleurs, je n'ai pas reçu tout de suite ma première cape comme le veut la tradition. D'habitude, les débuts d'un joueur en équipe de France obéissent à un rituel parfaitement réglé. On lui remet sa première cape de manière officielle et un « ancien » ou un dirigeant prononce un discours de bienvenue à l'occasion d'un banquet d'après-match. Une première sélection n'est jamais anodine. C'est un jalon important dans une carrière et même dans une vie, et il convient de le marquer de manière solennelle, à la mesure de l'événement qu'il représente. Dans mon cas, on ne m'a remis ma première cape que beaucoup plus tard, à l'occasion de ma dixième ou de ma douzième sélection – je ne m'en souviens même plus, c'est dire si cette cérémonie m'a marqué. Avec le recul, je trouve que c'est dommage. J'y vois le symbole d'une entrée en matière prématurée, comme si mes véritables débuts en bleu n'étaient survenus que bien après.

Mais ces premiers pas sous le maillot tricolore ne sont pas restés sans conséquences. Ils ont donné une impulsion à ma carrière et ont fait naître en moi une certaine prise de conscience. Petit à petit, j'ai pris goût aux plaisirs et aux exigences du plus haut niveau, à cette passionnante aventure humaine et à cette ouverture sur un monde dont j'ignorais tout quelques mois plus tôt, mais dont je pressentais tout l'intérêt. L'équipe de France me trottait de plus en plus souvent dans la tête, mais elle se méritait. J'ai pris conscience de la nécessité de travailler encore plus dur si je voulais gagner ma place. C'est là que j'ai cessé d'aborder le rugby en dilettante pour me comporter en véritable professionnel. Après ces premiers pas, je me trouvais à la croisée des chemins : soit je continuais à me contenter d'une vie et d'un jeu « pépères », soit je me donnais les moyens de franchir un palier et d'être régulièrement sélectionné, avec l'ambition de faire partie des meilleurs. J'avais le choix entre la routine et l'excitation de la nouveauté, entre le confort et l'aventure, entre la facilité et la mise en danger. Il ne m'a pas fallu longtemps pour me décider. Sans trop y réfléchir car cela relevait de l'évidence, je savais d'instinct qu'il était temps pour moi de changer de dimension. Je suis devenu plus motivé et plus performant avec mon club de Bourgoin. La saison suivante, je me suis installé dans une place de titulaire et je ne suis plus sorti de l'équipe, aidé en cela par Michel Couturas qui avait compris, bien avant moi, que j'étais mûr pour accéder à autre chose et prendre mon envol pour de bon. Ma carrière a vraiment démarré à ce moment-là, et c'est en grande partie à cette sélection prématurée que je le dois.

*

Par la suite, et pendant plusieurs saisons, mon parcours d'international a été pour le moins irrégulier. J'ai multiplié les allers-retours au gré de mes performances sur le terrain, mais aussi de mes disgrâces et des humeurs du sélectionneur. Même s'il n'a jamais cessé de me témoigner sa confiance, Bernard Laporte s'est toujours montré très exigeant à mon égard, et j'imagine que sa déception était parfois à la hauteur de cette exigence. Je n'ai sans doute pas toujours répondu à ses attentes, ce qui m'a valu d'être sélectionné par intermittence. Parfois, je jugeais mon éviction du groupe injuste. À d'autres moments, je ne comprenais pas pourquoi j'étais retenu alors que je traversais une période difficile et que j'étais loin d'être excellent sur le terrain. Quand je suis parti en Angleterre, par exemple, j'ai effectué un bon début de saison sans être sélectionné pour autant, ce que j'avais du mal à admettre. Mais la vie d'un joueur international ne ressemble jamais à un long fleuve tranquille. Il faut accepter de quitter le groupe en étant prêt à donner le maximum pour y revenir, sans se décourager. Et puis, il y a eu parfois quelques petites frictions, dues le plus souvent à une mauvaise compréhension de mes propos. Comme lors de la Coupe du monde 2003 pendant laquelle je me suis contenté d'être assis sur le banc des remplaçants, jouant un bout de match par-ci et quelques minutes par-là. J'ai assisté depuis les tribunes au quart de finale et à la demi-finale perdue contre l'Angleterre. Bernard souhaitait faire tourner l'effectif et il estimait que je n'avais pas ma place. Je ne suis revenu que pour la « petite finale », ce match qui opposait les deux équipes vaincues en demi-finale, les Néo-Zélandais et nous.

Pour mon retour dans l'équipe, j'ai été gâté ! Ce match contre les All Blacks reste, encore aujourd'hui, un véritable cauchemar dans le souvenir de tous ceux qui y ont participé. Les Blacks partaient favoris du tournoi mais s'étaient fait sortir en demi-finale par le pays organisateur, l'Australie. Ils dominaient le rugby mondial et s'attendaient à repartir avec le trophée sous le bras. Cette défaite leur est restée en travers de la gorge. Même si une troisième place n'offre qu'une satisfaction symbolique, ils étaient déterminés à jouer à fond, et c'est nous qui avons fait les frais de leur rage et de leur frustration. Nous avons été laminés sur le score de 40 à 13. Mais, au-delà de la défaite, jamais un match de rugby ne m'a paru aussi long ! Les vingt dernières minutes n'en finissaient pas. Je passais mon temps à regarder la grande horloge qui indiquait le temps écoulé, persuadé qu'elle s'était arrêtée ou que le chronomètre de l'arbitre était déréglé. Plusieurs d'entre nous n'avaient pas joué depuis quelques jours et nous n'étions pas vraiment en jambes, alors que nos adversaires avaient aligné leur équipe-type. Ce match aura été un vrai cauchemar, et je crois que je n'ai jamais entendu le coup de sifflet final avec un tel soulagement...

Pendant la compétition, lors d'une interview, un journaliste m'a demandé si je n'étais pas frustré par mon statut de remplaçant. Quelle question ! Je me sentais évidemment insatisfait de ne pas jouer plus, et j'aurais préféré passer mon temps sur le terrain plutôt que sur le banc de touche ou dans les tribunes. Quand le journaliste m'a demandé pourquoi je n'en parlais pas aux dirigeants, je lui ai répondu que je préférais m'adresser directement au roi plutôt qu'à ses écuyers. Ce jour-là, j'aurais mieux fait de me taire. Le lendemain, un grand titre dans *L'Équipe* reprenait ma phrase en la sortant du contexte de notre discussion. Il annonçait, avec ce sens de la formule réductrice et de la mise en scène trompeuse dont les médias raffolent, que je désirais « parler au roi », ce qui a été assez mal perçu en haut lieu. Heureusement, Bernard a pu écouter l'interview et nous nous sommes expliqués tranquillement. N'empêche, je me demande si cet incident, pourtant sans importance, ne m'a pas coûté ma place en équipe de France pendant les mois qui ont suivi.

*

Pendant les huit années de mandat de Bernard Laporte, de 1999 à 2007, j'ai disputé une bonne quarantaine de rencontres, ce qui témoigne malgré tout d'une régularité certaine. Même si j'ai connu de nombreuses parenthèses dans ma vie en bleu, même si mes performances sur le terrain n'ont pas toujours été irréprochables, je me suis débrouillé pour ne pas louper les rendez-vous importants, qu'il s'agisse du Tournoi ou de la Coupe du monde. Quand Bernard a cédé sa place à Marc Lièvremont, je me trouvais à la jonction de deux générations, celle qui partait et celle qui arrivait. Quelques-uns des grands noms de l'équipe de France ont mis fin à leur carrière internationale à ce moment-là, voire à leur carrière de rugbyman, comme Christophe Dominici, Raphaël Ibanez, Peter De Villiers, Serge Betsen et Fabien Pelous, le recordman des sélections en bleu. D'autres comme Fulgence Ouedraogo, François Trinh-Duc ou Julien Pierre arrivaient pour incarner le renouveau des Tricolores. J'étais entre les deux. J'avais trente ans, je ne faisais plus partie des jeunes mais je ne me sentais pas prêt à prendre ma retraite. Je n'avais pas le sentiment d'être poussé par les nouveaux. Au contraire, je me trouvais en pleine possession de mes moyens, je savais où j'en étais dans mon jeu et je savais aussi quelle était ma marge de progression. Il me semblait que j'avais encore quelque chose à apporter à l'équipe de France.

Quand Marc Lièvremont a pris ses fonctions, il ne m'a pas retenu tout de suite. Comme tout nouveau sélectionneur, il souhaitait passer en revue l'effectif dont il disposait et donner leur chance à de nouveaux joueurs. Il avait été nommé dans un but précis : la prochaine édition de la Coupe du monde. Sa mission consistait à former le groupe idéal, celui qu'il emmènerait en Nouvelle-Zélande en septembre 2011. Il devait distinguer, parmi la nouvelle vague de rugbymen français, ceux qui lui semblaient le plus à même d'être à leur meilleur niveau quatre ans plus tard. Dénicher de nouveaux talents tout en s'appuyant sur un groupe d'« anciens » constitue l'équation de base de tout sélectionneur au début de son mandat.

Je sais aussi qu'il se posait des questions sur le poste qui correspondait le mieux à mon profil. À ce sujet, ma position était on ne peut plus claire : je souhaitais évoluer en numéro 8 comme c'était le cas en club. Bernard m'avait demandé de jouer en deuxième ligne pour la Coupe du monde 2007, et j'avais accepté car je tenais absolument à participer à cette aventure. Mais depuis que j'avais goûté au numéro 8 avec Sale, je n'envisageais pas d'occuper un autre poste. Et puis, de toute façon, la concurrence était trop rude en deuxième ligne avec des garçons comme Lionel – le plus fort en France à ce poste et l'un des tout meilleurs du monde, selon moi —, Pascal Papé ou Jérôme Thion. J'admettais que Marc Lièvremont me préfère d'autres joueurs qu'il jugeait meilleurs que moi, même si je ne partageais pas forcément son point de vue. Mais certains journalistes se demandaient pour quelles raisons je ne faisais plus partie de l'équipe. Ils se posaient des questions sur mon avenir en bleu, laissant libre cours à toutes les hypothèses et accréditant ainsi toutes les rumeurs. Lors des interviews, on m'interrogeait pour savoir si j'avais tiré un trait sur la sélection. Je devais, à chaque fois, faire une mise au point. Non, je n'avais pas renoncé à ma carrière d'international, de même que Marc n'avait jamais dit qu'il ne me sélectionnerait plus. Il ne me fermait pas la porte : il avait juste l'intention d'établir une hiérarchie poste par poste après avoir testé tous les candidats potentiels. C'était donc à moi de lui prouver que je méritais ma place.

*

Si je n'ai pas disputé le Tournoi des Six Nations en 2008, j'ai réintégré l'équipe de France pour la tournée dans l'hémisphère Sud qui a suivi. Dès lors, je n'ai plus quitté la sélection, même si j'ai connu une fortune diverse avec le maillot bleu sur les épaules. L'année suivante, j'ai participé au Tournoi. Je n'en garde pas forcément un souvenir impérissable, et le match contre l'Angleterre m'a valu une volée de critiques que j'ai jugées excessives. Marc Lièvremont m'avait fait débuter le match en troisième ligne aile, un poste que je n'avais pas occupé depuis bien longtemps. Ce jour-là, nous avons pris une véritable leçon de rugby, et je dois reconnaître que je n'ai pas effectué la meilleure prestation de ma carrière d'international. J'ai été très attaqué pour deux phases de jeu qui ont débouché sur deux essais anglais. Sur la première, je subis une charge et je me fais prendre le ballon au milieu du terrain. Sur la seconde, Thierry Dusautoir part un peu trop tôt tandis que je suis en retard sur l'action, ce qui permet à un joueur anglais de s'engouffrer entre nous deux et de filer aplatir le ballon derrière notre ligne. Ces attaques, je les ai vécues comme une injustice. Heureusement, elles ne m'ont pas perturbé dans mon jeu lors des matches suivants. Marc Lièvremont m'a soutenu en expliquant qu'il avait commis l'erreur de me faire jouer à un poste qui n'était pas le mien et qu'il était responsable de ce fiasco, une attitude que j'ai beaucoup appréciée. J'avais l'impression de concentrer sur ma personne toutes les critiques adressées à l'équipe, comme si mon image attirait les foudres des médias à la manière d'un paratonnerre. J'accepte les reproches quand ma performance n'a pas été bonne, et je veux bien que ma notoriété m'expose plus que les copains aux regards extérieurs et aux remises en question parfois brutales. Après tout, personne ne m'a obligé à me retrouver en première ligne en raison de mon exposition médiatique et publicitaire. Si je n'avais pas voulu de cette notoriété, il m'aurait suffi de dire « non » à toutes les propositions que j'ai reçues pour me consacrer au jeu sur le terrain et à rien d'autre. J'assume parfaitement ce statut et je suis conscient des inconvénients qu'il peut entraîner. Mais il ne faut pas exagérer non plus. Je n'ai pas envie de prendre des coups pour tout le monde. Je n'apprécie pas de servir de bouc émissaire quand le groupe n'a pas été à la hauteur. Dans ce match, je n'ai pas été bon, d'accord, mais je ne suis pas le seul à être passé à côté. Encore une fois, le rugby est un sport collectif : tous les joueurs sont dans le même bateau quand il menace de couler. Certains commentateurs l'oublient parfois un peu vite, et cela doit les arranger de désigner un seul et unique responsable plutôt que de réfléchir à la performance d'ensemble de l'équipe.

*

Où en est l'équipe de France ? Quelles sont nos chances pour la Coupe du monde en Nouvelle-Zélande ? Quelles sont nos forces et nos faiblesses ? Où sont les signes d'espérance et les raisons de ne pas y croire ? Ces questions, les journalistes n'arrêtent pas de nous les poser et de nous les reposer lors de chaque interview. Sans oublier une interrogation qui revient sans cesse sous leur plume ou dans leurs commentaires, comme une antienne qui finit par virer à l'obsession : avons-nous digéré et dépassé la défaite contre l'Australie ? Ah, le test-match contre les Australiens en novembre 2010... Celui-là, nous n'avons pas fini d'en entendre parler ! À croire qu'il a signé la condamnation sans appel de l'équipe de France. Voire, selon certains, sa déchéance définitive et irrémédiable. Comme si tout était joué, comme si les cartes étaient d'ores et déjà distribuées, comme si l'Histoire du rugby français s'arrêtait au coup de sifflet final de ce match du 27 novembre de sinistre mémoire.

On se calme, là. On respire un grand coup et on reprend ses esprits. Il ne faut tout de même pas exagérer. D'accord, nous avons perdu. D'accord, nous avons été submergés par les Australiens sans être capables de réagir, après avoir fait plus ou moins jeu égal avec eux pendant la première période. De là à écrire, comme l'ont fait certains, que le rugby français « foutait le camp », il y a une marge. Pour les journalistes, qui adorent jouer les Cassandre et prédire un avenir sombre à notre rugby, ce genre de rencontre est pain bénit. Elle leur offre l'occasion rêvée de vendre du papier en se lamentant sur la fin d'une époque et sur l'incertitude d'un avenir bien sombre, sur le mode du « je vous l'avais bien dit ». Air connu : c'était mieux avant, aujourd'hui rien ne va plus et demain est synonyme du pire. L'intérêt de ce genre de rencontre, pour la presse, est d'offrir matière inépuisable à spéculations, à prédictions pessimistes et à grandes théories qui ne résistent jamais bien longtemps à l'épreuve des faits. Nous, les joueurs, nous ne voyons pas les choses de la même manière. Nous ne passons pas notre temps à ressasser une défaite jusqu'à la nausée, comme certains semblent le faire et s'en délecter, toujours prêts à se complaire dans un discours défaitiste. Ce match n'a pas marqué la fin de l'équipe de France, de même qu'il n'hypothèque en rien nos chances pour la Coupe du monde. Il nous a permis de tirer le signal d'alarme et nous a poussés à nous remettre en question, ce qui est toujours salutaire à quelques mois d'une épreuve majeure. Il a donné le « top » nécessaire à un nouveau départ et servi de déclencheur pour une nouvelle organisation. Mais il n'a jamais signé notre arrêt de mort virtuel comme si notre avenir s'était brutalement arrêté ce 27 novembre. Et puis, soyons sérieux : même si cette défaite nous a fait mal, même si nous avons eu l'impression que le ciel nous tombait sur la tête, il ne s'agit que de sport et de rugby. La fin du monde n'est pas pour demain, et ce n'est pas un match perdu qui risque de la déclencher…

*

La rencontre n'avait pas très bien démarré pour nous. Les Australiens nous ont vite menés de dix points et nous avons pris d'entrée un essai qui nous a fait mal. Mais cela ne nous a pas empêchés de revenir au score à la mi-temps, et même de prendre un léger avantage en début de seconde période en menant par 16 à 13. L'Australie produisait plus de jeu que nous, mais nous avons réussi à nous accrocher et à lui résister. Et puis après… Catastrophe ! Nous nous sommes pris trente ou quarante points sans rien comprendre à ce qu'il nous arrivait. En une demi-heure, tous nos efforts se sont trouvés réduits à néant. Il y a des jours, comme ça, où rien ne va plus, alors même qu'aucun signe n'annonçait une déroute comme celle que nous avons connue. Je rappelle quand même que nous avions gagné le Tournoi en réalisant le Grand Chelem quelques mois plus tôt, et que nous avions remporté nos deux précédents test-matchs contre l'Argentine et les îles Fidji, même si leur niveau n'est pas comparable à celui de l'Australie. Nous ne nous sommes pas transformés par un coup de baguette magique en une équipe de tâcherons, n'en déplaise à certains observateurs toujours prompts à nous accabler et à nous enfoncer. Il arrive qu'une rencontre sportive prenne une direction à laquelle personne ne s'attendait. Le rugby relève parfois de l'inexplicable. Ce jour-là, la « glorieuse incertitude du sport » n'avait rien de glorieux. À aucun moment nous n'avons réussi à nous mobiliser pour tenter d'endiguer la poussée australienne. Nous étions comme accablés, incapables de réagir, sans ressources physiques ni psychologiques. Les Australiens, eux, réussissaient tout ce qu'ils tentaient, sans doute galvanisés par l'absence de réaction dans notre camp. Nos jambes étaient lourdes, nos têtes ne fonctionnaient plus, notre cœur ne battait plus à son rythme habituel. Le score final était sans appel : 59 à 13, avec sept essais à l'actif des Australiens. Même s'il ne reflétait pas l'écart entre les deux équipes, il donnait la mesure de la déroute que nous avions subie. Ce match a été bien plus qu'une simple défaite. Ce fut comme un coup de poing qui brise net votre élan et vous projette au sol, le genre de choc de nature à ouvrir la porte à toutes les remises en question et à toutes les interrogations. En un seul match, tous les bons résultats de la saison s'envolaient en fumée.

Comment réagit-on dans ce genre de circonstance ? Que se passe-t-il dans la tête des joueurs ? Quels sont les mots qui se murmurent dans l'intimité du vestiaire, quand chacun se retrouve seul avec ses pensées et confronté à ses propres manquements ? Entend-on des portes qui claquent et des coups de gueule qui volent, ou est-ce le silence qui s'installe après le fracas de la tempête ? Marc Lièvremont ne nous a pas dit grand-chose. Il n'est jamais conseillé de réagir à chaud, et l'entraîneur préfère laisser chacun face à lui-même plutôt que de prononcer, dans la précipitation, des paroles qui pourraient blesser ou être mal interprétées. Il nous a répété que nous devions rester soudés face aux critiques qui n'allaient pas manquer de nous tomber dessus, que l'harmonie de l'équipe devait être à tout prix préservée et que la force d'un groupe se mesure à sa capacité à rester solidaire dans ce genre d'épreuve. Marc n'a pas été le seul à prendre la parole. Les leaders habituels de l'équipe se sont exprimés, à commencer par notre capitaine, Thierry Dusautoir, mais aussi Lionel Nallet, Aurélien Rougerie, Yannick Jauzion et moi. Nous avons répété ce que Marc nous avait dit quelques minutes plus tôt sur la nécessité de faire bloc face à l'extérieur et d'assumer ce qu'il venait de se passer sans chercher à fuir la réalité. Nous avions connu une défaite collective, nous devions continuer à manifester ce sens du collectif après la défaite. Des mots qui sonnent comme une évidence mais que l'on rappelle néanmoins, même si personne, dans une équipe de rugby et dans cette équipe de Franc en particulier, n'aurait l'idée de faire cavalier seul et de se désolidariser des copains. Le lendemain, avant de nous séparer et de retourner dans nos clubs respectifs, nous nous sommes réunis. La nuit était passée, nous en avions profité pour repenser au match et pour tenter de trouver une explication – explication que nous n'avons d'ailleurs jamais trouvée, même aujourd'hui. Il n'en est pas sorti grand-chose : ce qu'il s'était passé relevait purement et simplement de l'accident, de l'impalpable, du mystère inexplicable, voilà tout. Ensuite, chacun a repris le chemin du retour. La vie continuait, elle ne s'arrêtait pas avec ce test-match et il fallait repartir de l'avant, même si nous savions que nous entendrions encore parler de cette journée pendant plusieurs mois, jusqu'à la prochaine sortie de l'équipe de France programmée pour février 2011 et le Tournoi des Six Nations. Au moins, la presse aurait de quoi s'occuper pendant quelque temps. Elle ne manquerait pas de nous tomber dessus et de nous faire passer un mauvais quart d'heure, mais cela ne nous perturbait guère. Pour le sélectionneur, ce genre de situation est beaucoup plus inconfortable que pour les joueurs. Nous, la réalité quotidienne du championnat nous permet de passer à autre chose. Le sélectionneur, lui, doit encore patienter trois mois et attendre le prochain rendez-vous international pour laisser ce match derrière lui, en espérant que les rencontres à venir feraient oublier ce mauvais souvenir. Je suppose que cette période d'entre-deux est terriblement frustrante et difficile à supporter au quotidien.

Il nous restait à tirer un trait sur la défaite pour repartir de l'avant et retrouver cette force morale qui nous avait fait défaut la veille. Après tout, ce moment de faiblesse peut survenir à tout moment dans la carrière d'un sportif sans qu'il soit pour autant nécessaire de tout remettre en question et de dramatiser. Parce que le rugby est un jeu, parce que la défaite en fait partie au même titre que la victoire et parce qu'il n'est qu'un éternel recommencement. À l'image de la vie dont il est, à sa manière, une belle métaphore et un symbole.

*

Ce test-match aura eu au moins un avantage : celui de nous conduire, joueurs et membres du *staff*, à instaurer tous ensemble une nouvelle organisation collective. Dans ce genre de circonstance, il n'est pas question, fort heureusement, de virer les joueurs et le sélectionneur. Un accident reste un accident, et il est plus judicieux de réfléchir à ses causes plutôt que de céder à la tentation de la table rase qui risque de ne rien régler du tout. Nous sommes tombés d'accord sur un point : il était indispensable de remettre en question l'un des fondements de notre jeu, à savoir la liberté qui nous était accordée.

Marc et Bernard Laporte travaillent de manière radicalement différente. Bernard commence par élaborer le système qu'il juge idéal, puis il sélectionne les joueurs les plus à même, selon lui, de le mettre en application sur le terrain. J'avoue avoir été impressionné par son mode de fonctionnement. J'avais parfois l'illusion qu'il s'était fait greffer un ordinateur dans la tête qui le rendait capable de modéliser un terrain en trois dimensions. Sa maîtrise tactique et technique était étonnante : pour chaque action, il savait avec précision ce que tel ou tel joueur devait faire et il n'était pas question pour nous de nous écarter de son schéma de jeu. Je crois qu'il nous a permis de progresser et de mieux maîtriser les aspects tactiques d'un match.

Marc, au contraire, nous a laissé une plus grande liberté de manœuvre, fidèle en cela à cette conception du jeu à la française qui privilégie la capacité d'adaptation du joueur à chaque situation. Il considère que le jeu appartient aux joueurs. Sur le terrain, nous sommes les mieux placés pour prendre les décisions qui s'imposent. J'apprécie cette liberté et je me sens plus à l'aise dans un système qui fait la part belle à l'initiative de chacun. En même temps, un minimum de discipline et d'organisation est indispensable. Il n'y a rien de pire que d'être livré à soi-même, et la liberté se révèle parfois bien plus angoissante qu'un cadre strict et contraignant. Pour résumer, j'ai besoin que l'on me jalonne le chemin que j'emprunte, mais j'apprécie de pouvoir m'y promener comme je le souhaite... C'est à ce moment-là que Marc a repris les rênes de l'équipe. L'encadrement n'a pas changé, Émile Ntamack s'occupe toujours des arrières et Didier Retière des avants, mais ils laissent désormais la parole au sélectionneur, alors qu'ils la partageaient avec lui jusqu'à présent. Marc est aujourd'hui le seul à porter le discours officiel du XV de France. C'est lui, et personne d'autre, qui définit les grandes lignes de notre action. À mon avis, cette situation a le mérite d'être plus claire. Elle évite les malentendus et les risques de mauvaise interprétation, inévitables dès lors que la responsabilité et la prise de parole qui l'accompagne sont partagées entre plusieurs personnes.

*

À l'heure où j'écris ces lignes, le Tournoi des Six Nations vient tout juste de s'achever. Le bilan est pour le moins contrasté. Malgré nos deux victoires contre l'Écosse et l'Irlande, les défaites infligées par l'Angleterre et surtout l'Italie nous ont fait revivre les affres de notre déroute face à l'Australie, en novembre 2010. À titre personnel, je garderai un souvenir amer de ces deux matchs perdus puisque Marc Lièvremont a décidé de me faire sortir de la sélection. Je n'ai pas joué la dernière rencontre, victorieuse, face au Pays de Galles. Et mon avenir en bleu, tout comme celui de plusieurs de mes coéquipiers, reste à ce jour incertain. Mais je ne perds pas confiance pour autant. Je continue à travailler et je continue à espérer. En rugby, comme dans n'importe quel autre sport pratiqué au plus haut niveau, rien n'est jamais sûr, rien n'est jamais acquis, rien n'est jamais définitif – dans un sens comme dans l'autre. Je ne sais pas si j'aurai le bonheur de disputer la prochaine Coupe du monde en Nouvelle-Zélande. Mais ce dont je suis certain, c'est que je me battrai jusqu'au bout pour être du voyage. C'est ma dernière chance de participer à l'épreuve et je vais tout faire pour ne pas la laisser passer…

Aujourd'hui, le XV de France est en reconstruction et il le restera jusqu'au début de la Coupe du monde. Je crois que nous sommes tous conscients de nos points forts et de nos points faibles. Nous savons où nous allons, nous savons ce qu'il reste à améliorer et à travailler à l'entraînement, encore et encore. Cette équipe de France dispose de solides atouts même si elle est encore perfectible. Le groupe vit bien ensemble, les relations entre les joueurs sont excellentes et nous formons un bloc solidaire. C'est l'un des grands avantages du rugby : les problèmes d'ego n'existent pas. Nous savons tous que nous avons besoin de l'autre pour atteindre notre objectif et pour gagner. L'esprit de sacrifice, le dévouement et la solidarité sont autant de valeurs auxquelles nous sommes tous profondément attachés. Depuis que j'ai débuté en sélection, voilà un peu plus de onze ans, je n'ai jamais été confronté à des difficultés relationnelles. Nous formons un bloc discipliné sur le terrain. Nous commettons très peu de fautes et nous offrons très peu de pénalités à nos adversaires. Je crois que nous sommes l'une des équipes les moins pénalisées du rugby mondial, ce qui est un atout certain. Nous pouvons aussi nous appuyer sur notre mêlée, sans conteste l'une des meilleures et les plus puissantes du monde. Même si une mêlée ne suffit plus à faire basculer le cours d'un match dans le rugby actuel, elle joue un rôle essentiel en exerçant une pression psychologique sur l'adversaire. Rien de plus démoralisant que de reculer sans cesse devant les coups de boutoir de la mêlée d'en face…

Ce qu'il nous manque, c'est la capacité à produire du jeu. Ce n'est pas un problème d'individualités mais plutôt de temps de travail. Il est difficile de créer des repères et des automatismes quand on ne se retrouve qu'une fois de temps en temps. Je regrette que les différentes institutions du rugby français ne réussissent pas à se concerter pour se mettre au service de l'équipe de France. La Fédération et la Ligue, responsable des clubs, ne travaillent pas en harmonie. En Angleterre, les joueurs sont sous contrat avec leurs clubs, comme chez nous, mais la Fédération verse à ceux-ci une somme d'argent en compensation du temps passé par les joueurs avec l'équipe nationale. Et en Nouvelle-Zélande comme en Afrique du Sud, la sélection est la priorité absolue. Les internationaux passent six mois de l'année à s'entraîner ensemble. Nous, seulement cinq semaines… D'où l'intérêt des deux mois de préparation de la Coupe du monde, même s'ils ne suffisent pas à combler l'écart qui nous sépare des grands pays de rugby.

Nous avons aussi du mal à rester concentrés sur notre objectif et à conserver notre motivation intacte quand un match tourne mal. J'imagine que notre côté latin nous joue des tours… Alors que les Anglo-Saxons ne lâchent rien jusqu'à la dernière seconde, quels que soient le score et leurs chances d'inverser la tendance s'ils sont menés. Nous, en revanche, nous avons trop facilement tendance à baisser les bras.

Nous l'avons bien vu contre l'Australie : il a suffi de deux essais pour nous couper les jambes. Et là, le match était terminé. C'est une question de culture, un problème de mentalité qui ne se règle pas en quelques semaines d'entraînement. C'est un long travail sur soi qu'il faut mener pour remettre en question des réflexes et une psychologie solidement ancrée au plus profond de nous-mêmes.

Marc Lièvremont a d'ailleurs décidé de faire appel à un psychologue. Entre nous, nous l'appelons « le têtologue ». Ce n'est pas un professionnel du rugby. Son rôle consiste à porter un regard extérieur sur notre fonctionnement et sur nos aspirations personnelles afin d'aider le sélectionneur à mieux comprendre son groupe de joueurs. Marc ne nous voit que trois semaines en novembre, cinq semaines – et encore, avec des coupures – pendant le Tournoi et deux ou trois semaines l'été. C'est peu, bien trop peu. Le « têtologue » est capable de nous déchiffrer et nous a beaucoup aidés à voir plus clair en nous-mêmes. C'est grâce à lui et aux tests de personnalité qu'il nous a fait passer que nous avons mis le doigt sur notre réticence collective à l'imprévu et le besoin de repères que j'évoquais tout à l'heure. Aujourd'hui, le jeu de l'équipe de France n'a pas changé de manière fondamentale mais nous sommes beaucoup plus cadrés que nous ne l'étions auparavant. Trop d'initiative risque de tuer l'initiative, et nous avions besoin d'une remise à plat. Sur le terrain, nous restons responsables de nos actions, mais nous savons dans quelle direction nous devons aller sans pour autant avoir le sentiment d'étouffer face à des consignes trop contraignantes. Nous nous sommes remis « la tête à l'endroit », ce qui nous a permis de nous rassurer.

Nous avons même eu droit à un petit livre de combinaisons qui a beaucoup fait parler de lui dans la presse quand on nous l'a remis, à la veille du dernier Tournoi. Pourtant, il n'y a là rien de mystérieux. Il s'agit simplement d'un carnet qui récapitule la gamme des combinaisons que nous sommes susceptibles d'appliquer selon la phase de jeu. Toutes les équipes de rugby fonctionnent sur ce principe. Au lieu de nous contenter de les ranger dans un coin de notre tête, nous pouvons les lire noir sur blanc pour mieux les mémoriser. Nous révisons le soir, après l'entraînement, comme à l'école ! À chaque situation correspond une combinaison différente, identifiée par un nom de code comme « pamplemousse », « nike » ou « berbize », du nom de Pierre Berbizier. Je n'en dirai pas plus car je n'ai pas l'intention de dévoiler ici les petits secrets de notre organisation tactique… Ce carnet ne fait pas de nous des joueurs prisonniers de schémas préétablis et intangibles. Il n'a pas réponse à tout car on ne peut jamais tout prévoir, et surtout pas les réactions de l'adversaire. Le rugby ressemble à un jeu d'échecs : nous cherchons sans cesse à déstabiliser le joueur d'en face et nous devons sans cesse nous adapter à son jeu. Si nous annonçons une combinaison mais qu'il ne mord pas à la feinte, c'est à nous de trouver, très vite, une autre solution. Pendant un match, l'entraîneur ne peut plus rien pour nous.

Ce petit outil nous rend service. Il permet de compenser, en partie, le manque de temps de préparation et de travail collectif. Il contribue à renforcer nos automatismes. Mais il ne va pas, à lui seul, faire basculer un match : c'est toujours aux joueurs qu'il appartient d'inventer le jeu.

Car le rugby s'écrit sur le terrain, pas dans les pages d'un livre...

16.

Le dernier match

Le rugby m'a tout donné.

Avant, je ne savais pas où j'allais. Je n'avais pas encore trouvé ma place dans le monde. Je traînais ma grande carcasse sans savoir ce que j'allais faire de moi, attendant que quelque chose se passe mais sans trop savoir quoi, traversant l'existence sans but ni envie précis. Je ne rêvais de rien, je n'attendais rien, je ne croyais en rien. J'espérais juste une petite vie tranquille, confortable et sans remous, qui ne m'aurait rien apporté d'autre qu'un confort quotidien vaguement insipide et sans aucun doute anesthésiant. Et puis, le rugby est arrivé. Et puis, grâce à lui, j'ai rencontré Annick. Et puis... tout a changé.

Je suis certain que j'aurais été satisfait si j'avais continué à travailler en usine. Je me serais contenté de taquiner le ballon une fois par semaine avec les copains, sans autre ambition que de prendre du bon temps sur un terrain, de me défouler et de participer à cette aventure collective qu'est un match de rugby, quel que soit le niveau auquel on le pratique. La semaine, je serais allé au boulot avec plaisir, comme je l'ai toujours fait – si l'on excepte cette courte parenthèse dans cette usine de Portes-lès-Valence, que j'ai déjà évoquée et qui me laisse, encore aujourd'hui, un mauvais souvenir. Le soir et le week-end, je me serais consacré à ma famille et aux copains. Une sortie de temps en temps, des retrouvailles régulières avec mes potes et quelques jours de vacances par-ci, par-là, voilà à quoi aurait ressemblé ma définition du bonheur. Ce mode de vie aurait largement suffi à me combler.

Mais le destin – ou la chance, appelez ça comme vous voulez – en a décidé autrement. Il a suffi qu'Alexandre Chazalet souffle mon nom à Michel Couturas pour que mon parcours bifurque sans crier gare et m'entraîne là où je n'aurais jamais pensé me trouver. Ce parcours, inattendu dans un sport que j'ai découvert assez tard, ne m'a pas seulement permis d'accéder à la notoriété, au confort matériel et à la reconnaissance, ce dont je n'avais d'ailleurs jamais rêvé. Il m'a aussi, il m'a surtout donné une utilité sociale. Grâce au rugby, je sais désormais à quoi je sers et quel est mon rôle dans la société. Je me sens utile. Je sais que j'apporte quelque chose à ceux qui me voient jouer. Quelque chose qui va bien plus loin qu'une action réussie, une belle phase de jeu ou un geste spectaculaire, quelque chose qui me correspond et qui me permet de me sentir à ma place, dans mon métier comme dans ma vie de tous les jours.

Je crois que le rugby m'a offert une légitimité que je n'avais pas auparavant et qui me faisait défaut, sans que je m'en rende compte autrement que d'une manière confuse. Je suis bien conscient de la chance que j'ai eue. Comme cela a été le cas pour beaucoup de gens, les rencontres ont joué un grand rôle dans ma trajectoire, et je ne serais pas le Sébastien Chabal que je suis devenu si je n'avais pas croisé la route de personnes qui m'ont fait confiance, m'ont poussé à me dépasser et m'ont autorisé à exprimer un potentiel qui dormait en moi. Sans eux, ce potentiel ne se serait sans doute jamais révélé et je tiens à les en remercier ici. Ils se reconnaîtront en lisant ces lignes, ils savent que je pense à eux, et ils savent aussi bien que moi tout ce que je leur dois. C'est grâce à eux si j'ai pu surmonter ma timidité et dépasser mon tempérament de suiveur. Je ne suis pas pour autant devenu un leader, mais j'aurai au moins réussi à sortir de la coquille dans laquelle je me trouvais enfermé depuis l'adolescence. Même si j'ai toujours autant de difficultés, en dehors du contexte du rugby, à m'imposer dans un groupe et à me mettre en avant, je me suis tout de même beaucoup plus ouvert.

Mon exil en Angleterre m'a fait le plus grand bien. Lorsque je suis arrivé à Sale, j'ai dû trouver ma place et m'imposer. Je débarquais chez des étrangers, dans tous les sens du mot : à la fois dans un autre pays que le mien et chez des gens dont le mode de vie n'était pas le mien. C'était à moi de m'adapter, pas à eux. Pour la première fois, je sortais de mon petit confort pour me confronter à un nouvel univers. Je devais non seulement apprendre une langue étrangère mais aussi acquérir tous ces petits détails qui donnent sa consistance à la vie de tous les jours. Les Anglais se fichaient éperdument de Sébastien Chabal, sauf sur un terrain de rugby. En dehors de ça, leur vie n'allait pas changer parce que j'arrivais chez eux, alors que la mienne prenait une direction tout autre. J'étais dans l'obligation de fournir les efforts nécessaires pour intégrer leur culture et leur manière de vivre. Je crois que je ne m'en suis pas trop mal sorti. Alors que je ne suis pas de nature à disserter sur le temps qu'il fait ou à commenter l'émission de télé de la veille, juste histoire de parler ou par simple politesse, j'ai appris à communiquer avec les autres et à me débarrasser de cette carapace de pudeur qui me collait à la peau depuis mon adolescence.

*

Quand je regarde en arrière, je n'ai aucun regret. Bien sûr, j'aurais aimé gagner plus de titres. Mais il me reste encore deux ou trois années pour étoffer mon palmarès et je n'ai pas dit mon dernier mot… J'ai vécu une belle jeunesse, j'en ai bien profité – peut-être trop, quand je repense à toutes les « conneries » que j'ai pu faire ! Ma vie professionnelle et ma vie personnelle m'ont procuré une entière satisfaction, je ne me suis pas privé et je ne me suis jamais rien interdit. Ces trente-trois premières années m'ont rendu pleinement heureux, et j'espère bien ne pas en rester là.

À bien y réfléchir, j'éprouve quand même un regret. Un seul, mais je pense qu'il me poursuivra toute ma vie. Il n'est pas d'ordre sportif mais plutôt intime, même s'il a un rapport direct avec le rugby. Il concerne ma fille, Lily-Rose. Quand Annick m'a prévenu de l'imminence de sa naissance, j'étais à quelques heures d'un match important avec Sale. J'ai demandé à Philippe Saint-André s'il pouvait me dispenser de jouer afin que je rejoigne Annick à la clinique. Philippe n'a pas voulu me libérer. Il estimait qu'il avait absolument besoin de moi sur le terrain ce jour-là. Sur le coup, cela ne m'a pas dérangé. Je n'avais de toute façon pas prévu d'assister à l'accouchement. J'en avais discuté avec Annick et elle le comprenait très bien. Aussi, quand j'ai appris que je ne serais pas présent, cela ne m'a pas contrarié. Ce n'est qu'après que j'ai commencé à y penser. Très vite, je me suis rendu compte que j'avais eu tort. Lorsque Lily-Rose est née, j'ai compris que j'étais passé à côté de quelque chose d'important. Je venais de louper l'un des plus beaux jours de l'existence et celui-ci ne se reproduirait jamais plus. Je sais qu'Annick aurait aimé m'avoir près d'elle pendant l'accouchement. Elle a souffert de mon absence. Et depuis ce jour, chaque fois que j'y repense, j'éprouve un sentiment de gâchis que je garderai toujours en moi toute ma vie. Des matches de rugby, importants ou pas, j'en ai rejoué des dizaines. Ils n'ont rien changé à ma vie. Alors que la naissance de ma fille restera un événement que je ne me pardonnerai jamais d'avoir loupé. Si c'était à recommencer, je sais que j'enverrais balader un entraîneur, quel qu'il soit. Mais aujourd'hui, je suis devenu père. Et ce changement de statut me conduit à voir les choses d'une manière différente...

Mis à part cet épisode, je ne regrette rien de ma carrière et je n'en garde aucun mauvais souvenir. À une exception : la demi-finale perdue contre l'Angleterre lors de la Coupe du monde 2007. Échouer si près du but alors que nous avions tellement investi dans cette compétition, alors que nous étions vraiment aux portes de la finale... Cette défaite reste le seul moment désagréable de ma vie de rugbyman. Je n'y repense pas tous les jours, loin de là. Il ne s'agit pas non plus d'un traumatisme, n'exagérons rien ! Mais chaque fois que ce match défile dans ma mémoire, je ne peux pas m'empêcher de me dire que nous sommes passés à côté de quelque chose de grand. Le sport tient parfois à des petits riens, et l'écart qui sépare le gagnant du perdant peut être si ténu que l'on aurait presque envie de désigner deux vainqueurs. Mais il est inutile de revenir éternellement sur ce qui appartient au passé. Je préfère regarder devant moi et me concentrer sur mon prochain objectif, quitte à nourrir ma motivation de mes frustrations et de mes échecs.

*

Le rugby ne m'aura apporté que du plaisir. Mais si je devais dire avec précision en quoi consiste ce plaisir, j'en serais bien incapable. Le bonheur que j'éprouve sur un terrain, c'est avant tout le bonheur du jeu à quinze. Il n'est pas lié à un geste ou à une action en particulier. Il n'a rien à voir avec la sensation que peut éprouver l'auteur d'un *dribble* ou un buteur lors d'un match de foot. Bien sûr, il m'est arrivé de ressentir une grande joie après avoir réussi un plaquage ou après avoir marqué un essai. Et encore : il s'agit moins d'une satisfaction purement personnelle que celle d'avoir contribué au succès de toute l'équipe. Si je marque, je suis content, mais si c'est un coéquipier qui marque, je le suis tout autant. Un beau geste n'est pas une fin en soi pour satisfaire notre ego, c'est un moyen au service d'un objectif que poursuit l'équipe. Je ne joue pas pour me faire remarquer par l'entraîneur ou par le public. L'avis des soixante millions de sélectionneurs français n'a pas beaucoup d'importance à mes yeux. Après un match, je ne me précipite pas sur la presse sportive pour savoir ce que les envoyés spéciaux ont pensé de ma performance et s'ils ont attribué une bonne note à ma prestation. Et quand j'écris ça, ce n'est pas pour donner une image idéalisée de notre sport. Le plaisir du rugby, encore une fois, c'est avant tout un plaisir collectif. J'aime passer du temps avec mes coéquipiers, j'aime les retrouver à l'entraînement, j'aime jouer avec mes copains de club ou de sélection, j'aime les bons comme les mauvais moments que nous partageons. Ils contribuent tous à cette intensité de la vie en groupe qui fait la singularité du rugby.

Je ne suis pas certain que je me serais épanoui de la même manière si j'avais pratiqué un sport individuel. Gagner tout seul contre un adversaire, ce n'est pas la même chose que de gagner à quinze. La victoire à plusieurs revêt une dimension autrement plus dense, j'en suis persuadé, que la victoire en solitaire. Et construire quelque chose en étant une partie de ce grand tout que forme une équipe me procure une immense satisfaction. Ensemble, l'espace de quatre-vingts minutes, nous écrivons une histoire. Nous ne sommes pas les seuls auteurs du scénario, qui dépend bien sûr de l'adversaire que nous affrontons le temps d'un match. Mais il doit beaucoup à ce que nous sommes, à nos forces et à nos faiblesses, à notre imagination et à notre chance, à nos talents individuels et à cette mystérieuse alchimie collective que constitue la réunion de quinze joueurs aux caractéristiques si éloignées les unes des autres, mais pourtant si complémentaires. Cette histoire est plus ou moins belle, plus ou moins exaltante, plus ou moins mémorable selon nos performances du jour. Mais elle reste malgré tout une belle histoire de sport et d'amitié, dans la tristesse de la défaite comme dans la joie de la victoire. S'il fallait résumer, je crois que j'aime le rugby, tout simplement, pour les émotions qu'il me procure et pour ce plaisir du jeu avec un ballon ovale.

Je n'ai jamais souhaité à exercer le capitanat, en club comme avec la sélection. S'il m'est arrivé de porter le brassard de manière exceptionnelle, pour suppléer le titulaire absent ce jour-là, je n'ai jamais cherché à jouer les premiers rôles dans l'équipe, de même que je n'ai jamais été un leader dans la vie. Bien sûr, je prends régulièrement la parole à l'entraînement ou dans le vestiaire, avant, pendant ou après une rencontre. Mon statut d'« ancien » me conduit naturellement à le faire. Mais à ma manière : je ne suis pas ce que nous appelons, entre nous, un gueulard. Je m'adresse toujours à l'équipe dans son ensemble, pas à un joueur nommément désigné, sauf s'il s'agit d'un jeune qui arrive dans le groupe ou d'un joueur confirmé qui me l'a demandé. Mais pour autant, je ne me suis jamais imaginé en capitaine « officiel », avec toutes les contraintes et les responsabilités qu'implique la fonction. En fait, je n'aime pas trop parler. Ou, plutôt, je n'aime pas me trouver dans l'obligation de parler à tel ou tel moment imposé. Quand j'ai quelque chose à dire, je le dis. Si j'estime que mes mots ont des chances de peser et peuvent apporter quelque chose au groupe, je n'hésite pas à me mettre en avant. Mais je ne tiens pas à me retrouver en situation d'être contraint de prendre la parole alors que je n'ai rien à dire. Car le capitaine est tenu de s'exprimer dans des circonstances bien précises, comme s'il s'agissait d'un rituel, et cela à l'occasion de tous les matchs de toute la saison. Quand je n'éprouve pas le besoin de parler, je préfère me taire et laisser à d'autres, plus à l'aise que moi, le soin de remplir cette mission délicate.

*

J'ai trente-trois ans. Il me reste deux, peut-être trois saisons au plus haut niveau. C'est peu. En même temps, c'est beaucoup. Pour un rugbyman professionnel, trente-trois ans, c'est un bel âge. Le corps est aguerri à tous les combats et rompu à toutes les batailles. Aujourd'hui, je me sens bien, dans ma tête comme dans mon corps. Je sais que je peux encore progresser. Ma technique individuelle n'est pas parfaite – elle ne le sera jamais, penseront certains, et ils auront sans doute raison. Je les laisse dire. Cela ne m'empêche pas de continuer à améliorer cette technique qui m'a fait défaut depuis mes débuts. Je travaille sans relâche à l'entraînement, comme si j'étais un jeune joueur fraîchement débarqué dans l'univers du ballon ovale. Je n'ai rien perdu de ma volonté de bien faire et de cette soif d'être encore meilleur que je ne l'étais la veille. Nous, les avants, nous avons de la chance : après la trentaine, nous possédons encore une vraie marge de progression. Notre poste exige une part de roublardise que l'on n'acquiert qu'avec la pratique, sans même parler de cette puissance physique qui ne s'exprime qu'au bout de plusieurs saisons. Quand on regarde de près les effectifs des clubs, on constate que les jeunes avants qui démarrent leur carrière sont rarement titulaires à dix-neuf ou vingt ans. Pourtant, ils sont sacrément costauds. Rien à voir avec ce que j'étais à leur âge. Ils pratiquent tous la musculation à haute dose, alors que nous nous contentions d'enchaîner quelques exercices de développé couché. Mais la « muscu » n'est pas tout, comme je le constate chaque semaine sur le terrain. Dès que le jeu accélère et prend de l'intensité, ils n'existent plus !

Et puis, je ressens encore et toujours ce besoin irrépressible de gagner des matchs et de remporter des titres. De ce point de vue, je n'ai pas l'impression d'avoir trente-trois ans. Là encore, je me sens plutôt comme un jeunot qui débarque dans son club avec l'intention de tout casser. Même si, certains jours d'hiver, quand le thermomètre descend un peu trop bas à mon goût, je dois me pousser pour aller à l'entraînement. Mais je ne me lasse jamais de ce qui fait l'essence même du sport : le match, la compétition, l'affrontement avec l'adversaire et aussi avec soi-même. S'il n'y avait que des matchs et pas d'entraînement, ce serait l'idéal. J'ai encore faim, comme l'on dit, et je pense que cette volonté de gagner ne me quittera que le jour où je raccrocherai définitivement les crampons. À ce moment-là, je serai prêt à faire face à un nouveau défi : celui de l'après-rugby. Et je sais, pour en avoir déjà parlé avec d'anciens rugbymen partis à la retraite, que ce n'est pas forcément le tournant le plus facile à négocier.

*

Et après ?

Ces deux petits mots en forme d'interrogation, je suppose que tout sportif professionnel redoute de les entendre. Dans une carrière, il arrive un moment où le futur se profile à la vitesse de l'adversaire qui court vers vous pour vous plaquer. Plus moyen d'y échapper. C'est comme une petite voix qui nous susurre à l'oreille : *c'est bientôt la fin… Il faut songer à raccrocher… L'heure de la retraite approche… Que vas-tu faire ensuite ?…* Quand un joueur est en pleine carrière, il n'a pas le temps de songer à sa reconversion, et encore moins le temps de la préparer sérieusement. Toute son énergie est tendue vers un objectif à court terme : le prochain match, le prochain entraînement, la prochaine sélection ou, s'il est blessé, son retour au sein de l'équipe. Le futur s'écrit au quotidien. L'avenir reste une notion floue et abstraite, presque irréelle. On sait, bien sûr, qu'il va falloir y penser un jour. Mais « un jour », c'est loin. On a le temps. Enfin, on croit avoir le temps, alors que les années finissent par défiler sans s'arrêter comme si l'horizon se raccourcissait à vue d'œil. L'avenir finit toujours par rétrécir comme une peau de chagrin. Le jour où l'on en prend conscience, c'est qu'il ne nous reste plus beaucoup de saisons au plus haut niveau.

J'avoue être légèrement inquiet à la perspective de l'après-rugby. Des joueurs qui n'ont pas supporté leur changement de vie, j'en ai connu. D'anciens rugbymen tombés en dépression, soudain confrontés à une sorte de grand vide existentiel et à un sentiment d'inutilité, il m'est arrivé d'en croiser. Et cela n'est pas très rassurant. Pourtant, je fais partie des privilégiés. Je sais que mon statut médiatique me permettra de rebondir et de multiplier les activités. Je reçois régulièrement des propositions et il n'y a aucune raison pour que cela s'arrête quand je mettrai un terme à ma carrière.

Sauf si je commençais à faire n'importe quoi de ma vie et à « péter un câble », mais ce n'est pas le genre de la maison... La notoriété ne m'a pas changé, j'ai continué à vivre normalement comme je vivais auparavant, et je resterai tel que j'ai toujours été le jour où j'arrêterai le rugby. Mon image publique devrait me rassurer sur mon avenir. Néanmoins, il y a toujours cette petite boule d'inquiétude qui se cache au plus profond de moi quand je songe à demain, prête à ressortir à tout moment et à venir me gâcher la vie.

Que ferai-je ensuite ? Plusieurs possibilités s'ouvrent à moi, et il me reste à les examiner tranquillement avant de prendre une décision. Je ne veux pas me presser et me précipiter dans n'importe quelle activité. La seule chose dont je suis certain, c'est que je tiens à prendre une certaine distance par rapport au rugby. Je ne couperai pas les ponts car j'aime trop ce sport pour m'en éloigner. Le rugby m'a trop apporté pour que je lui tourne le dos brutalement, et j'aurais l'impression de renier tout ce que j'ai fait depuis le début de ma carrière. Je souhaite continuer à évoluer dans l'univers du rugby, et j'aimerais bien poursuivre d'une autre manière ma collaboration avec le Racing. Mais je ne veux pas exercer une fonction en relation avec le terrain, en tout cas pas avant deux ou trois ans. Je ne me vois pas en manager ou encore moins en entraîneur, par exemple. Mais alors, pas du tout ! Je ne suis pas sûr que je ferais un bon entraîneur. Je pense qu'il me manquerait la patience et le sens de la diplomatie nécessaires pour ce poste. Je serais sans doute trop dur avec les joueurs et je risquerais d'aller au conflit toutes les cinq minutes. Il n'est pas question non plus d'entraîner un club d'amateurs. Je me connais trop. Passionné comme je le suis, je ne supporterais pas que les gars ne se donnent pas à deux cents pour cent. J'aurais du mal à accepter l'idée qu'ils ne font que jouer pour le plaisir, qu'ils ont un boulot et une vie à côté du rugby et qu'ils entrent sur le terrain sans avoir cette hargne de victoire qui m'a toujours habité. Et puis, je reconnais que je n'aurais plus l'énergie indispensable pour supporter les contraintes liées au sport de haut niveau : les déplacements incessants, les nuits d'hôtel loin de chez soi, le stress du résultat, les tournées à n'en plus finir... Tout ça, ce sera terminé pour moi !

*

Le rugby a dévoré tout mon temps. J'ai bien l'intention de me rattraper pour profiter enfin de ma famille. J'ai été égoïste assez longtemps, j'aimerais maintenant penser à mes proches. Un sportif professionnel, qu'il soit rugbyman ou qu'il pratique un autre sport, pense avant tout à lui. À sa carrière, à ses performances, à ses réussites, à ses échecs. Toute l'organisation de sa famille tourne autour de lui. Sa femme et ses enfants mettent leur vie entre parenthèses. Je l'ai bien vu avec Annick et Lily-Rose : nous n'avons jamais de week-end à nous, nous ne pouvons jamais planifier un déplacement ou une visite en famille. Notre emploi du temps est soumis à la contrainte des matches, des entraînements et des compétitions internationales. On pourrait croire le contraire : après tout, je passe une partie de la journée chez moi, et j'y suis sans doute plus souvent que celui qui travaille dans un bureau du matin jusqu'au soir. Mais quand je reste à la maison, je consacre plusieurs heures à me reposer et à dormir, ce qui n'a pas grand intérêt pour ceux qui m'entourent. Je ne remercierai jamais assez Annick d'avoir accepté de mettre ses envies au second plan pour faire passer ma carrière avant elle. Désormais, j'aspire à passer plus de temps avec elle au quotidien, même si je sais que cela peut se révéler plus difficile que je ne l'imagine. Elle me l'a dit, d'ailleurs. Elle est consciente, elle aussi, du chamboulement domestique que ma retraite risque de provoquer. Depuis que nous sommes ensemble, nous avons toujours alterné des périodes de séparation et des périodes de vie commune. Quand je pars en tournée avec l'équipe de France, je suis absent pendant trois ou quatre semaines. Pendant ce temps, Annick mène sa vie. Elle a pris l'habitude de s'organiser en mon absence. De mon côté, je me suis habitué à ne pas vivre tout le temps avec elle. L'un comme l'autre, nous aimons cette alternance de séparations et de vie à deux. Nous séparer nous permet de mieux nous retrouver. Nous avons construit notre couple sur ce mode de fonctionnement, et nous ignorons ce que signifie une vie domestique à temps plein, sans que l'un des deux travaille à l'extérieur. Je suppose que nous allons devoir trouver un nouvel équilibre et réapprendre à vivre sans nous marcher sur les pieds à longueur de journée...

J'aimerais qu'elle en profite pour se mettre enfin à la peinture. Elle possède un vrai talent de peintre mais elle refuse toujours de se lancer. Je me souviens encore des deux portraits de Maud et de Lily-Rose qu'elle avait peints en une nuit. Quand je les ai vus, je suis resté sans voix ! Je lui avais montré le tableau qu'une peintre animalière m'avait consacré, une spécialiste de la peinture d'animaux qui souhaitait prendre des humains pour sujets. Elle avait décidé de commencer par moi après avoir vu une photo qui me représentait avec les cheveux dénoués. Elle trouvait que j'étais un bon compromis entre l'homme et la bête, ce qui m'avait bien amusé. Quand Annick a découvert le résultat, je crois qu'elle s'est sentie vexée. Sans rien dire, elle a pris des tubes de couleur qui traînaient, une toile et des pinceaux, puis elle s'est jetée sur son chevalet. Le lendemain matin, j'ai découvert le résultat de son travail. C'était absolument superbe. Malheureusement, elle manque de confiance en elle. Elle n'a jamais appris à peindre, elle n'a jamais suivi le moindre cours de peinture ou de dessin, mais elle possède en elle un talent fou qu'il est dommage de ne pas exploiter. Je ne peux pas la forcer à se remettre à la peinture, mais je peux au moins l'encourager et lui laisser tout le temps dont elle a besoin pour se décider à franchir le pas.

*

Je sais aussi que je vais m'impliquer de plus en plus dans la ligne de vêtements que j'ai créée avec Pierre Sokolowski. Nous l'avons baptisée Ruckfield. *Ruck* comme la mêlée ouverte, *field* comme le terrain de rugby. Nous cherchions un nom de marque lié à l'univers du rugby, car il était inconcevable pour moi de lui donner mon patronyme. J'avais envie de vêtements décontractés et plutôt discrets que je pourrais porter moi-même en ville. Je ne m'imaginais pas avec « Chabal » écrit en toutes lettres sur mon torse. Je me serais fait l'effet d'un homme-sandwich, et les gens connaissent ma tête sans qu'il soit nécessaire de leur rappeler à tout bout de champ comment je m'appelle… Ruckfield entame sa sixième saison d'existence. Jusqu'à présent, je n'ai fait que toucher des droits d'utilisation de mon image, mais je viens d'effectuer mon entrée à part entière dans la société qui commercialise la marque et je vais m'occuper de la boutique que nous avons lancée sur Internet. Là encore, comme au rugby, je suis motivé par la perspective de participer à une aventure collective. J'ai envie de construire quelque chose avec des partenaires plutôt que d'agir tout seul dans mon coin, ce qui ne m'a jamais motivé. Il existe une part d'excitation dans ce genre d'entreprise, comme dans un match important ou dans une compétition officielle, et ce genre de défi a tout pour me séduire. Je vais aussi poursuivre mon activité de consultant avec Orange tout en participant à diverses campagnes de pub pour faire vivre mon image. Je ne vais donc pas rester inactif, loin s'en faut.

Et il y a le reste : l'inattendu, l'imprévu, tout ce qui est susceptible de m'arriver et de chambouler la routine d'une vie de « jeune retraité ». Je pense au cinéma, par exemple. Attention, je ne suis pas en train de m'imaginer en comédien professionnel ! Mais je reçois de temps en temps des propositions pour « faire l'acteur », ce qui me tente beaucoup. Quand Clint Eastwood travaillait à son film consacré au rugby et à l'Afrique du Sud, *Invictus*, j'avais rencontré l'un de ses agents. Le projet était très motivant. Il n'était pas question de me confier un rôle important : j'étais censé faire partie de l'équipe de joueurs. Malheureusement, j'ai dû refuser car mon emploi du temps ne me permettait pas de me libérer assez longtemps. Un réalisateur français, Christian Gion, qui est d'ailleurs un ancien rugbyman, m'a proposé de jouer le premier rôle dans un long-métrage historique situé pendant la Seconde Guerre mondiale et qui traite de rugby. Mais il m'aurait fallu me libérer pendant cinq ou six semaines, ce qui était là encore impossible. J'aimerais découvrir de nouveaux horizons, et le cinéma fait partie des univers qui m'attirent. Mais je ne me fais aucune illusion : je sais qu'il s'agit d'un métier difficile qui demande une somme de travail énorme.

Je n'aurais pas la prétention de débarquer comme une fleur avec ma tête de Viking et de me prendre pour un acteur. Il m'a fallu de longues années d'efforts pour apprendre le rugby, et je sais qu'il en va de même dans le cinéma comme dans n'importe quel univers professionnel.

*

Le rugby ne me manquera pas. Une telle affirmation peut étonner, mais j'en suis intimement persuadé. J'aurai fait mon temps, et il faut savoir laisser la place à ceux qui arrivent derrière nous. Aujourd'hui, je suis content de jouer. Sur un terrain, je suis toujours aussi heureux. Je ne m'impose aucune limite. Tant que je pourrai continuer, je continuerai. Je suppose que si mon corps me permettait de jouer jusqu'à cinquante ou soixante ans, je le ferais. Le rugby est mon métier, j'ai appris à l'aimer et à mieux le connaître, je n'aurais aucune raison de m'arrêter si les avancées de la science nous permettaient de pratiquer un sport *ad vitam aeternam*. Mais tout cela n'est que pure fiction. D'ici deux ou trois ans, je vais disputer mon dernier match. Je ne sais pas à quoi il ressemblera. J'ignore s'il se terminera par une victoire ou une défaite, si je serai bon ou si je passerai à côté de la rencontre, si j'y prendrai du plaisir ou si j'aurai l'impression d'une corvée interminable, si je terminerai en beauté ou si j'aurai le sentiment de finir ma carrière sur une fausse note. Ce départ, je l'ai déjà programmé. Dans ma tête, je ne suis pas encore parti, mais j'ai accepté l'idée de la fin de carrière. Il arrive toujours un moment où le corps dit « stop ». À force de m'entraîner de neuf heures à quinze ou seize heures, tous les jours de la semaine et par tous les temps, je vais arriver à une sorte de saturation. J'aurai envie de passer à autre chose, de me reposer et de ne plus vivre avec cette pression permanente de l'effort physique à accomplir. Même si le corps est habitué à sa dose quotidienne, la tête finit par ne plus suivre. Je ressentirai peut-être un manque, les premiers temps. Je retournerai sans doute courir de temps en temps, histoire de garder la forme et d'entretenir la machine. Mais j'en aurai terminé avec ce rythme infernal qui aura été mon lot quotidien pendant une quinzaine d'années. Trop de sport finit par tuer le bonheur du sport. Le rugby a toujours été un plaisir, je n'aimerais pas qu'il devienne une corvée.

*

Après ma carrière, j'entamerai une autre vie. Je ne sais pas encore ce qu'elle me réservera et je ne tiens pas à le savoir. J'ai envie d'un peu de surprise, pour une fois. Pendant toutes mes années de rugby, mon parcours a été balisé. Les sportifs professionnels sont de grands assistés. Ils peuvent se consacrer entièrement à leur sport sans se soucier du quotidien. C'est pratique, je le reconnais. Mais cela ne prépare pas forcément à faire face à la vie de tous les jours et à toutes les petites galères du quotidien. Quand j'ai déménagé pour venir m'installer près de Paris, je m'en suis occupé une semaine avant. Enfin, « occupé », c'est un bien grand mot. Je me suis contenté de passer un coup de fil à quelqu'un, au club, qui s'est chargé de tout. Je n'ai rien eu à faire. Je me serais appelé Bidule ou Tartempion, je n'aurais eu que mes yeux pour pleurer. Là, je n'ai pas eu à bouger le petit doigt et, une semaine après, j'emménageai dans ma nouvelle maison. La notoriété a parfois du bon, à condition de savoir qu'elle ne dure qu'un temps. Dans mon cas, j'imagine qu'elle va durer encore quelques années et que les gens continueront à me reconnaître dans la rue. Ils n'ont pas fini de me demander des autographes ou une photo avec eux, de me serrer la main et d'évoquer les belles années de ma carrière.

D'ailleurs, c'est marrant, mais personne ne m'a jamais arrêté pour me dire : « Chabal, samedi dernier, vous avez vraiment été nul, lamentable, en dessous de tout ! » J'aurais bien aimé, je suis certain que cela m'aurait même amusé... En général, les critiques que l'on m'adresse dans la rue, au hasard des rencontres, concernent plutôt la prestation de l'équipe, pas la mienne en particulier. Certains auraient peut-être aimé me faire des reproches mais n'ont jamais osé. Ils se sont sans doute méfiés de ma réaction, alors que j'aurais tout à fait accepté leurs remarques pourvu qu'elles soient sincères et ne relèvent pas de la simple volonté de me « démolir » pour le plaisir. Je ne suis pas si méchant que mon physique pourrait le laisser croire, et je ne vais pas plaquer au sol un type croisé dans la rue simplement parce qu'il m'a critiqué !

Je n'ai jamais été gêné que l'on me reconnaisse. J'ai toujours accepté les retombées de la célébrité, dès lors que la personne qui me sollicite se montre correcte et ne me harcèle pas. Parfois, c'est plutôt drôle : je ne compte plus le nombre de fois où quelqu'un que je ne connais pas m'a appelé « Alain ». Je me souviens de ce type en voiture qui a ralenti en me voyant, a baissé sa vitre et s'est exclamé : « Salut, Alain Chabal, ça va ? » Je raconterai l'anecdote à Alain Chabat si je le croise un jour, ça l'amusera peut-être... Mais je dois dire que cela peut être un peu lourd, pour mes proches comme pour moi. J'ai envie, comme tout le monde, de me balader tranquillement en famille et d'oublier le rugby. J'aspire de temps en temps à laisser « Chabal » au vestiaire et à redevenir le Sébastien que j'étais avant, ce parfait inconnu qui pouvait profiter de la vie et sortir de chez lui sans se faire arrêter au coin de la rue par un chasseur d'autographes. Le regard que les autres portent sur vous finit par être dérangeant, même s'il est bienveillant ou s'il exprime leur étonnement à croiser quelqu'un qu'ils ne connaissent qu'à travers la télévision ou les magazines. Il m'arrive d'imaginer que personne ne me connaît, ou que les gens oublient mon visage sitôt le match terminé. Je me vois alors en train de me balader en ville en toute tranquillité, sans personne pour me regarder furtivement ou pour m'adresser un petit signe discret de la main. Le rêve ! Mais je suppose que cela ne restera qu'un rêve. À moins que…

À moins que je ne me rase la barbe et que je ne me coupe les cheveux pour retrouver les joies de l'anonymat. Et pourquoi pas ? J'ai le droit, moi aussi, de mener une vie normale et de ne pas être reconnu dans la rue. Je ne vois pas ce qui m'empêcherait de le faire. Mes contrats publicitaires, à l'exception d'un seul d'entre eux, ne me l'interdisent pas. Ce serait sans doute une sorte de suicide financier et médiatique, mais je connaîtrais en contrepartie le bonheur de vivre comme tout le monde. Pour l'instant, je n'en suis pas là. Mais dans deux ou trois ans, qui sait si le besoin de tranquillité ne sera pas le plus fort ? Il faudra que j'y songe sérieusement le moment venu. Si je me rasais, j'aurais sans doute du mal à me reconnaître le matin en me regardant dans la glace, mais ce n'est qu'une question d'habitude. S'il fallait en passer par là pour profiter d'une vie plus douce et plus tranquille, j'en serais tout à fait capable.

Et puis, une barbe et des cheveux, ça finit toujours par repousser…

Table des matières

Mise en page par Meta-systems
59100 Roubaix

Cet ouvrage a été imprimé
en avril 2011 par

CPI
FIRMIN-DIDOT

27650 Mesnil-sur-l'Estrée
N° d'édition : L.01ELKN000294.N001
N° d'impression : 104699
Dépôt légal : avril 2011

Imprimé en France